U0262901

国家科学技术学术著作出版基金资助出版

交通与数据科学丛书 4

数据驱动的高速列车晚点
传播与恢复

文 超 等 著

科学出版社

北 京

内 容 简 介

本书介绍了数据科学、人工智能理论在高速列车晚点传播与恢复理论中的应用,全书共 9 章:绪论、高速列车运行数据及列车晚点概述、高速列车晚点分布特征、高速列车初始晚点分布模型、高速列车晚点传播过程分析、高速列车晚点横向传播模型、高速列车晚点纵向传播模型、高速列车晚点恢复模型、基于晚点恢复能力提升的冗余时间布局。

本书可作为轨道交通运输专业高年级本科生、研究生的教材或教辅资料,也可作为轨道交通运输、大数据、人工智能等相关领域的科研工作者和生产管理及技术人员的参考书。

图书在版编目(CIP)数据

数据驱动的高速列车晚点传播与恢复/文超等著. —北京:科学出版社,2022.6

(交通与数据科学丛书; 4)

ISBN 978-7-03-071494-7

Ⅰ.①数… Ⅱ.①文… Ⅲ.①高速铁路-列车组织-数据管理-研究 Ⅳ.①U284.48

中国版本图书馆 CIP 数据核字(2022)第 026365 号

责任编辑:王丽平 孙翠勤/责任校对:杨 赛
责任印制:吴兆东/封面设计:黄华斌

科 学 出 版 社 出版
北京东黄城根北街 16 号
邮政编码:100717
http://www.sciencep.com

北京建宏印刷有限公司 印刷
科学出版社发行 各地新华书店经销

*

2022 年 6 月第 一 版 开本:720×1000 B5
2022 年 6 月第一次印刷 印张:17 1/4
字数:350 000

定价:148.00 元
(如有印装质量问题,我社负责调换)

作 者 名 单

文 超 黄 平 李忠灿 蒋朝哲

彭其渊 杨 雄 侯亚飞 Javad Lessan

丛 书 序

交通科学在近 70 年来发展突飞猛进,不断拓展其外延并丰富其内涵;尤其是近 20 年来,智能交通、车联网、车路协同、自动驾驶等概念成为学者研究的热点问题的同时,也已成为媒体关注的热点;应用领域的专家及实践者则更加关注交通规划、土地利用、出行行为、交通控制和管理、交通政策和交通流仿真等问题的最近研究进展及对实践的潜在推动力。信息科学和大数据技术的飞速发展更以磅礴之势推动着交通科学和工程实践的发展。可以预见在不远的将来,车路协同、车联网和自动驾驶等技术的应用将根本改变人类的出行方式和对交通概念的认知。

多方式交通及支撑其运行的设施及运行管理构成了城市交通巨系统,并与时空分布极广的出行者之间形成了极其复杂的供需网络/链条。城市间的公路、航空、铁路和地铁等日益网络化、智能化,让出行日益快捷。有关城市或城市群的规划则呈现"住"从属于"行"的趋势。如此庞杂的交通系统激发了人们的想象力,使交通问题涉及面极广,吸引了来自不同学科和应用领域的学者和工程技术专家。

因此,为顺应学科发展需求,由科学出版社推出的这套《交通与数据科学丛书》将首先是"兼收并蓄"的,以反映交通科学的强交叉性及其各分支和方向的强相关性。其次,"'数''理'结合",我们推动将数据科学与传统针对交通机理性的研究有机结合。此外,该丛书更是"面向未来"的,将与日新月异的科学和技术同步发展。"兼收并蓄""'数''理'结合"和"面向未来",将使该丛书顺应当代交通科学的发展趋势,促进立足于实际需求和工程应用的实际问题开展科研攻关与创新,进而持续推动交通科学研究成果的"顶天立地"。

该丛书内容将首先是对交通科学理论和工程实践的经典总结,同时强调经典理论和实践与大数据和现代信息技术的结合,更期待据此提出的新理论、新模型和新方法;研究对象可为道路交通、行人流、轨道交通和水运交通等,可涵盖车车和车路联网技术、自动驾驶技术、交通视频技术、交通物联网和交通规划及管理等。书稿形式可为专著、编著、译著和专题等,中英文不限。该丛书主要面向从事交通科学研究和工程应用的学者、技术专家和在读研究生等。

该丛书编委会聚集了我国一批优秀的交通科学学者和工程应用专家,基于他们的治学态度和敬业精神,相信能够实现丛书的目标并保证书稿质量。最后,上海麓通信息科技有限公司长期以来为丛书的策划和宣传做了大量工作，在此表示由衷的感谢！

张　鹏

2019 年 3 月

前　　言

　　高速铁路的大规模建设并投入运营，在提升路网规模与质量、缓解运能紧张、提高运输服务质量等方面均取得了显著效果，对国民经济的持续快速发展起到了重要的支撑作用。截至 2020 年底，中国开通运营的高速铁路里程达到约 3.8 万公里，运营里程占世界高速铁路总里程的 2/3 以上。中国高速铁路网上每日开行的动车组旅客列车数超过了全路网全部旅客列车数的 65%，年输送旅客超过了铁路总输送旅客的 60%。我国高速铁路已进入大规模的网络化运营时代，速度高、密度大、行车量大是中国高速铁路运输组织的显著特征，运输地域广、条件复杂使中国高速铁路运输组织的复杂性成为世界高铁之最。

　　当今，大数据和 "互联网+" 已经融入社会各个领域，"智能化" 已然成为时代的主旋律。中国研究和实施智能高铁的大幕已然拉开：2018 年 3 月，中国铁路总公司 (现中国国家铁路集团有限公司) 在北京至沈阳高铁辽宁段全面启动 "高速铁路智能关键技术综合试验"；世界首条时速 350 公里的智能高铁——京张高铁的正式运营，标志着我国高速铁路在行车、服务、运维等方面实现了智能升级。2020年 1 月 4 日，中国工程院重大咨询研究项目 "智能高铁战略研究 (2035)" 顺利结题，研究指出 "智能化已成为全球铁路发展的重要方向，智能高铁将是新一轮世界高铁领域的竞争热点和难点"。智能高铁将采用云计算、物联网、大数据、北斗定位、5G 移动通信、人工智能等先进技术，通过新一代信息技术与高速铁路技术的集成融合，全面感知、泛在互联、融合处理、主动学习和科学决策。实现高铁的智能建造、智能装备和智能运营已成为铁路工作者和研究者追求的目标，高速铁路智能化建设运营是 "高铁走出去" 和 "交通强国" 的迫切需要和必然要求。

　　高安全性、高速度、高密度的竞争优势使高速铁路越来越受到广大旅客的青睐，但与此同时，旅客也越来越关注高速铁路的运营可靠性和服务质量，在保证安全的前提下提供高质量的可靠性服务是铁路运输行业发展的首要任务和重要内容。然而，列车在运行途中要遇到大量随机干扰并进而可能导致列车晚点，列车运行图的抗干扰能力和受到干扰后的晚点恢复能力直接影响高速铁路的服务质量。由于铁路运输资源运用的独占性和竞争性，高速列车晚点后将呈现出横向、纵向的累积效应及网络化的传播特征。列车晚点的横向传播会影响其后续列车的运行并可能导致后续列车的连带晚点，纵向传播可能导致当前晚点列车在后续车站的晚点运行。严重的晚点可能会在线路、局部路网大面积传播，影响列车运行计划的正常执行，降低运输服务质量。高效地恢复高速列车晚点是调度员日常工作的重中之重。

我国铁路信息化建设已取得了飞速的发展，列车运行实绩 (实际运行图、晚点原因记录表、设备运用状态等) 得以有效记录并保存。基于列车运行实绩提取列车运行规律并建立列车运行过程分析模型，将极大地有利于调度员预测及推演未来列车运行趋势，这为调度员进行列车晚点恢复决策及列车运行调整提供辅助支持，从而帮助调度员制定更为精准的运行调整计划。基于列车运行的全局数据，考虑相邻多列车之间的相互影响，将有益于更加全面地解析列车之间的相互影响关系和调度决策的制定过程。

在数据充足及方法允许条件下，数据驱动模型可以研究列车间更为复杂的作用过程，更深入地解析晚点传播及恢复过程。数据驱动方法无需以先验知识为基础，而是从数据中发现规律并构造模型来逼近真实的铁路运输生产实际情况。数据驱动模型虽然和真实情况可能仍存在一定偏差，但这足以指导实践，克服既有数学模型难以应用于生产实践的问题。

目前，基于大数据、运用数据科学、人工智能理论研究高速铁路列车运行调整问题尚处于起步阶段，没有以此为主题的相关专著和教材向相关专业本科生、研究生系统介绍相关的最新研究成果。本研究团队近年来开展了大量基于高速铁路列车运行数据的调度指挥优化研究，取得了较丰富的研究成果，此次将已有相关研究成果结集出版，满足科研成果及时向教学资源转化的要求，也是适应数据科学与工程应用结合的教学研究需要。本书能够向学生展示大数据与高速铁路运输组织融合的最前沿相关研究成果。

本书系统介绍数据科学和人工智能理论在高速铁路运输组织理论方法的应用实践，提出数据驱动的高速列车晚点传播与恢复理论与方法，是本研究团队所承担国家自然科学基金面上项目 "列车运行实绩数据驱动的高速铁路晚点传播机理及恢复理论"、国家自然科学基金委员会—中国国家铁路集团有限公司基础研究联合基金 (简称 "高铁联合基金") "基于协同指挥的高铁智能调度理论与方法研究"、四川省应用基础研究面上项目 "列车运行实绩数据驱动的高速铁路调度策略作用机理研究及决策自动化知识构建"、轨道交通控制与安全国家重点实验室开放课题 "列车运行实绩数据驱动的高速铁路行车调整策略评估及决策自动化" 和综合交通大数据应用国家工程实验室开放基金 "数据驱动的高速铁路网络列车晚点传播理论研究" 等最新研究成果的凝练。

本书涵盖了高速列车晚点的宏观分布规律、晚点横向和纵向传播的宏观规律和微观机理、数据驱动的高速列车晚点恢复模型、基于晚点恢复的冗余时间布局方法等关键问题。通过研究高速列车晚点影响列车数及影响总时间的分布模型和预测模型研究列车晚点横向传播的规律，分别从单列车晚点和考虑多列车相互依赖关系的晚点预测两个层面研究高速列车晚点的纵向传播规律。运用马尔可夫模型在只考虑列车前一事件的情况下进行单列车晚点预测，运用混合贝叶斯网络在考虑列车前两个事件的情况下进行单列车晚点预测，而建立多层感知器 (MLP) 和长短记忆神经网络 (LSTM) 结合的深度学习模型进行考虑多列车依赖关系和多状态影响的列车晚点预测。

在大数据、人工智能大热的当下，本书将是交通运输及相关专业本科生、研究生学习相关知识和相关研究人员开展相关研究的重要参考书。本书也可以作为现场调度员的参考学习用书，强化基于历史数据制定调度指挥策略、列车运行调整方法的理论和实践知识，将为调度员制定列车运行调整方案、行车组织预案及实施应急组织等提供一定指导。

本书是西南交通大学高速铁路运输组织特色人才培养系列教材之一，由西南交通大学文超、黄平、李忠灿、蒋朝哲、彭其渊、杨雄、侯亚飞和加拿大滑铁卢大学 Javad Lessan 博士共同撰写。全书共分为 9 章，其中文超主要完成第 1 章至第 5 章的撰写和整理工作并参与第 7 章撰写与整理工作，黄平主要完成第 7 章和第 9 章的撰写和整理工作并参与第 2 章、第 3 章和第 8 章撰写和整理工作，李忠灿主要完成第 6 章的撰写和整理工作，杨雄和侯亚飞主要完成第 8 章的撰写和整理工作，彭其渊参与了第 4 章和第 5 章的撰写和整理工作，Javad Lessan 参与了第 7 章的撰写和整理工作，蒋朝哲参与了第 9 章的撰写和整理工作。博士研究生杨宇翔、李洁、汤轶雄以及硕士研究生牟玮玮、冯永泰、李津、徐传玲、胡瑞、张梦颖等参与了相关资料的整理和数据分析工作。全书统稿工作由文超负责。

在本书写作过程中，中国工程院和中国科学院两院院士沈志云教授、中国科学院院士翟婉明教授、智能交通专家傅立平教授 (湖北省 “百人计划” 特聘教授、加拿大滑铁卢大学教授)、铁路运输组织优化专家何世伟教授 (北京交通大学学术委员会委员) 为本书的撰写提供了宝贵的建议，感谢他们的大力支持和帮助。中国国家铁路集团有限公司调度部田锐高工、中国铁路武汉局集团有限公司总经理庄河教授级高工、中国铁路广州局集团有限公司陈历泉高工和周治衡高工等领导和专家提供了大量的实践经验以及宝贵的指导意见。本书所用到的相关数据得到了中国铁路广州局集团有限公司调度所相关技术人员的大力支持，在此谨向他们表示诚挚的谢意。

本书得到了国家自然科学基金面上项目 (编号：71871188)、国家自然科学基金委员会—中国国家铁路集团有限公司高速铁路基础研究联合基金 (编号：U1834209)、国家重点研发计划课题 (编号：2017YFB1200701)、西南交通大学研究生教材 (专著) 经费建设项目专项 (项目编号：SWJTU-ZZ2022-024) 的资助。

书中参阅了大量的国内外著作、教材、学术论文和其他有关文献，在此谨向这些文献的作者表示深深的谢意。

　　由于本书涵盖内容较多，加之我国高速铁路建设及运营管理的理论和技术在不断发展，同时限于作者的水平，在全书内容的组织和文献材料的取舍方面，难免存在诸多不当和疏漏之处，热诚欢迎国内外同行和专家及各位读者批评指正。

文　超

2021 年 4 月

目　　录

第 1 章 绪 论

1.1 研究背景

我国高速铁路已进入大规模的网络化运营时代,具有速度高、密度大、行车量大等特点,其运输组织复杂性为世界高铁之最。

大数据和"互联网+"已经融入社会各个领域,京张高铁的运营标志着我国高速铁路在行车、服务、运维等方面实现了智能升级。智能高铁将采用云计算、物联网、大数据、北斗定位、5G移动通信、人工智能等先进技术,通过新一代信息技术与高速铁路技术的集成融合,全面感知、泛在互联、融合处理、主动学习和科学决策,实现高铁的智能建造、智能装备和智能运营已成为铁路工作者和研究者追逐的目标。

高速铁路智能运营涉及供电、调度指挥、运营监测、客运服务、防灾监测、故障诊断、应急处置等的智能化,目标是保障列车高效正常运行,为旅客提供安全、舒适、便捷的出行服务。高速铁路智能调度指挥系统是高铁智能运营的中枢系统,担负着组织指挥列车运行和日常生产活动的重要任务,是保证高速列车安全、正点、高效运行的现代控制与管理系统,涉及行车组织、通信信号、牵引供电、安全监控、综合维护等诸多专业,并兼备计划编制、计划调整、行车指挥、设备控制、设备检测、设备维护、环境检测等列车运行管理功能。其支撑技术包括计算机、网络通信、数据库、软件工程、系统控制、系统安全防护、智能决策等。智能调度理论是智能运营的核心基础理论,科学难题《列车晚点传播问题》和《轨道交通调度指挥智能化及风险预警》入选由教育部、科技部、中国科学院、国家自然科学基金委员会等联合发起的《10000个科学难题·交通运输科学卷》(2018年),"构建轨道交通调度指挥系统协同理论,揭示系统协同机理"、"建立和完善网络化列车运行调整、运营调度智能化理论"是轨道交通运输组织优化亟待解决的难题。

国内外已有的相关研究主要侧重宏观层面的列车运行调整建模及算法,建立在一定的列车干扰及晚点分布假设基础上,并不能完全反映高速列车实际晚点分布特征,已有的相关数学模型大多对问题进行过度抽象和一定程度简化,使相关研究成果仍处于实验室阶段,复杂数学计算过程及其模型应用于铁路调度实践仍有一定距离,且缺乏对列车晚点传播过程及微观机理的研究。列车运行图中预留的车站及区间冗余时间、线间冗余时间(以下统称冗余时间)是调度员可以用来恢复晚点的资源，冗余时间布局方案直接影响晚点恢复的效率，并关系到晚点影响的总时间、晚点影响的范围。但目前的冗余时间布局主要依靠对历史布局方案的简单统计，缺乏对其晚点恢复能力的考虑。根据线路、车站具体运营情况确定冗余时间的运用效率并据此优化冗余时间的布局方案，将有利于提高高速铁路运行图的鲁棒性，增强晚点恢复能力。

我国铁路信息化建设也已取得了飞速的发展，规模越来越大的精准运营数据已获取并得以运用。列车运行实绩 (实际运行图、晚点原因记录表、设备运用状态等) 得以有效记录并保存，包含了列车运行状态、正晚点信息、列车间关系、设备利用状态等诸多重要信息，是铁路运输生产绩效的重要体现。如果能够基于列车运行实绩提取列车运行规律并建立列车运行过程模型，将极大地有利于调度员预测未来列车运行趋势，预判和估计高速列车晚点的可能发展态势、相关调度决策的预期效果、列车晚点可能恢复的程度等，从而制定更为精准的运行调整计划并实施预测调度。得益于大数据技术、人工智能理论的发展，数据驱动方法已经在诸多领域的理论研究和运营实践中凸显了其优势。数据科学为高速列车行车指挥优化问题提供了新的解决渠道，基于高速列车的运行实绩、运用数据驱动方法研究高速列车晚点传播及恢复问题已成为必然趋势，知识自动化必将为高速列车行车指挥决策提供有效支撑。

综上，解析高速列车晚点传播机理，提高晚点恢复能力及列车运行可靠性已成为我国高速铁路运输组织亟待解决的问题。基于高速列车运行实绩，宏观规律与微观机理研究相结合，运用数据驱动方法建立晚点传播模型，揭示列车晚点的横向和纵向传播机理，提出晚点恢复能力最大化的冗余时间布局方法以提高运行图鲁棒性是高速铁路行车指挥需要解决的关键科学问题，是高速铁路实现调度指挥智能化的必要工作。

1.2　研究动态分析

要研究列车的晚点传播过程，晚点分布及其影响是首先需要解决的问题。而要建立晚点传播和吸收的模型，列车的行程时间估计、晚点传播、晚点吸收过程等是需要重点研究的问题。要提高运行图的鲁棒性，冗余时间布局理论和方法是国内外研究者重点关注的问题。因此，以下将首先概要分析基于传统数学模型驱动方法的相关研究情况，然后将重点分析运用数据驱动方法研究列车晚点分布、晚点传播理论、冗余时间布局三个问题的国内外动态。

1.2.1　基于传统数学模型驱动的相关研究动态概况

传统数学模型驱动方法是国内外学者研究晚点传播过程建模及冗余时间布局问题广泛使用的方法，主要包括排队论、最优调度算法、网络规划等运筹学方法。

事件图 [1]、活动图 [2]、分布模型 [3] 等被用来计算列车的连带晚点时间、研究列车晚点传播过程；Carey 等 [4] 采用随机逼近的方法推导出了行车间隔和连带晚点之间的近似关系 [5]，并进而开发了晚点传播仿真实验系统预测车站连带晚点的概率分布。国内对于晚点传播理论的研究始于 20 世纪 90 年代，胡思继和孙全欣 [6] 通过将在区段内运行的列车分为不同层次，然后基于概率论及随机过程理论，研究了区段内各类运行列车组间列车晚点传播过程及其传播规律，并推导出了相应的理论计算公式，这为我国随后的列车晚点传播研究指明了方向；杨肇夏等 [7,8] 通过研发列车晚点传播模拟系统来完成对列车运行线的动态性能测试以及列车运行图的动态性能指标计算；周华亮等基于 NaSch 模型提出了用于模拟准移动闭塞系统的元胞自动机模型，模拟了准移动闭塞系统列车延迟传播 [9,10]；王昕等 [11] 运用极大代数 (Max-Plus Algebra) 方法建立了列车运行图的状态动力学方程和列车晚点传播模型。传染模型、极大代数、复杂网络等理论和方法也被应用于晚点传播机理的研究；殷勇等 [12] 运用复杂网络的传播动力学理论分析了路网中列车晚点传播扩散情况，建立了铁路列车晚点传播的 SIR 模型，并对车站晚点后的晚点传播情况进行了模拟；刘宇等 [13] 通过分析晚点传播的基础特性，建立了基于极大代数的离散事件动态系统晚点传播模型，并以长三角城际铁路网为例对晚点传播进行了描述和推演；袁志明 [14] 指出了晚点传播的主因是初始晚点列车导致的连带晚点情况，并在路网中产生了多米诺效应式的连锁晚点现象，通过构造基于随机森林的列车到站晚点预测模型，提升了列车晚点预测的精度和准确度。但以上的研究大多数都是基于数学模型、经验知识等进行的，结合列车运行实绩数据来对晚点传播的研究相对较少。文超等 [15] 在研究高速铁路列车运行冲突机理时，构建了列车运行偏离计划的状态转移图。

常常通过延长列车区间运行时间和增加停站时间来设置冗余时间，并进而恢复列车晚点 [16]，但是冗余时间的增加将导致通过能力的浪费 [17]；国外列车晚点恢复模型及算法的相关综述显示 [18,19]：随机分析模型、整数规划模型、决策树方法、深度优先的贪婪算法等均被用来研究晚点恢复及冗余时间布局的问题 [20]；计算机仿真方法被认为是建立连带晚点恢复模型的有效方法 [21,22]。彭其渊 [23] 分析了列车运行图缓冲时间的大小及其分布规律对列车晚点传播影响；刘敏和韩宝明 [24] 提出了基于晚点恢复容量限制的列车运行图可恢复鲁棒性优化模型。

传统数学模型驱动的研究方法需要建立在对晚点致因及分布、传播机理、恢复过程等具有足够的认识和精确描述的基础上，而实际上大部分研究是基于一定的假设和前提条件进行的，要么对问题简化，要么提前设定晚点分布规律或传播模式，因此，所建立的模型和算法对使用范围要求比较严苛，而对实际运输生产的指导性不足，相关模型、算法以及据此开发的系统基本都还处于实验室阶段。

1.2.2 基于数据驱动的相关研究动态概况

得益于铁路信息化及近年来大数据技术的发展[25]，基于铁路运行实绩开展调度指挥建模的研究已逐步展开[26]。OpenTrack 和 RailSys 等商业仿真实验软件也被开发和广泛应用[27,28]。代明睿等[29]提出了我国铁路应用大数据的可能应用领域及关键技术。各个国家均对运用铁路运营数据开展相关研究给予了高度关注，表 1-1 所列为运用数据驱动方法开展列车晚点传播及恢复相关研究的典型国家。

表 1-1   运用数据驱动方法开展列车晚点传播及恢复相关研究的典型国家

文献	国家	数据	研究问题	方法 (系统)
[30]	意大利	实际运行图、轨道占用数据	晚点预测	列车晚点预测系统、大数据
[31]	荷兰	轨道占用数据、晚点数据	晚点预测	ROMA 调度系统、选择图
[32]	德国	列车实时位置、到发晚点	晚点分布、运行图评估	Open TimeTable
[33]	丹麦	列车晚点记录	冗余时间布局评估	统计模型
[34]	英国	列车晚点数据	晚点传播过程	统计模型、可视化
[35]	日本	实际运行图	晚点致因、晚点分布	可视化
[36]	印度	实际运行图、轨道占用数据	运行图可靠性评估	随机模型
[37]	土耳其	实际运行图	列车状态预测	马尔可夫模型
[38]	中国	高速铁路实际运行图	晚点分布模型	统计模型、回归模型

国内外对于列车晚点传播及恢复的研究主要集中在列车运行晚点分布、晚点预测、晚点恢复和冗余时间布局优化等方面，所运用的数据驱动方法主要包括统计模型、智能计算和机器学习等，如图 1-1 所示。

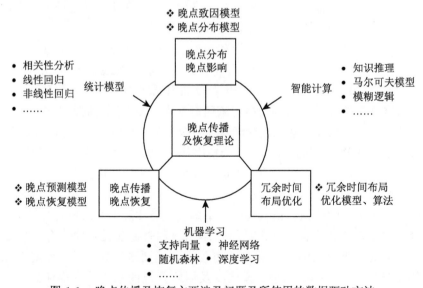

图 1-1   晚点传播及恢复主要涉及问题及所使用的数据驱动方法

1.2.2.1 列车运行晚点分布研究现状分析

(1) 晚点致因分析

1) 晚点致因分析的统计模型

列车晚点致因分析为铁路运营设计和管理提供了依据，许多研究都聚焦运用统计学方法研究列车的晚点致因。

晚点的影响因素通常是从历史数据统计中得到的。通过分析 2001~2003 年挪威铁路列车运行记录得到：乘客数量、满座率、基础设施利用率、列车取消、临时限速、始发正点率以及列车优先等级是影响列车运行的主要因素 [39]。Palmqvist 等 [40] 基于 2015 年瑞典所有列车的 3240 万个列车运行详细时刻表记录、超过 8 万个基础设施的综合运输数据以及近 8700 万条天气观测数据，运用统计方法量化研究了恶劣天气、计划运行图、基础设施运用等相关指标对旅客列车正点率的影响程度。从外部因素来看，恶劣的天气情况一直是造成初始晚点的重要原因。文献 [34] 对极端天气的影响进行了新的探索，该研究使用了来自英国铁路网所处的天气时空数据，并以 2012 年 6 月 28 日的强风暴为案例进行研究。文献 [41] 以都柏林地区快速轨道交通系统的观测数据为基础，使用了每小时所观测的超过 6000 次列车的离站数据，对天气条件对大都市通勤铁路运行影响做了统计学分析。2005 年挪威铁路的正点率统计数据显示，超过 4000 小时的晚点是由基础设施状况造成的，约占总晚点时间的 30%[42]。

文献 [43] 运用统计学方法研究了美国铁路货运系统内部拥堵的相关因素，包括：会车、通过、越行、列车间隔变化以及列车出发间隔大小等，该研究发现会车、通过、越行等行车策略是晚点产生的主要因素。文献 [44] 基于英国的列车晚点数据建立了列车晚点与通过能力利用率间的显著正相关关系，研究表明：较高的能力利用率是造成列车晚点最重要的内部因素之一。从中国高铁的运行数据中，我们可以得到能力利用率和晚点之间也存在类似的关系图，统计数据还显示，近 90% 的运行中断是由恶劣天气造成的 [45]。这些研究结果可以帮助调度人员更好地了解高铁晚点的整体原因。近来，文献 [38] 基于中国武汉—广州高铁 2015 年 2 月 24 日至 2015 年 11 月 30 日间超过 1200 次的列车运行记录，确定了导致高速列车初始晚点的七类外部致因。

基于列车运行记录的数据驱动可视化可以帮助我们找出列车晚点的原因。通过对列车运行历史数据的可视化，运行图的编制人员可以直观地了解列车运行情况，并对晚点原因、晚点影响进行分析 [35]。色度图 (Chromatic Diagram) 可以对原始数据进行抽象和绘图找出晚点的原因 [46,47]。气泡图 (the Bubble Diagram)、渐增晚点图 (Incremental Delay Diagram)、三维图 (3D Diagram) 以及其他的信息可视化方法，如列车晚点时间、停站时间、区间运行时间和间隔时间的箱图以及晚点的散点图都可以用于列车历史运行记录的可视化[35]。借助这些方法可以分析晚点的原因和晚点造成的影响，并通过比较结果来评价减少晚点的措施。目前，这些方法在铁路公司中深受青睐并得到了广泛的应用。

2) 晚点致因分析的智能计算模型

事故树通常用于评估铁路设施故障的风险及其发展过程。Porter 和 Ramer[48] 的研究表明事故树可以在包括铁路系统领域中用于预估地震引发设备故障的可能性以及关键设备发生故障的时间。事故树分析还可以通过分析所有可能的基本事件来确定危险因素、风险如何发生以及确定对铁路系统影响最大的因素，Liu 等[49] 采用事故树与定量分析相结合的方法对高铁事故进行了故障分析，认为所有与风、雨、雪有关的不利天气和与人有关的因素都可能造成巨大的风险。文献 [50] 采用层次分析法计算各不利天气因子指标间的权重，然后进行模糊综合评价过程，以确定评价目标的风险水平。

3) 晚点致因分析的机器学习模型

目前，大量的列车运行历史监测数据，包括：设施设备故障数据、维修工作数据、时刻表数据、列车类型数据和天气数据等，都被用于预测铁路设施的维修情况[51]。一些分析方法，包括相关性分析、因果分析法 (如主成分分析法 (PCA))、时间序列分析以及机器学习技术 (如支持向量机 (SVM))，都被应用于自动学习规则和建立故障预测模型。Oneto 等[52] 提出了一种基于机器学习的列车晚点预测系统来预测晚点，该系统可以通过国家气象局提供的天气信息来进一步改善列车运行质量。文献 [53] 表明，晚点致因挖掘模型由数据预处理与分析、基于机器学习方法的决策树、关键晚点因子分析、时空延迟拓扑分析四个阶段组成。

(2) 晚点分布

晚点分布主要反映了列车在车站的到达晚点、出发晚点以及列车区间运行晚点等。

1) 晚点分布分析的统计模型

通过使用数据驱动可视化方法，可以直观地观察到晚点要素、指标及其分布。色度图被用来形象地展示晚点在哪里出现以及晚点是如何发展的，调度员可以很容易地识别出晚点频率和严重程度，以及相应晚点恢复措施的有效性[54]。文献 [46] 使用了大约 1000 个车站中每列列车的实际到达时刻和到达晚点时间以及实际出发时刻和出发晚点时间数据，对到达准点、出发准点、停站时间、运行时间、停站时间偏差以及运行时间偏差进行了可视化建模。时间–距离图常被用于生成和展示列车晚点，直方图、箱形图和折线图则用于展示列车晚点分布。基于列车运行实绩数据，运用分类方法，晚点分布显示了不同晚点列车数和晚点的模式[55]。

文献 [33] 运用 2014 年第三季度丹麦铁路网哥本哈根—罗斯基勒线的历史数据对实际运行时间和晚点分布进行了研究，百分率法帮助调度员汇总列车号码

(或列车组)、地理位置 (或测量点)、运行时段列车的晚点百分率 [56]，该方法已应用于数字交通管理系统的列车运行位置数据处理，这些报告帮助丹麦铁路网找出了造成晚点的系统性原因，对促进列车正点率提升起到了积极的作用。文献 [57] 利用从调度集中系统中得到的数据，分析了丹麦铁路网主要的线路上车站的动态晚点和列车排队效应。总之，这些简单的应用证明了丰富的列车运行历史运行数据蕴含了丰富的有价值信息。

在目前的大多数研究中，列车的晚点干扰近似为指数分布。文献 [5] 证明了列车运行时间服从指数分布，并模拟了列车间隔时间对列车连带晚点的影响。之后，Goverde 等 [58] 拟合了荷兰铁路列车到达时间、出发时间和停站时间的分布，Yuan[59] 利用海牙高铁站的列车实际运行数据研究了列车的出发和到达时间分布。他们的研究都得出了列车运行干扰时间服从负指数分布的结论。文献 [60] 运用指数分布拟合了列车到达间隔时间和最小列车间隔时间并予以证明，该方法在排队网络模型中被用于预测列车平均等待时间。随后，Briggs 和 Beck[61] 使用 q 指数函数来展示英国铁路网的列车晚点分布。

其他的标准概率分布模型在拟合晚点分布方面也得到了广泛的应用，如韦伯 (Weibull) 分布、伽马 (Gamma) 分布和对数正态分布已多次在研究中被采用 [62]。文献 [63] 通过柯尔莫格洛夫–斯莫洛夫拟合优度检验，比较了几种常用的列车事件和过程时间分布模型，证明对数正态分布在拟合列车到站时间指标上具有较明显的优势。Buker 和 Seybold[2] 为描述到达晚点，评估了修正指数模型、θ-指数法和多项式分布等常用分布模型的适用性。在研究武广高铁的运行记录的基础上，文献 [64] 发现 log-logistic 概率密度函数是描述运行时间经验分布的最佳分布形式。文献 [39] 通过统计分析 IC1900 列车的 597 条记录、IC2100 列车的 340 条记录和 IC2400 列车的 327 条记录，发现出发晚点对列车的运行时间影响较大。同样，通过对信号系统中自动记录的正点数据进行回归分析，发现在置信水平为 0.01 下，到达正点、旅客数量、满座率和出发正点之间的相关系数很大。文献 [5] 对开往海牙方向的列车在鹿特丹站的停站时间进行回归分析，确定了到达晚点和停站时间关系密切，利用基于列车运行记录生成的非线性回归模型可以计算某些晚点下的期望时间。文献 [65] 基于武广高铁的运行记录，建立了受影响列车数量和初始晚点影响时间的回归模型，这些发现有助于我们更好地了解高铁运营中初始晚点的致因和晚点的级联效应。值得一提的是，这些模型可以嵌入调度决策支持系统，为调度员对干扰发生的概率和特定干扰事件的潜在影响提供更准确的判断，以改善实时列车调度指挥质量。袁强等 [66] 分析了高速铁路跨线列车晚点实绩数据，运用超统计理论研究了高速铁路跨线列车的晚点分布模型。

2) 晚点分布分析的智能计算模型

文献 [67] 认为列车运行是由一系列过程共同描述的，包括列车运行时间、停站时间、因列车线路冲突发生的等待时间等，其中事件和过程之间的依赖关系可用时间事件图表示。通过对同一列车的所有事件按发生的时间顺序排序生成列车运行及停站时间弧和列车间隔时间弧，同时反映各事件所有弧的建模延迟依赖性。此外，弧权反映了两相邻事件间的最小时间间隔，该弧权可利用轨道占用数据的观测值得到。

Zilko 等 [68] 基于荷兰铁路网 2011 年 1 月 1 日—2013 年 6 月 30 日的历史数据提取相应的因变量，使用非参数贝叶斯网络建立概率模型来估计铁路干扰持续时间，非参数贝叶斯网络很大程度上依赖于其经验分布。

3) 晚点分布分析的机器学习模型

迄今为止，很少有论文利用机器学习方法研究晚点分布问题。为生成随机干扰，机器学习方法被提出并应用于铁路运营仿真的干扰参数的自动校正，该方法不仅大大减少了校正干扰参数的工作，同时也确保了实际铁路运营和其仿真模型的一致性 [69]。被提出的校正算法已经实施并且集成到新的仿真软件 DoSim 中，这极大地提升了系统性能。该软件在拥有 71 个车站的德国铁路网上进行了测试验证。文献 [70] 运用统计模型和机器学习模型模拟了晚点时间和其致因之间的关系，并预测了晚点时间。文献 [71] 应用了多元线性回归模型、决策树和支持向量机 (SVM) 三种模型，得出在评估精度方面 SVM 模型表现最优，此外支持向量回归 (SVR) 模型还用来研究列车初始晚点和受其影响列车之间的关系，ε-支持向量回归和 ν-支持向量回归两个模型在预测受影响列车概率分布方面都表现良好。

1.2.2.2　列车运行晚点预测及恢复研究现状分析

晚点预测和晚点恢复是晚点传播需要研究的两个主要问题。晚点传播诸如初始晚点间的相互作用、连带晚点、外生事件、晚点增加和恢复等因素近似于一个概率函数，而在该函数中考虑到了来自区间、车站、时间和列车相互作用等因素。以上元素给晚点传播带来了诸多不确定性，因此预测列车状态是很困难的，而预测晚点对于调度员管理列车运行以充分利用铁路能力具有重要意义。

(1) 晚点预测研究现状

1) 晚点预测的统计模型

van der Meer 等 [67] 通过站间列车运行时间的统计分析，并结合轨道占用数据来对铁路系统的晚点传播进行预测。结果显示，列车到达晚点和停留时间之间有很强的相关性，而运行时间和列车出发晚点之间的相关性却显得较弱。Yuan 和 Hansen[72] 提出了一个基于分析的随机模型来预测列车晚点传播，通过对荷兰铁路海牙车站的历史数据进行统计分析得出了初始晚点的实际分布。结果表明，提出的随机模型能够很好地估计列车晚点传播、列车到达和出发的时间。Guo 等 [73] 将列车运行看作是一系列的离散事件，建立了线性回归模型来进行晚点预测，通过对京沪高铁 5 个车站历史数据的分析得出了晚点之间的关系, 当车站位置更新时就可通过模型来对晚点进行预测。Yuan 等 [62] 通过建立随机模型, 以列车到达晚点以及停站晚点的分布为基础来预测列车出发晚点的分布, 从而模拟出列车在车站的晚点传播过程。Kecman 和 Goverde[74] 基于从训练集中收集所有运行时间和停留时间建立模型, 通过对列车运行时间预测模型的分析, 得到了大多数列车都会以最优的性能运行而不论列车是否存在出发晚点, 并且运行时间似乎只受到高峰时段的轻微影响, 没有显著的变化。而列车停留时间预测模型则证实了到达晚点可能对停留时间有重大影响。Cerreto 等 [33] 通过对丹麦铁路列车晚点数据的统计分析, 确定了列车最小运行时间和列车运行图图定的缓冲时间, 通过改进缓冲时间来对列车运行时间和晚点的分配进行研究。Yamamura 等 [54] 首先利用热力图来对列车运行数据进行可视化, 然后对每个车站的晚点进行静态分析和动态分析, 最后介绍了减少列车晚点的方法。Goverde 等 [58] 通过对荷兰铁路车站列车检测数据的统计分析, 得出了以下的结论: 列车的到达晚点和停留时间能够用正态分布模型较好地拟合; 列车的出发时间和出发晚点能用指数分布模型进行较好地拟合。

2) 晚点预测的智能计算模型

晚点预测的难点主要在于列车在运行过程中会受到许多不可预知不确定性因素的影响, 而关键的问题是对列车运行状态转换过程中的不确定性因素进行建模, 所以能较好解决不确定性问题的图论、马尔可夫链、模糊网络和贝叶斯网络等计算理论被广泛应用。

Meer 等 [67] 建立了基于图论的列车运行时间预测模型, 实现了快速晚点传播算法的发展。该模型基于对历史轨道的占用数据和列车当前所处状态的分析来预测列车的运行时间。Kecman 和 Goverde[75] 采用动态弧权重的定时事件图建立了精确预测列车事件时间的微观模型。在此模型的帮助下, 通过考虑运行条件约束和相邻列车之间的行车间隔时间, 使列车之间的相互关系得到了精确的模拟。该模型运用到了荷兰莱顿–多德雷赫特繁忙干线上, 结果表明模型可以在 30 分钟内预测列车晚点。Sahin[37] 建立了马尔可夫链模型来解释晚点传播和恢复, 其使用的数据来于土耳其国家铁路一条线路。Milinković 等 [76] 提出了用两种模糊 Petri 网络模型来预估晚点时间: 一种是基于没有历史运行数据的列车晚点预估; 一种是基于有历史运行数据的列车晚点预估。由于贝叶斯网络可以基于新的列车运行数据来实时更新列车运行状态, Zilko 等 [68] 首先尝试采用非参数的贝叶斯网络来预测列车运行干扰的时间长度, 然后将预测的干扰长度提供给荷兰铁路运营控制中心以供其决策。当然, 贝叶斯推理和马尔可夫链的组合方法能够用于预测列车在各站晚点变化状态 [77]。

3) 晚点预测的机器学习模型

机器学习 (ML) 是通过利用数据训练模型，然后使用模型进行预测的一种方法。与统计回归模型相比，机器学习通常可以提供更好的拟合。Peters 等 [78] 运用神经网络来处理从已知运行数据中提取的现有晚点，并以此为基础来预测之后的列车晚点。Kecman 和 Goverde[74] 提出了结合统计方法和机器学习方法的统计学习方法。他们把预测准确性、实施简便性、计算要求和结果的可解释性作为模型的目标。通过对线性回归模型、回归树模型和回归森林模型三者之间的结合，更好地对列车运行和停留时间进行预测。基于列车运行数据和决策经验的决策树、随机森林的混合方法也可以用于预测列车区间运行时间、停站时间、列车晚点时间等 [79]。

在机器学习和数据挖掘技术之后出现的监督决策树方法可用于估计连带晚点中的关键因素 [53]。机器学习支持的决策树可对未来的运行状况进行预测、对不同行为进行分类和对晚点传播过程的细节进行观察，并且所提出的模型可通过历史晚点数据来对铁路的干扰长度进行高精度的预测。

此外，支持向量回归 (SVR) 也可用来预测旅客和货物列车的到达晚点 [80,81]。在文献 [80] 中，所提出的支持向量回归模型与人工神经网络 (ANN) 模型之间的比较表明：支持向量回归要优于人工神经网络，因为支持向量回归在测试集上的平均拟合优度值高于人工神经网络。这些都显示出机器学习模型在分析和预测列车晚点上的潜能。

最小二乘法 (LSM)、支持向量机 (SVM) 和最小二乘支持向量机 (LSSVM) 等三种模型被用来预测列车的运行位置 [82]。通过对收集到的武广高铁的数据进行训练和测试，然后比较分析三种模型的结果，得到了以下的结论：① 与 LSM 模型相比，SVM 模型的百分比误差在训练中进一步降低了 38.8%，在测试中进一步降低了 14.3%；② 虽然 LSSVM 模型与 SVM 模型的表现几乎相同，但 LSSVM 模型在运行时间上优于 SVM 模型。

(2) 晚点恢复研究现状

1) 晚点恢复的统计模型

晚点恢复作为研究晚点传播的重要内容，不少学者也对其展开了研究。Kariyazaki 等 [22] 建立列车运行仿真模型来再现列车运行过程中的行为。通过运用该模型，能试着模拟列车在连带晚点情况下的实际运行过程。另外，通过对来自调度集中系统中的数据进行分析，得出了检查列车运行行为是从晚点中恢复过来的有效方法之一。Naohiko 等 [83] 讨论了东京市区列车运行中断时的恢复措施，通过对实际数据进行分析，将列车干扰后的运行结果进行了可视化。虽然该研究只是提出了一个访谈结果以及对晚点恢复进行了统计，但是它提供了一种基于数据驱动的晚点恢复方法。Liebchen 等 [84] 通过将可恢复鲁棒性引入到晚点恢复的研究中，在资源条件受限的情况下，对恢复计划和策略进行优化。该文献假定从历史数据中可以获得列车运行和停止所需时间的不确定性，可恢复鲁棒性在不同情况下集成了时刻表和晚点管理，具有不同的恢复概率。采用所提出的方法以意大利巴勒莫 (Palermo) 中央车站为平台进行了研究，结果表明能在很大程度上减少晚点传播。

2) 晚点恢复的智能计算模型

Khadilkar[36] 提出了基于数据的随机模型用来评估列车时刻表的鲁棒性，考虑了晚点预测与晚点恢复。缓冲时间、区间运行冗余时间经常被用来吸收晚点，并且晚点恢复的效率可以根据经验数据来进行静态估计。从印度铁路网的 38000 多条列车到达、出发的记录中获得的平均恢复率为 0.13min/km，这可用于晚点恢复。然而，这项研究中的数据量太少，只有 15 天的经验数据可用，其固定的平均恢复率也很难反映不同区段、车站的真实恢复能力。Cadarso 等 [20] 提出了两阶段研究法，首先通过离散选择模型预测出乘客的需求模式，然后与时刻表和机车车辆的综合优化模型相结合，以此来处理大规模快速网络中的恢复中断问题。

国内研究方面，孟令云等 [85] 以荷兰铁路为研究对象进行实例分析，基于轨道区段锁闭时间理论，提出了两趟列车间晚点传播过程的构建方法，在此基础上研究了构建多趟列车晚点传播链的方法，并从列车间晚点传播链和列车间结构性晚点传播两个方面对上述方法进行验证。结果表明，该方法简便易行、可操作性强，能够较准确地构建实际的列车晚点传播过程，有一定推广价值。文献 [86] 基于京沪高铁一个半月的列车运行实绩，分析得出了列车区间运行时分与出发晚点之间的关系、列车停站时分与到达晚点之间的关系，并认为铁路大数据的应用是铁路运输组织理论研究的重点方向之一。

3) 晚点恢复的机器学习模型

Wen 等 [87] 提出了两种数据驱动方法来解决初始晚点发生后的高铁列车的晚点恢复问题，即多元线性回归模型和随机森林模型。基于武广高铁线路 10 个月的列车运行实绩，对建立的模型进行了训练和测试，生成了列车晚点恢复 (因变量)与初始晚点持续时间、在后方站总的计划停留时间、在后方区段总的缓冲时间和一个二元变量这四个独立变量之间的关系。通过用测试数据对模型进行验证，结果表明这两种模型都能达到很高的性能水平，但随机森林模型在晚点恢复预测的准确性方面要优于多元线性回归模型。此外，在解释变量和数据集相同的情况下，所提出的随机森林回归要优于超限学习机 (ELM) 和随机梯度下降 (SGD) 方法 [88,89]。

1.2.2.3 列车运行图冗余时间布局优化研究现状分析

列车运行图冗余时间布局优化的关键是要针对不同车站、区间等分别计算冗余时间的运用效率，根据实际需要优化布局冗余时间。

(1) 冗余时间布局优化的统计方法

在分析了历史数据、研究了在复杂繁忙的铁路衔接点以最小化晚点传播分配缓冲时间后,Yuan 和 Hansen[72,90] 基于统计方法认为随着列车线间冗余时间的增加,连带晚点的吸收能力将呈指数增长。

为了考察运行图冗余时间分配的质量并评估现有运行图中冗余时间配置是否符合实际需要以及是否能被合理利用,Fabrizio 等 [33] 提出了一种统计方法来分析丹麦列车时间记录的历史数据。为衡量冗余时间配置的有效性,提出了加权平均距离冗余时间 (WAD) 和缓冲指数。Vormans[91] 将加权平均距离冗余时间定义为所有列车从出发点开始到晚点发生地之间的线路单位距离所配置的冗余时间的加权平均值,可以通过列车的历史冗余时间来统计计算。加权平均距离冗余时间用于描述列车全程冗余时间是如何分布的,并尝试使用数值分析方法对其进行优化。Kroon 等 [92] 引入可用于优化周期运行图的随机优化模型,其中加权平均距离冗余时间配置是重要衡量标准。Palmqvist 等 [93] 采用分析方法,基于 2015 年瑞典所有列车运行数据库中超过一百万条出发列车记录,运用统计方法分析旅客列车正点率来反映冗余时间分配策略的问题,分析了在列车径路内冗余时间分布规律,并用加权平均距离冗余时间评估冗余时间的有效性。研究表明:每增加 1% 的冗余时间,准点率就会提高 0.1% 左右。

缓冲指数由一列车或一个车站所有列车的晚点恢复时间与晚点时间的比值来计算,是反映冗余时间阻断晚点传播的指标,通过计算所有列车和车站的缓冲指数得到运行图冗余时间抗干扰、阻断连带晚点的能力 [54]。缓冲指数被当作调整运行图及提高运行图鲁棒性的一个重要标准。更进一步,文献 [36] 根据印度铁路网 15 天内 175 个路段的 38000 多列火车到达/出发记录计算两个站之间的冗余时间所提供的平均恢复率,得到冗余时间的平均晚点恢复率为 0.13min/km,但该计算结果几乎很难精确反映不同车站或路段的晚点恢复效果。

根据国际铁路联盟 (UIC) 规程 451-1 OR 项规定,冗余时间布置有三种不同的方式,分别是:按行车距离 [min/km] 布置,按旅行时间 [%] 布置,对每个站或枢纽固定配置 [min][94]。对于机车牵引的旅客列车,按旅客列车行车距离布置的冗余时间标准是 1.5min/100km。冗余时间的布置标准因国家不同、因不同行车区段和车站的行车条件不同而不同,但一般冗余时间占到旅行时间的 3%~7%。例如,荷兰旅客列车与货物列车的冗余时间均占全程运行时间的 7%,瑞士旅客列车冗余时间占 7% 而货物列车冗余时间占 11%。

(2) 冗余时间布局优化的智能计算模型

铁路调度决策关注给路网上的列车分配足够冗余时间的问题 [95],以恢复列车随机的到达和出发晚点 [96]。Goverde 和 Hansen[97] 强调冗余时间是保障运行图稳定性的重要指标,有利于减少晚点由一列车传递给另一列车的影响。他们提出了德国铁路和荷兰铁路的冗余时间分配的建议原则, 这些原则是以上述两国铁路的运营经验为基础的。同时, 在英国, 虽然冗余时间的分配没有被精确的定义, 但是根据实际铁路历史运营数据优化运行图编制是常用的方法[98]。冗余时间的分配问题可用背包模型进行建模, Jovanović 等[99] 推断历史运行数据的可获取性提高使数据驱动的冗余时间分配变得可能。Vansteenwegen 和 Oudheusden[100] 首先调查了列车运行的期望冗余时间, 然后建立了线性规划问题来优化偏离 (正偏或负偏) 期望冗余时间值的情况。以比利时铁路数据为基础, 通过到达列车晚点分布和不同列车的加权等待时间计算得到的理想冗余时间可以用来保证列车的接续和旅客的换乘。

(3) 冗余时间布局优化的机器学习模型

Huang 等[101] 基于武广高铁列车运行数据建立了冗余时间分配的数据驱动模型。岭回归机器学习模型被用来解析考虑车站冗余时间方案、区间冗余时间方案、晚点严重程度等要素的列车晚点恢复规律。根据冗余时间的利用率, 该模型重新分配冗余时间, 这为冗余时间的优化配置提供了新的解决思路, 因为所提出的机器学习模型综合考虑了运行图的执行效果指标, 比如冗余时间利用率和从历史数据提取的晚点概率等。

1.2.3 已有研究及实践总结及研究趋势判断

(1) 高速铁路调度指挥问题是当前研究的难点、热点和重点

欧盟所资助的 ON-TIME 项目所包含的八个子课题中, 有一个是专门研究列车干扰管理和晚点恢复的, 另一个子课题专门研究提高列车运行图的鲁棒性和弹性[102]。依托此项目研究, 产生了大量有影响力的研究成果, 但相关研究在数据驱动方法, 尤其是运用人工智能、机器学习方法方面较为欠缺。由香港城市大学主持的 "高速铁路和铁道系统的安全性、可靠性及应急管理研究" 已于 2016 年启动, 其也将致力于研究提高列车运行可靠性, 目前该项目的研究成果正在逐步形成中。国家自然科学基金重大项目 "高速铁路运行控制与动态调度一体化测试平台与实验验证" 也已于 2018 年启动, 该项目将致力于研究高速列车的运控一体化, 提升高速铁路应急决策能力, 最终提高旅客满意度和高速铁路运营效率。高速列车运行晚点及其管理是当前研究的热点和重点, 而从上述项目的已有成果及研究框架看, 目前缺乏基于高速列车运行实绩建立数据驱动模型解决列车晚点传播机理、恢复模型及其运行图冗余时间布局优化问题的相关研究。

(2) 实现调度决策知识自动化是铁路运输管理水平提升的重要理论支撑

瑞士联邦铁路 (SBB) 从 2014 年开始在全路应用自适应列车运行调整系统 (ADL 系统), 得益于铁路大数据应用, 对列车运行进行精确预测, 并生成无运行冲突的调度决策, 近年来该系统为瑞士提高路网利用效率和运输服务质量做出了重要贡献。这也让世界看到了基于铁路实时和历史数据、运用数据驱动方法实现调度决策知识自动化、支持调度决策及列车运行的应用前景。

(3) 已有将数据驱动方法应用于高速铁路列车调度指挥的研究不足及研究思路

虽然国内外专家学者开展了大量的研究工作，取得了丰硕的研究成果，极大地丰富了铁路行车指挥理论和方法，但既有研究仍存在不足并应从以下方面深入开展工作：

① 研究晚点分布和晚点与其致因之间的关系有利于进行列车晚点管理，可以帮助调度员理解晚点机理，在实际中更好地组织列车运行。基于丰富的列车运行数据，利用列车在车站到发、通过时刻数据计算得到列车在各区间、车站的图定/实际运行时间和停站时间，根据图定时间以及实际时间计算可以得到列车在各区间、车站的运行或停站偏差；通过建立各区间、车站的列车运行时间及停站时间偏差分布数学模型，可以解析列车在各区间、各车站的"习惯性"运行规律(如图 1-2 所示)，对列车在各区间、车站的运行过程进行一定预判。基于上述研究，将能够探明高速列车的晚点时空、时长分布规律，析取高速铁路各区间列车运行时间、车站停站时间的分布及其晚点延误特征，从宏观上探明高速列车晚点分布的基本规律，这些规律将应用于列车运行过程控制及晚点预测中，如图 1-3 所示，调度员根据列车在区间 1 的实时状态以及列车在后续车站、区间的晚点分布规律，可以对列车的运行状态进行预判，这是列车晚点传播与恢复的基本理论基础。

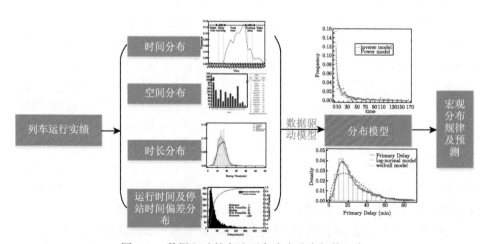

图 1-2   数据驱动的高速列车晚点分布规律研究

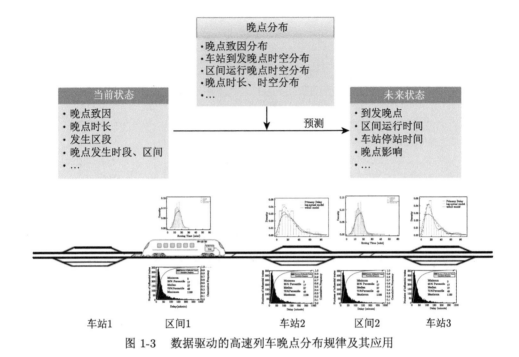

图 1-3 数据驱动的高速列车晚点分布规律及其应用

② 数据驱动的晚点预测和恢复在理论和实践中都受到普遍关注，但已有对晚点传播理论及晚点恢复的研究主要侧重于智能计算方面，包括 Petri 网、模糊逻辑等，而这类模型还是需要以一定的先验调度知识为基础，不能实现完全客观、自动的晚点传播和恢复预测。目前缺乏针对高速铁路，尤其是中国高速铁路晚点传播与恢复相关理论与方法的研究不足，具体地，将人工智能、机器/深度学习方法应用于列车运行晚点传播、晚点恢复的研究严重缺乏。在晚点传播方面，对于传播过程和机理的研究仍需要深度解析，需要度量晚点的程度、研究晚点的影响。在当前机器学习、深度学习方法迅速发展的形势下，运用机器学习和深度学习方法建立数据驱动的列车运行晚点传播和恢复模式将成为可能。综上，数据驱动晚点传播的研究路线如图 1-4 所示。

③ 已有研究虽然提出了基于 WAD 进行冗余时间优化的统计方法，但是得到的 WAD 值不能客观反映冗余时间的利用需求，冗余时间仍然存在优化的空间。如果能够根据列车运行晚点数据找到路网列车冗余时间运用效率，客观地确定冗余时间分配的参数，将能够据此实现冗余时间的进一步优化，增强运行图的鲁棒性。数据驱动的冗余时间布局优化方法研究路线如图 1-5 所示，关键是从列车运行实绩中获取列车的晚点及恢复规律、提取冗余时间运用效率和冗余时间分配等参数，提出冗余时间重新布局方法，得到使晚点恢复能力最大化的冗余时间布局方案，从而优化列车运行图。

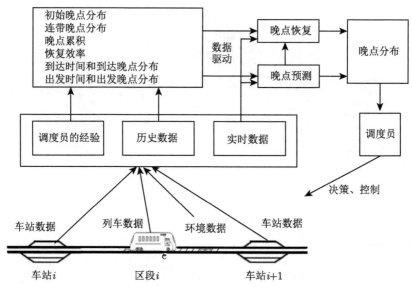

图 1-4   数据驱动晚点传播的研究路线

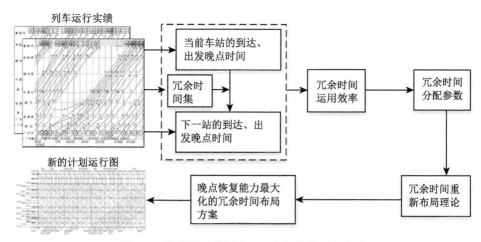

图 1-5   数据驱动的冗余时间布局优化研究路线

铁路列车调度属于作业车间调度和系统控制问题[103]。文献综述表明,近二十年机器学习方法广泛应用于制造业系统的调度领域[104,105]。使用数据驱动的方法,从作业车间问题中发现了调度规则,这意味着,基于偏好学习的机器学习方法可以更好地发现列车调度规则[106]。最有前景的机器学习方法是神经网络 (NN) 和它的变种,比如图像处理过程中的卷积神经网络 (CNN),自动识别中的深度信念网络 (DBN) 和在序列分析中的递归神经网络 (RNN)。基于递归神经网络的模型已经被成功地应用于道路交通和航空飞行的旅行时间估算 [107,108]，但并没有在列车晚点和旅行时间预测中有足够的应用。深度学习通过使用反向传播算法来发现大型数据集中的复杂结构，以显示机器应如何更改其内部参数，用于从每一层的前一层的表示来计算该层中的表示 [109]。深度学习方法在分析、评估和预测复杂系统的性能方面表现出很强的能力 [110]。为了最大限度地减少作业调度时间，提出了一种深度强化学习方法来研究多资源多机作业调度，揭示了深度强化学习方法在各种复杂环境中具有超越传统资源分配算法的潜力 [111]。

机器/深度学习方法已经在铁路运输领域凸显了优势，推理与推荐系统、机器学习、计算机视觉、知识表达与模式识别等人工智能方法和技术已经在我国铁路运输安全、客票、旅客服务等领域取得了初步应用，但多源数据驱动的调度指挥人工智能理论与方法仍需深化研究 [112-115]。近年来运用机器/深度学习研究了高铁列车晚点影响预测 [116]、晚点时间预测及晚点传播模型 [117-119] 等。

1.3 研究意义

针对以上不足，本书分析高速列车的晚点分布规律、建立高速列车不同晚点情境下的影响程度度量模型、揭示晚点横向和纵向传播以及晚点恢复机理、建立基于列车运行实绩的高速列车晚点传播及恢复数据驱动理论与方法。本项目具有较好理论意义和实践应用价值。

理论意义 本书研究成果将能够为高速铁路调度指挥理论的深化研究提供基础。一方面，① 提出晚点分类方法，探明不同情境下晚点所影响的列车数和总时间，度量晚点的程度，可以支撑晚点影响程度的分类估计；② 构建我国高速列车晚点传播及恢复的深度学习模型，有利于实现晚点传播及恢复的自动预测；③ 建立晚点恢复深度学习模型，计算确定冗余时间运用效率系数及考虑关键列车、区间和车站的冗余时间运用效率调整系数，改进冗余时间布局方法，提高冗余时间的运用效率。另一方面，作为高速铁路行车组织优化理论研究的重要研究手段——列车运行仿真，目前主要是建立在假设晚点分布、晚点传播状态转移概率的基础上，很难反映运输生产的真实情况，本书内容将能够为高速铁路列车运行仿真提供理论支撑。本项目研究能够丰富我国铁路列车调度指挥理论与技术体系，促进我国高速铁路由应对性决策向规划性决策的预测调度方法转变，为高速铁路实现基于知识自动化的智能化调度提供理论依据。

实践价值 调度员日常工作中，调度决策是一个以大量列车运行数据为基础的数据驱动过程，数据驱动的调度指挥如图 1-6 所示。本研究将为调度员制定列车运行调整方案、行车组织预案及实施应急组织等提供决策支持，使调度员根据晚点实时状态及其潜在影响实施预测调度成为可能：① 基于数据驱动的晚点模型，调度员可以基于一定的设备、环境以及组织管理条件，预估不同情境下晚点发生的可能性并预估其影响程度；② 基于深度学习的晚点传播和恢复模型模拟调度员的决策过程，可以辅助调度员提高调度决策水平，提高调度决策质量，降低调度员工作负荷；③ 计算得到冗余时间运用效率，将能够作为调度员进行冗余时间布局优化的理论依据。另外，实现高速列车晚点传播及恢复的预测，将能够为铁路部门资源运用、信息发布提供实时决策支持，为旅客出行提供更为精准的实时服务信息。

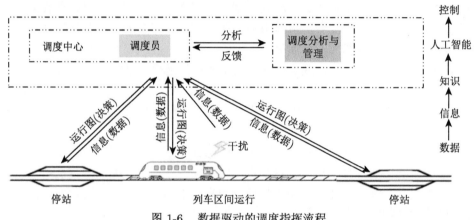

图 1-6　数据驱动的调度指挥流程

良好的应用前景　本书围绕我国高速铁路运营的实际需要，研究高速列车晚点传播和恢复的机理，有利于保障高速列车高可靠性运行，最大限度发挥高速铁路的运输效益，提升运输服务质量；提出基于晚点恢复能力最优的冗余时间布局方案，有望丰富和完善高速铁路列车运行图编制理论和调度调整理论。研究成果可应用于高速铁路智能化调度指挥系统，更好地服务于我国高速铁路网络化运营。

1.4　主要内容

本书的核心是高速列车晚点分析及晚点控制理论。基于高速铁路列车运行实绩，综合运用现代统计方法及模型、机器学习和深度学习方法，在解析晚点分布规律的基础上重点研究数据驱动的列车晚点传播与恢复理论，并提出基于运用效率最大化的冗余时间优化布局方法。本研究主要解决四方面关键问题，如图 1-7 所示，其中第一是探索高速列车晚点的宏观分布规律，第二、三是揭示晚点横向和纵向传播的宏观规律和微观机理，第四是高速列车晚点恢复建模，通过优化冗余时间布局提高运行图晚点恢复能力。

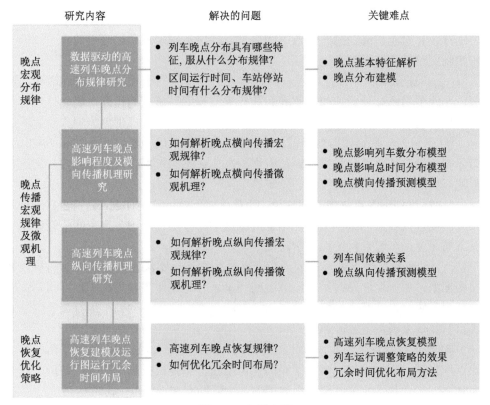

图 1-7　主要内容

本书的内容组织如下。

基于高速铁路列车运行实绩，介绍运用现代统计方法及模型进行高速列车运行晚点分析方法，在解析晚点分布规律的基础上综合运用机器学习和深度学习方法研究数据驱动的列车晚点传播理论，建立高速列车不同列车运行调整策略的晚点恢复效果模型，提出基于冗余时间运用效率及晚点恢复最大化的冗余时间优化布局方法。本书包括 9 章，具体包括以下内容。

(a) 绪论。介绍研究背景、意义、国内外研究趋势分析等。

(b) 数据描述及高速列车晚点概述。介绍高速列车运行实绩数据的来源及构成，概述世界铁路列车晚点情况及特征，分析了中国高速铁路晚点的影响因素、分类及故障特征。

(c) 高速列车晚点分布特征。分析高速列车的到达晚点时空分布和时长分布规律、区间运行时间与车站停站时间分布规律，介绍初始晚点的晚点时长、影响列车数和影响总时间的描述性统计特征，分析了晚点恢复统计特征及初始晚点分布与通过能力利用率的关系。

(d) 高速列车初始晚点分布模型。从集团公司、高铁线路、高铁区段三个层面分别拟合和检验了高速列车晚点时间分布，针对不同晚点致因分别建立了致因—初始晚点时长分布模型。

(e) 高速列车晚点传播过程分析。解析了列车运行干扰和冗余时间的作用过程，介绍了用统计分析、仿真实验和数据驱动模型等研究高速列车晚点传播过程的分析方法。

(f) 高速列车晚点横向传播理论。建立了高速列车晚点影响列车数和影响时间的分布模型，从而量化晚点横向影响程度，比选不同机器学习模型并建立高速列车晚点影响列车数和影响时间的预测模型。

(g) 高速列车晚点纵向传播理论。针对单列车晚点预测问题，分别建立了马尔可夫和混合贝叶斯网络模型，介绍运用深度学习方法、考虑多列车间依赖关系情况下的高速列车晚点预测深度学习模型。

(h) 高速列车晚点恢复模型。基于高速列车运行实绩建立晚点恢复随机森林预测模型，对压缩停站时间和压缩区间列车运行时间两类典型列车运行调整策略进行聚类研究，并基于梯度提升回归树方法分别建立了不同列车运行调整策略的晚点恢复效果模型。

(i) 基于晚点恢复能力最大化的高速列车冗余时间布局优化。提出了两种基于晚点恢复能力最大化的冗余时间布局优化方法，一是根据列车的晚点期望布局冗余时间，二是基于冗余时间利用效率的冗余时间布局方法。

第 2 章　高速列车运行数据及列车晚点概述

列车运行相关数据包括时刻表数据、环境数据、设备数据、旅客数据等，这些数据是铁路调度员进行调度决策的基础和依据。列车运行数据携带着十分有价值的信息，可用于分析单列车运行、列车之间的交互、运行图调整和调度决策优化。收集到的数据能够帮助调度员精准地确定列车的实际位置和实时状态，并做出正确决策。本章首先将分析高速列车的运行数据，涉及数据来源及数据特征等。

正点是指航班、列车、客轮、客车等按规定时间运行。正点率是旅客运输部门在执行运输计划时，航班、列车、客轮、客车等正点出发数量占总数量的比率，是衡量承运人运输效率和运输质量的重要指标。铁路旅客列车正点率是考核铁路旅客运输组织工作的综合指标之一，按旅客列车出发正点率、旅客列车运行正点率、旅客列车终到正点率分别计算。旅客列车正点率是指正点出发/运行/终到的旅客列车数占旅客列车出发/运行/终到总列车数的比率。与正点相对，列车晚点是指列车偏离运输计划的情况，列车晚点率是指晚点出发/运行/终到的列车数占总列车数的比例。列车正晚点统计是反映列车按运行图运行情况和日 (班) 列车工作计划编制和执行情况的重要指标，是分析、改善运行秩序和调度指挥工作的重要依据，是考核运输组织工作的综合指标之一。2.2 节和 2.3 节概述列车晚点问题，分析世界主要国家普速铁路和高速列车晚点情况，并分析引起列车晚点的相关影响因素。

2.1　高速列车运行数据

2.1.1　数据来源

铁路运输的最新技术进步和发展使运营者能够从已实现的列车 (运行) 过程中存储、访问和挖掘大量列车运行数据。我们将其定义为列车实际运行数据，它有三种表现形式。第一种是结构化数据 (如在车站的到达和出发时间)，这些数据主要保存在调度集中 (CTC) 系统中 [120]。第二种形式是半结构化数据 (如调度命令和其他事件文字记录)，这些数据可以由监控系统获取。第三种是非结构化数据，这些数据可以从一些录制的视频、图像和事件记录中进行挖掘 [121,122]。研究人员和从业者可以使用大量数据处理工具来处理数字结构化数据。而 (由于) 语义和句法数据模型比传统方法提供了更大的数据集成能力、扩展性和兼容性，经常应用于处理半结构化数据和非结构化数据。在过去的十年中，铁路运输领域开展了一些有关数据知识管理和数据建模的实践项目和学术研究，旨在使系统之间能够更好地进行数据整合。

铁路调度员需要在其所辖区段内不间断地监视列车运行，可靠的数据来源是高速铁路列车运行及行车指挥的基本保障。高速铁路系统车、机、工、电、辆涉及行车、动车组、维修、电务、旅客、计划等专业调度工种，各专业工种协同工作，保障列车运行。各专业调度工种对应有各自的边界系统 (数据来源系统)，这些数据通过摄像头、人工、传感器等途径感知，以图片、视频、文字、数字等形式存储，如图 2-1 所示。

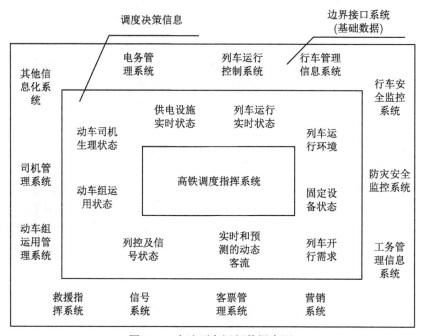

图 2-1　高速列车运行数据来源

根据图 2-1，可以将高速列车运行相关数据分为以下四类：

① 运输需求数据：客流分布、客流流向等；

② 运力资源数据：线路资源、场站资源、列车资源、乘务资源等；

③ 自然环境数据：风雨雷电、异物侵限、地震等；

④ 设施设备数据：通信信号、线路设施、动车组设备运用数据等。

根据高速铁路调度所的调研可知，在高速列车运行过程中，调度指挥系统与供电系统、综合维修作业系统、信号系统、防灾安全监控系统、通信系统、视频监控系统、客运服务系统、乘务管理系统、票务系统、车辆维修管理系统和综合检测系统之间的信息交换最为关键。高速列车的运行实绩数据中，最为主要的体现包括高速铁路计划时刻表、实际时刻表、晚点原因记录表、天气数据、车站设备运用数据、设备故障数据、动车组运用数据等。本书的列车运行实绩数据来源于中国铁路广州局集团有限公司 (简称 "广州局") 所管辖的 6 条高速铁路全线或部分区段 (图 2-2)，包括：京广高速铁路武广段 (以下简称 "武广高铁")、广深城际铁路、广深港高速铁路广深段 (以下简称 "广深高铁")、厦深高铁、衡柳高速铁路、沪昆高速铁路广铁段。所有列车运行实绩数据均从中国铁路广州局集团有限公司高铁调度中心列车监督系统获得，该系统记录了每天各次列车的车次、到发通过车站、每次列车在每个车站的图定与实际到发通过时刻、最高列车运行速度、平均行车速度等。

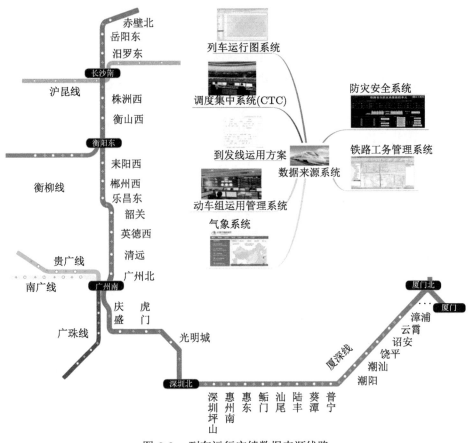

图 2-2 列车运行实绩数据来源线路

武广高铁全长 1069km，共设 18 个车站，允许最大时速 350km/h，运营速度 310km/h。

广深城际铁路西起广州站、南至深圳站，全长 147km，列车最高运行速度 200km/h。

广深高速铁路与广深城际铁路基本平行，全长 115km，设计速度 350km/h，运营速度 300km/h。

厦深高铁全长 514km，共设 18 个车站，允许最大时速 250km/h，运营速度 200km/h。

衡柳高速铁路正线全长 497.9km，时速 250km/h，途经衡阳、永州、桂林、柳州，与武广高铁在衡阳东接轨。

沪昆高速铁路广铁段自醴陵东至新晃西站由中国铁路广州局集团有限公司管辖，设计速度 300km/h，该线与武广高铁在长沙南站接轨。

2.1.2　数据格式

所获得的高速列车运行实绩数据主要包括高速列车运行计划、列车运行实绩、晚点原因记录表，表 2-1 和表 2-2 分别为京广高铁南段 (武广高铁) 列车运行时刻数据和晚点原因记录表的示例，图 2-3 是武广高铁实际列车运行图示例。表 2-1 数据包括每列车在各站的图定到达时间、实际到达时间、图定出发时间和实际出发时间，由此可以计算出每列车的到达晚点和出发晚点时间。表 2-2 数据包括列车车次、所属线路、始发 (终到) 站、图定与实际到发通过时间、晚点时间、晚点原因、原因分类及日期等信息。

表 2-1　列车运行时刻数据示例

车次	日期	车站	图定出发时刻	实际到达时刻	固定到达时间	实际出发时刻
G634	20150224	长沙南	17:28:00	17:26:00	17:26:00	17:28:00
G6152	20150224	清远	17:18:00	17:18:00	17:16:00	17:20:00
G9694	20150224	英德西	19:02:00	19:00:00	19:00:00	19:03:00
G548	20150224	韶关	17:29:00	17:25:00	17:25:00	17:27:00

表 2-2　晚点原因记录表示例 (部分数据)

车次	始发站	图定	实际	晚点原因	原因分类	日期
G6023	长沙南	16:05	16:30	G80 次在衡山西至株洲西站间车组热轴报警停车影响	辆故	20140504
G6313	广州南	14:30	14:42	水害影响	其他	20140511
G1126	广州南	12:16	12:48	京广高铁韶关站 (含) 至英德西降雨限速报警影响车底接续	天气原因	20140517

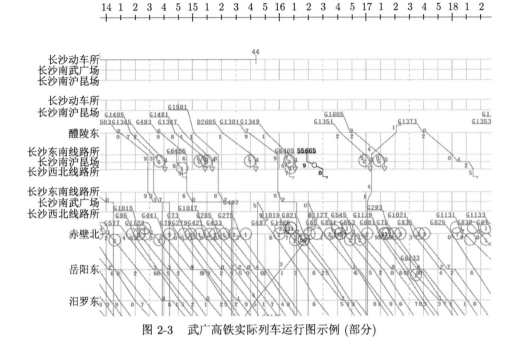

图 2-3　武广高铁实际列车运行图示例 (部分)

对所收集数据进行分类、降噪、清洗及一致性处理，剔除无效值、补充缺失值等，析取对行车调度决策有用的列车运行信息，构建高速列车晚点及恢复完备数据库，作为后续研究的基础数据。

2.2　国内外铁路列车晚点概况

2.2.1　世界主要国家普速铁路旅客列车晚点情况

正点率是世界各国铁路企业都关注的最重要列车运行指标之一，因为正点率影响了运输质量的高低，直接关系到企业的运营收益和客运市场占有率。以下主要列举欧洲主要国家的列车运行正点率情况。

对于晚点列车的统计，各个国家采用的标准各异，表 2-3 为欧洲主要国家铁路统计晚点列车的标准。根据国际铁路联盟的统计数据，2014 年欧洲主要国家铁路正点率如图 2-4 所示，其中芬兰铁路的正点率达到了 96%，拉脱维亚的铁路正点率最低，仅有 75%。英国铁路正点率的最新统计显示，其正点率与 2014 年相比基本保持不变 (如图 2-5 所示)，图中显示了近 4 周和近一年的列车在不同晚点统计标准下的正点率：按照晚点 5min 以内标准统计时，列车前一年的正点率为91.3%，而当晚点统计标准为晚点时间在 15min 以内时，列车前一年的正点率达到了 98.5％。图 2-6 显示了加拿大铁路 2011～2018 年的列车正点率，其列车正点率水平一直不高。日本铁路长期保持着较高的正点率，根据不同的正点率统计标准，其列车 2015 年的正点率如表 2-4 所示。印度铁路的列车正点率水平也不高，且呈较明显的下降趋势：2016 年列车正点率为 77.4％，2017 年的列车正点率为 76.69％，而 2018 年的列车正点率降到了 71.39％。中国普速铁路旅客列车的晚点统计标准为大于等于 4min，按照这个标准，列车的终到正点率为 92％。

表 2-3　欧洲主要国家晚点列车统计标准

国家	地区列车	长途列车
奥地利	> 5min	> 5min
丹麦	≥ 2min 30s	≥ 5min
法国	≥ 6min	> 5min 至 > 15min (根据不同运行距离)
德国	≥ 6min	≥ 6min
立陶宛	> 5min	> 5min
荷兰	> 3min	> 3min
西班牙	> 3min 至 > 10min (根据不同运行距离)	> 5min 至 > 10min (根据不同运行距离)
波兰	> 5min	> 5min
英国	> 5min	> 10min
意大利	> 5min	> 15min
瑞士	> 3min	> 3min

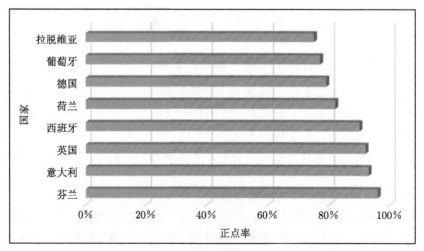

图 2-4　欧洲主要国家普速铁路正点率 (2014 年)

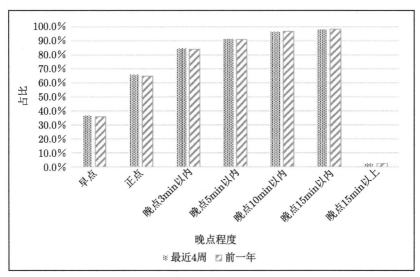

图 2-5 英国 4 周 (2019.6.23~2019.7.20) 及 1 年的列车正点率

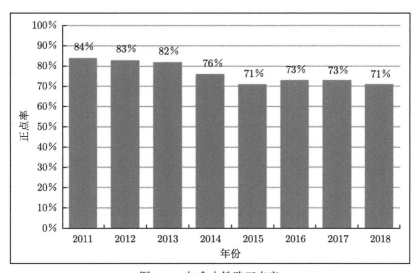

图 2-6 加拿大铁路正点率

表 2-4 日本铁路列车正点率 (2015 年)

晚点列车统计标准	列车正点率
≤ 1min	92.5%
≤ 3min	98.1%
≤ 5min	98.5%
≤ 10min	99.1%

2.2.2　世界高速铁路列车晚点情况

高速铁路有着速度快、输送能力大、安全性好、正点率高、舒适方便、能耗较低等特点，为提升铁路路网规模与质量、缓解运输能力紧张、提高铁路服务质量等方面做出了巨大贡献。

高速列车在运行过程中可能受到来自外界环境、系统内部机械故障、组织管理等各方面因素的影响，造成高速列车的初始晚点，晚点的纵向及横向传播效应将导致高速列车运行的晚点传播。列车运行晚点一方面将扰乱正常的运营秩序、降低运输服务质量、增加铁路的运营成本，另一方面将可能增加旅行时间、给旅客带来出行不便。高速列车的晚点是不可避免的，准确估计高速列车晚点的影响程度、提高对列车运行晚点影响的预测能力，有利于铁路部门优化运营组织策略和尽可能改善运输服务，也有利于旅客重新规划出行。

日本作为世界上第一个拥有高速铁路的国家，其高速列车一直保持很高的正点率，如图 2-7 所示，日本东海道新干线高速铁路 1980~2008 年的平均每列车晚点时间都不到 1min (1985 年和 1990 年除外)。

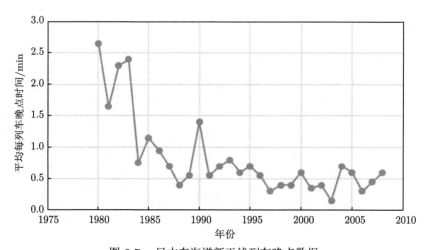

图 2-7　日本东海道新干线列车晚点数据

法国的 TGV (Trainà Grande Vitesse) 高速铁路不同线路列车正点率差异较大，Reims—Paris 高速列车的晚点率仅为 4.3%，而 Lyon—Lille 高速列车的晚点率达到了 26.38%。图 2-8 所示为法国 TGV 高速铁路分线路的列车晚点率情况，法国全部高速列车 2012~2015 年各月的平均晚点情况如图 2-9 所示。

对英国东南铁路公司管辖的高速铁路列车正点率最新的统计表明，英国高速列车的正点率都不是很高，仅有 90% 左右 (如图 2-10 所示)。

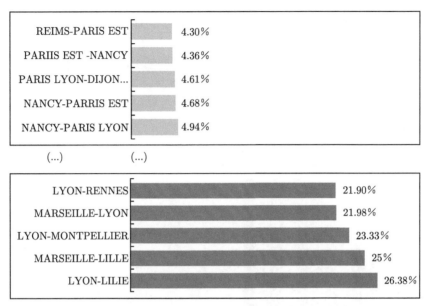

图 2-8 法国 TGV 高速铁路分线路列车晚点率 (部分)

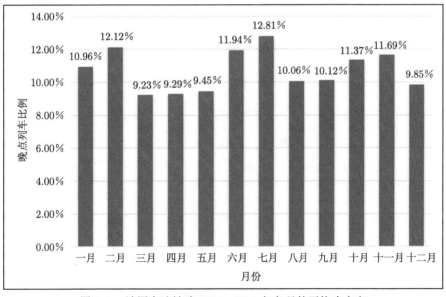

图 2-9 法国高速铁路 2012~2015 年各月的平均晚点率

高准点率不仅是铁路运营者追求的重要指标,也是吸引旅客选择高速铁路的主要优势之一。然而,根据中国国家铁路集团有限公司统计,虽然我国高速铁路的始发正点率达到了 99%、终到正点率达到 96%,复兴号列车的始发和终到正点率分别达到 99.2% 和 97.9%，但我国高速列车的运行正点率却仅仅为 90%。也就是说，列车在运行过程中要时常偏离列车运行计划，这给运输组织尤其给调度指挥工作带来了巨大挑战。例如，在 2015 年 3 月至 12 月，从广州局运行数据中可以粗略统计得到，京广高铁广州至长沙段上下行，共计有 14135 列车晚点，占总运行车次 68020 列的 20.8%，其中在长沙南站累积晚点 54327min，在广州南站累积晚点 77802min，如图 2-11 所示。

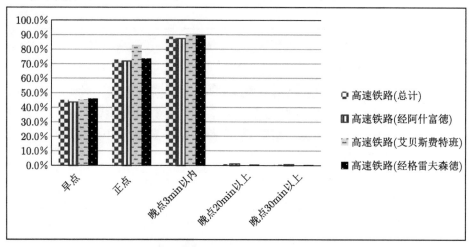

图 2-10　英国高速列车正点率 (2019 年 5 月 26 日 ~2019 年 6 月 22 日)

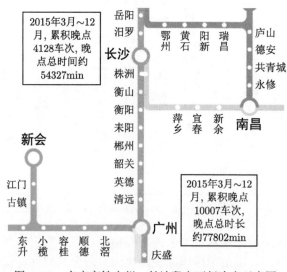

图 2-11　京广高铁广州—长沙段上下行晚点示意图

2.2.3 列车正点率特征分析

每条铁路线路的状况都存在差异，设施设备也存在性能差别，列车运行的天气等气候环境不同，不同时期运营的组织水平和作业方式也可能不同，导致铁路列车的正点率存在以下显著特征：

(a) 不同类型线路的正点率存在较大差异。例如：具有最高列车正点率的芬兰，其长途列车比通勤线路列车正点率低得多，通勤铁路比市域 (郊) 铁路的列车正点率又低，长途列车的正点率比市域 (郊) 铁路的列车正点率低了 10% (如图 2-12 所示)。高速铁路也是如此，如图 2-10 所示的英国不同高速铁路正点率，以及如图 2-8 所示的法国 TGV 高速铁路不同线路的正点率相差甚至达到 20% 左右。

(b) 同一线路不同列车类型的正点率存在较大差异。在同一条线路上，由于不同列车类型采用不同的组织模式、不同的停站模式等原因导致列车的正点率也存在差异。如表 2-5 所示，IC (城际) 列车和 P (高峰) 列车的平均正点率为 90% 左右，而 S (慢速) 列车和 L (区域内) 列车的平均正点率为 93.3% 左右。

(c) 不同季节的正点率存在较大差异。由于一年不同季节的天气、温度等情况变化，导致列车的正点率也存在较大的变化，如图 2-9 的法国高速铁路和图 2-12 所示的芬兰普速铁路，其每个月的列车正点率均有较大差异。即使是同一车次 (始发终到站) 的列车，其在不同时期正点率也可能会有较大差异，表 2-6 所示比利时部分 IC 列车在 2015 年 3 月与 2016 年 3 月的正点率相差也很大，如 IC 01 列车的正点率相差近 11%。

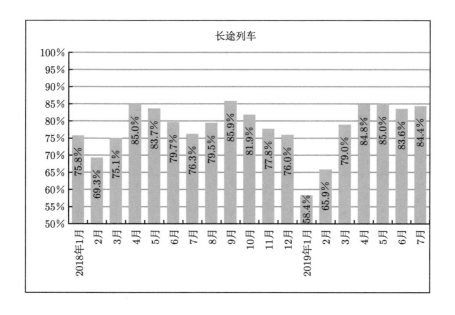

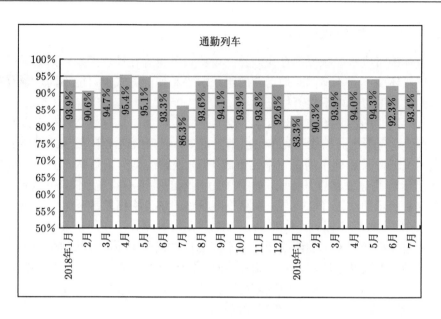

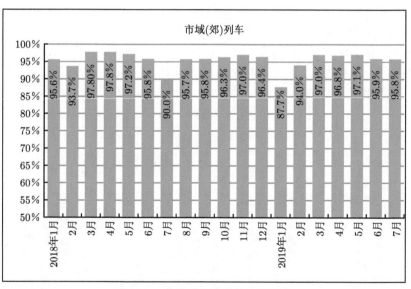

图 2-12　芬兰不同类型线路正点率

　　(d) 工作日和非工作日的正点率存在较大差异。由于工作日行车需求大、行车密度大，引起列车的正点率要低于非工作日，表 2-5 中比利时 IC 列车工作日平均正点率比非工作日低约 5%，S 列车工作日平均正点率比非工作日低 7.3% 左右；表 2-7 中同一车次 (始发终到站) 的列车，工作日列车正点率甚至比非工作日低 20% 左右 (L 94 Tournai—Bruxelles)。

(e) 同一线路同一天不同时段的正点率存在较大差异。如表 2-5 中，比利时铁路 IC 列车、L 列车在工作日高峰时段正点率比平峰时段低 5%；表 2-7 中同一车次 (始发终到站) 列车工作日高峰时段的平均正点率比平峰时段甚至相差 20% 左右 (L94 和 L96)。

表 2-5　比利时不同类型列车的正点率 (2016 年 3 月)

列车类型	工作日			非工作日	平均
	早高峰	晚高峰	平峰		
IC 列车	86.4%	87.3%	89.9%	92.9%	90.38%
S 列车	87.7%	87.3%	93.9%	96.9%	93.27%
L 列车	92.0%	92.5%	91.9%	94.5%	93.32%
P 列车	87.7%	87.8%	86.1%	91.7%	89.45%

表 2-6　比利时 IC 列车不同时期的正点率

列车编号	列车正点率	
	2015 年 3 月	2016 年 3 月
IC 01 Oostende—Eupen	76.6%	87.4%
IC 03 Knokke/Blankenberge—Genk	85.7%	92.2%
IC 04 Antwerpen—Centraal—Poperinge/Lille Flandres	93.8%	93.8%
IC 06 Tournai—Mons (via Brussels Airport)	88.4%	85.1%
IC 07 Charleroi—Sud—Antwerpen—Centraal	90.4%	89.5%
IC 16 Brussel—Zuid—Luxembourg	86.6%	81.5%
IC 19 Tournai—Namur	78.9%	85.2%
IC 25 Mons—Liège Palais	77.4%	75.6%
IC 26 Kortrijk—Sint—Niklaas	87.6%	87.8%
IC 35 Brussel—Zuid—Amsterdam	90.8%	91.4%

表 2-7　比利时 L 列车不同时段的正点率 (2016 年 3 月)

列车编号及始发终到站	工作日				非工作日
	早高峰	晚高峰	平峰	平均	
L 25 Antwerpen—Bruxelles	90.8%	86.4%	92.0%	89.73%	97.2%
L 36 Liège—Bruxelles	85.9%	91.3%	92.2%	89.80%	90.0%
L 50A Oostende—Bruxelles	74.7%	93.7%	94.6%	87.67%	95.2%
L 50 Gent—Bruxelles	88.2%	89.1%	94.0%	90.43%	94.4%
L 60 Dendermonde—Bruxelles	89.1%	90.3%	93.8%	91.07%	99.3%
L 89 Kortrijk—Bruxelles	79.2%	93.9%	94.4%	89.17%	95.4%
L 94 Tournai—Bruxelles	62.1%	83.8%	91.7%	79.20%	90.0%
L 96 Mons—Bruxelles	70.9%	89.0%	91.6%	83.83%	90.9%
L 124 Charleroi—Bruxelles	89.0%	89.3%	94.8%	91.03%	99.1%
L 161 Namur—Bruxelles	84.1%	84.6%	90.5%	86.40%	96.0%

2.3　高速列车晚点影响因素及晚点分类

2.3.1　晚点影响因素

高速铁路系统是一个复杂大系统，具有结构复杂、子系统复杂、协作复杂、信息交互复杂等特点，要保证其正常运转需要"人—机—环"三大系统的各个因素流畅运作。但同时也应该看到，列车运行过程中的各类干扰不可避免，一旦出现人因失误、恶劣天气、自然灾害或者出现机械设施设备故障等干扰，会直接影响到运行图的实际执行效果。如果运行图在铺画过程中没有考虑其结构化特征，导致运行图鲁棒性、容错性不高，缓冲时间不足，则一旦出现非正常情况将导致比较严重后果，例如出现大面积列车晚点等。

瑞典国家审计办公室通过分析 1976 年到 1986 年瑞典铁路每月列车运行统计数据得出了平均温度、降水和突发客流占了影响列车正常运行情况的 50%，并将 2003~2005 年各种列车运行干扰源导致列车晚点的情况进行了对比 (如图 2-13 所示)。分析图 2-13 可以看出，人为因素和设备故障是列车运行的主要晚点因素。国外的研究表明：临时限速、铁路施工、设备故障、温度、降水和突发客流是列车运行晚点的主要因素 [39]。

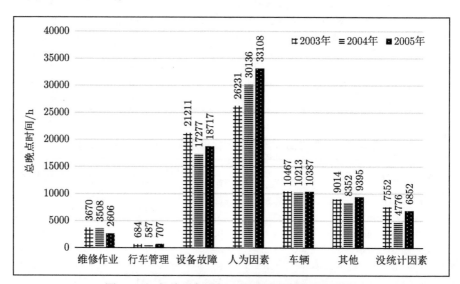

图 2-13　各种列车运行干扰源导致列车晚点情况

数据来源：瑞典铁道部铁路 2003~2005 年统计年报

造成列车终到正点率较低的主要原因是列车在运行过程中受到大量不确定因素的干扰，主要有三个方面：一是这段时间旅客相对集中，客流密集、旅客进站上车难度加大，这样有可能导致旅客列车发车的延误；二是大量地开行临客，铁路运输能力处在超饱和的状态，列车运行调整难度显著加大；三是在春运期间气候环境较恶劣，天气复杂多变对于列车的运行秩序也会造成一定的影响，导致旅客列车不同程度的晚点。在影响我国旅客列车运行的诸多因素中，线路等设施设备维修施工、不良气候条件以及设施设备的故障造成列车运行晚点占 80% 以上[123]。

在总结分析以上案例和国内外研究实践的基础上，分析高速列车的运行过程及其约束条件可以知道，高速铁路列车运行的晚点原因主要来自三个方面。

(a) 设备因素

设施设备的故障、性能下降等是列车运行干扰的重要来源之一，包括动车组、信号、通信、线路和供电故障等。其中动车组和信号故障是造成列车干扰的主要原因，当动车组和信号设备发生故障时，可能阻塞部分区间或车站，影响列车群的正常运行。2011 年 7 月 10 日 18 时许，因山东省内雷雨大风，造成京沪高铁曲阜东—滕州东—枣庄间下行线接触网故障断电，干扰京沪高铁 19 趟下行列车运行并晚点，导致了全线多个列车间冲突、动车组接续冲突等，被延误的最后一列车到达上海虹桥站的时间是 0:43，与天窗开设时间产生了冲突，从而致使天窗开设时间推迟。

(b) 人为因素

包括人为操作失误、突发客流或调度指挥不当等。如行车指挥人员的管理水平、业务素质低；列车超员严重，上下车旅客多，原规定的到站停车时间不够，旅客乘降作业超过规定时间；站车纠纷及行车事故等的影响。对于高速铁路来讲，在节假日特别是在春运、暑运等客流高峰期的高峰客流或突发客流，是造成旅客列车运行干扰的一个重要因素。所谓调度指挥不当是指凡是违反《铁路运输调度工作规则》规定的行车指挥工作。例如列车调度员在指挥行车时，车站间隔时间不足；发布违章命令或错发、漏发命令等。

(c) 外部环境因素

包括自然环境和人造环境。如台风、雷雨、冰雹等恶劣天气以及洪水地震等自然灾害，线路沿线发生具有破坏性的自然力造成的线路损坏等。如 2008 年初的南方大雪灾，致使南方路网几近瘫痪，列车秩序大面积紊乱；5·12 汶川地震导致宝成线全线瘫痪，并进而影响达成、成渝方向的列车运行。跨线列车给高速铁路的正常运营所带来的干扰也不可忽视。对于高速铁路局部路网或具体线路而言，其他局部路网和线路的列车运行情况是其重要的外部环境因素。

2.3.2　晚点分类

根据引起晚点的原因不同，列车晚点大体上可分为初始晚点和连带晚点两大类。

(a) 初始晚点

初始晚点是指由于列车运营过程中受到设备因素、人为因素和天气因素直接影响而背离时刻表规定的其在车站的到达出发时刻而形成的晚点。初始晚点的影响因素主要有基础设施故障，包括：技术故障及维修作业；列车运营故障，包括：机车车辆故障、司机及乘务员因疾病或经验等引起晚点、机车运转及大规模的乘客上下车；列车运营组织故障，包括：列车进路设置不合理、调度人员操作失误以及列车运行图能力限制和机车车辆缺乏；外部环境因素包括：天气恶劣及异物侵入等。初始晚点是引起路网性晚点的主要原因，因为其引起的连带晚点将在路网中传播从而造成大范围列车晚点，所以如果能够预判初始晚点，就可以有针对性地采取措施从而降低或避免列车晚点的发生，提高列车正点率。

(b) 连带晚点

连带晚点是列车运营过程中受到其他列车影响而导致列车在车站的到达或出发时刻偏离列车运行计划而导致的晚点。连带晚点在运营中的表现为晚点在线路、局部路网甚至整个路网传播。引起连带晚点的原因主要分为两类，故障引起的连带晚点：前方列车晚点、列车进路冲突、接入站台冲突；由于作业等待时间产生的连带晚点：等待晚点越行列车通过、车底的重联、解体、折返以及机车乘务组的交接班等。

2.4　高速铁路故障特征分析

为了更进一步分析高速列车晚点的影响因素，通过分析列车正晚点记录表，得到长沙南及广州南站两个始发终到站在观测期内不同致因造成的初始晚点时间总和统计图如图 2-14 所示。由图 2-14 可见，组织管理所造成的车站初始晚点延误总时间仅分别占到 5% 及 1%，环境因素及设备故障是初始晚点的主要致因。

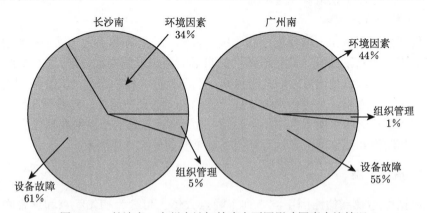

图 2-14　长沙南、广州南站初始晚点不同影响因素占比情况

由于恶劣天气因素也是主要通过影响相关线路、信号、车辆等设备的性能来影响行车的,因此,为了研究方便,本书将恶劣天气和设备故障统称为故障。本节将进一步研究高速铁路的故障特征,以更好地分析高速列车的晚点。本节研究数据来源于晚点故障原因记录表,其记录了武广线、沪深线、广深城际以及广深高速铁路等线路的严重故障实际记录。该数据包含了列车自动防护系统故障 (Automatic Train Protection,ATP)、恶劣天气、道岔故障、线路故障、受电弓故障、车辆故障、接触网故障、信号系统故障以及其他故障 (包括列车超员、异物侵入等) 等 9 种故障类型, 共 2256 次。数据记录了每一次故障的发生日期、时间、发生线路、影响列车、发生原因,原因分类等 (部分数据记录见表 2-8)。

表 2-8　故障记录

线路	发生日期	影响列车	发生时刻	持续时间/min	发生原因	原因分类
武广	2014.05.19	G275	19:10	19	清远站至广州北站间上、下行线接触网跳闸影响	接触网故障
武广	2014.05.20	G6313	14:30	63	厦深线雨量限速影响	恶劣天气
武广	2015.09.27	G1133	17:06	15	英德西至广州北间雨量限速影响	恶劣天气
衡柳	2015.10.24	G530	16:42	19	G530 次衡山西站至株洲西站间上行线换弓影响	受电弓故障

2.4.1　故障时空分布

高速铁路故障的发生是系统内外因素综合作用的结果,外部因素主要有恶劣天气以及异物侵入等。内部因素主要有各设备本身特性、各设备之间协调性、列车开行密度等。图 2-15～图 2-18 为高速铁路故障时空分布热力图。由于设备发生故障概率本身并不大,受故障发生频率的限制,每条线路都以相邻几个区间划分为一个区段,统计每个区段故障发生的频率。如武广线武汉—广州南共 17 个车站,将该区段平均分为 4 段,从广州南到武汉依次为广州南—韶关、韶关—衡阳东、衡阳东—长沙南、长沙南—武汉。

图 2-15～图 2-18 以颜色深浅表示故障发生的频率大小,颜色越深表示故障发生频率越大。结果表明:各区段故障频率在时段上差异较大,高峰都出现在 12:00～18:00。其中,武广线广州南—韶关区段故障发生频率明显高于其他区段;沪深线深圳北—汕尾以及潮汕—诏安区段故障发生频率较汕尾—潮汕区段高;广深城际铁路广州—东莞及樟木头—深圳发生频率较高;广深高速铁路广州南—虎门故障发生频率较虎门—福田高。故障频率在时段上的差异主要与行车量有关,行车量越大则更有可能导致列车运行冲突,且冲突更不易消解;故障频率在区段上的差异影响因素较为复杂,其主要由各区段设备属性、调度员操作熟练度、气候状况以及行车量等因素决定。

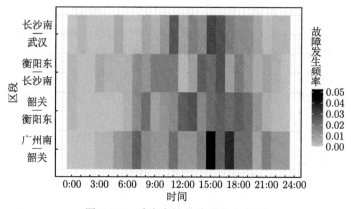

图 2-15   武广高铁故障时空分布图

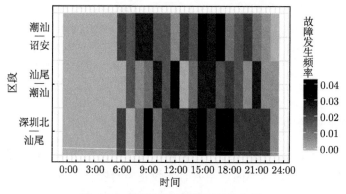

图 2-16   沪深高铁故障时空分布图

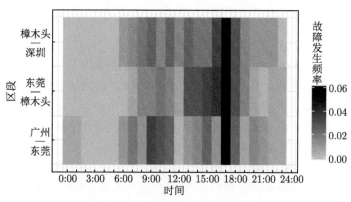

图 2-17   广深城际故障时空分布图

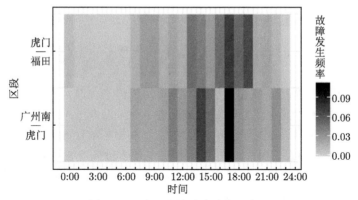

图 2-18　广深高铁故障时空分布图

2.4.2　基于 K 均值的故障聚类

2.4.2.1　K 均值聚类算法

K 均值 (K-Means) 聚类算法是一种典型的无监督学习算法,对大数据集有较高的计算效率并且其可伸缩性较强, 被列为十大经典数据挖掘算法之一。对于给定的数据集 $\boldsymbol{D} = \{\boldsymbol{x}_1, \boldsymbol{x}_2, \cdots, \boldsymbol{x}_N\}$,假设给定初始聚类划分中心 $C = \{C_1, C_2, \cdots, C_K\}$, K 均值算法的目标是最小化平方误差:

$$\min \left(\sum_{k=1}^{K} \sum_{\boldsymbol{x}_i \in C_k} \|\boldsymbol{x}_i - \boldsymbol{u}_k\|^2 \right) \tag{2-1}$$

式中: $\boldsymbol{u}_k = \dfrac{1}{|C_k|} \displaystyle\sum_{\boldsymbol{x}_i \in C_k} \boldsymbol{x}_i$ 是簇 C_k 的均值向量, 式 (2-1) 刻画了同一簇样本围绕均值向量的紧密程度, 目标函数值越小, 则同一簇样本越紧密。

K 均值算法的核心思想是以空间中 K 个点为中心进行聚类, 将距离中心点近的样本点归为一类, 通过逐次更新各聚类中心的值, 直到得到最好的聚类结果。其算法流程如下:

输入: 数据集 $\boldsymbol{D} = \{\boldsymbol{x}_1, \boldsymbol{x}_2, \cdots, \boldsymbol{x}_N\}$; 聚类簇数 K。

输出: 各样本的簇划分 $C = \{C_1, C_2, \cdots, C_K\}$。

初始化: 从数据集中随机选取 K 个样本作为初始聚类均值向量 $\{\boldsymbol{u}_1, \boldsymbol{u}_2, \cdots, \boldsymbol{u}_N\}$, 且每个数据对象对应于一个簇。

循环迭代以下步骤直到算法收敛:

a) 计算 $\boldsymbol{x}_i$ 的簇标记 $\lambda_i = \arg (\min |\boldsymbol{x}_i - \boldsymbol{u}_k|)$。

b) 将样本 $\boldsymbol{x}_i$ 划入距离较近的簇, $C_{\lambda_i} = C_{\lambda_i} \cup \{\boldsymbol{x}_i\}$。

c) 重新计算新簇的均值向量 $\widehat{\boldsymbol{u}}_k = \dfrac{1}{|C_k|} \displaystyle\sum_{\boldsymbol{x}_i \in C_k} \boldsymbol{x}_i$。

d) 终止条件判断：若某一次迭代后的均值向量 $\widehat{\boldsymbol{u}}_k$ 相对于前一次均值向量 $\boldsymbol{u}_k$ 不再改变，迭代终止；否则，重新赋值 $\boldsymbol{u}_k = \widehat{\boldsymbol{u}}_k$。

K 均值聚类算法用于故障聚类时，故障发生时刻、故障持续时间以及列车运行间隔为模型输入。其中，故障发生时刻由 0:00～24:00 缩放到 0～1 区间，0:00 对应 0，24:00 对应 1。聚类过程中，K 均值算法根据给定的聚类中心数，随机选择 K 个样本作为初始聚类中心。迭代过程中基于输入变量计算各样本离中心的距离，将样本划入距离最小的那个中心的类别，每一步均重新计算聚类中心，直至前后两次中心不再改变。

2.4.2.2　聚类算法参数选择及聚类结果

聚类算法的结果主要从两个方面评估：① 簇内部的紧密程度；② 簇与簇之间的划分是否明显。研究中通常会基于多种统计量来衡量其聚类效果，最常用的衡量指标是距离与协方差。若以距离作为统计量，则要求簇内距离尽量小，簇间距离尽量大；若以协方差作为统计量，则要求簇内协方差尽量小，簇间协方差尽量大。因此，本节在进行模型聚类效果评估时，同时将基于距离的轮廓系数 (Silhouette Coefficient，SC) 以及基于协方差的卡林斯基–哈拉巴斯准则 (Calinski-Harabasz Score，CHS) 作为聚类效果的评估指标，其各自计算公式分别如式 (2-2) 和式 (2-3) 所示。

$$\mathrm{SC}\,(i) = \frac{b\,(i) - a\,(i)}{\max\left\{a\,(i)\,, b\,(i)\right\}} \tag{2-2}$$

式中：$a\,(i)$ 为样本 $\boldsymbol{x}_i$ 到簇内其他样本的平均距离；$b\,(i)$ 为样本 $\boldsymbol{x}_i$ 到其他簇所有样本的平均距离。

$$\mathrm{CHS}\,(K) = \frac{\mathrm{tr}\,(B_K)/(K-1)}{\mathrm{tr}\,(W_K)/(m-K)} \tag{2-3}$$

式中：m 为样本数；K 为聚类簇数；B_K 为簇间协方差矩阵；W_K 为簇内协方差矩阵；tr 为矩阵的迹。

由式 (2-2) 和式 (2-3) 可知，较好的聚类效果要求簇间距离与簇间协方差较大，簇内距离与簇内协方差较小，即：SC 指标与 CHS 指标均是越大聚类效果越好；其中，SC 指标值范围为 $[-1, 1]$。

此外，本节在进行故障聚类时，同时考虑了层次方法的平衡迭代规约和聚类 (Balanced Iterative Reducing and Clustering Using Hierarchies, BIRCH) 算法、高斯混合聚类 (Gaussian Mixture Clustering) 算法及层次聚类 (Agglomerative Clustering) 算法，限于篇幅，不再详述。为了得到最优的聚类簇数，笔者研究了簇数从 2 到 20 的各模型聚类结果，如图 2-19 所示。由图 2-19 可看出，各模型

SC 指标都随着簇数的增加逐渐减小并逐步趋于平稳，而各模型 CHS 指标随簇数增加变化趋势却不同。为了综合考虑 2 个指标，使选择的模型在距离和协方差指标上都有较好表现，并使得故障被尽可能细分成更多类别，最终选择簇数为 4 的 K 均值聚类算法作为高速铁路故障聚类方法。

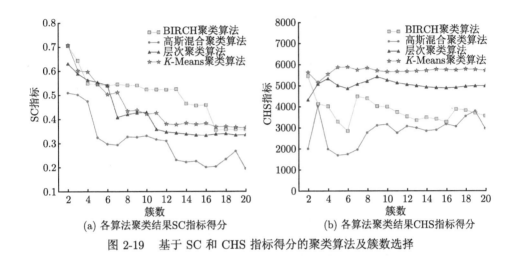

(a) 各算法聚类结果SC指标得分　　(b) 各算法聚类结果CHS指标得分

图 2-19　基于 SC 和 CHS 指标得分的聚类算法及簇数选择

因此，武广高铁故障最终被聚类为 4 个类别，其聚类结果如图 2-20 所示。通过图 2-20 可以明显看出 4 个类别样本点的分布情况，并根据样本点分布特点将其定义如下：

A 类：故障发生在 7:00~23:30，列车运行间隔为 3~13min，故障强度为 5~14min；

B 类：故障发生在 7:30~23:00，列车运行间隔为 5~25min，故障强度为 14~31min；

C 类：故障发生在 7:30~23:30，列车运行间隔为 4~30min，故障强度大于32min；

D 类：故障发生在 10:30~23:30，列车运行间隔为 12~30min，故障强度为5~22min。

以上类别故障的影响列车数描述性统计分析结果见表 2-9。由表 2-9 可知：不同类别影响列车数的平均值及标准差与故障强度以及行车间隔存在较大的关系。总的来说，故障强度越大，故障发生时列车运行间隔越小，影响列车数越多。其中，C 类故障强度比 B 类大，但由于 C 类故障列车运行间隔大于 B 类，最终导致 C 类影响列车数平均值与标准差均小于 B 类。

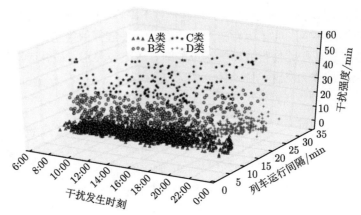

图 2-20　武广高铁故障聚类结果

表 2-9　各类别故障影响列车数描述统计分析

类别	最小值/列	平均值/列	最大值/列	标准差	样本量
A 类	1	8.462	40	7.981	2000
B 类	1	12.540	40	9.707	462
C 类	1	11.770	40	8.595	197
D 类	1	6.132	31	5.385	295

2.5　本 章 小 结

　　本章首先描述了本书所用数据的来源以及数据的基本存储格式，对数据的基本特点进行了简要分析。接下来，本章介绍了列车晚点的基本概念，包括正点率的统计、各国正点率的统计标准等，总结了世界主要国家普速铁路旅客列车和高速列车晚点的基本情况。然后，本章分析了高速列车晚点的"人—机—环"影响因素，将高速列车晚点分为初始晚点和连带晚点两大类，并重点分析了引起高速列车晚点的高速铁路故障的特征，绘制了故障的时空分布图，基于 K 均值聚类算法对故障进行了聚类，根据故障发生时段、列车运行间隔、故障强度三个聚类标准将故障聚类为 4 类。

第 3 章　高速列车晚点分布特征

本章以中国铁路广州局集团有限公司为代表，并以其管辖范围内高速铁路的列车运行实绩数据为基础，分析中国高速列车的晚点分布特征。首先，选择武广高铁和厦深高铁两条典型线路为代表来分析中国高速列车晚点分布的总体特征，包括列车到达晚点总体分布、区间运行时间、车站停站时间的分布。然后，针对初始晚点，研究晚点时间、影响列车数、影响总时间、晚点恢复、晚点分布与通过能力利用率的统计特征。

3.1　高速列车晚点分布总体特征

本节使用的数据包括武广高铁上行方向广州南站至赤壁北站共 15 个车站、14 个区间以及厦深高铁上行方向惠东—潮汕站共 9 个车站、8 个区间，从 2015 年 3 月到 2016 年 11 月的列车运行记录。该时段内，武广高铁广州南—衡阳东区段开行列车 57796 列，衡阳东—长沙南区段开行列车 64547 列，长沙南—赤壁北区段开行列车约 38950 列，厦深高铁开行列车 41186 列。所有运行数据以整分钟为单位记录。武广高铁代表了速度等级在 300km/h 及以上的高速铁路，而厦深高铁代表了速度等级为 200km/h 及 250km/h 的高速铁路。

3.1.1　列车运行基本信息描述

图 3-1 和图 3-2 所示为武广及厦深高铁各时段、各区段研究时间范围内的总开行列车数，包括以每小时为统计单元的停站列车以及通过列车。图 3-1 和图 3-2 表明高速铁路各开行列车数具有时空差异性，其表明从时空角度研究高速铁路列车晚点的必要性。

表 3-1 和表 3-2 分别展示了武广高铁以及厦深高铁各站平均到达正点率、平均出发正点率、平均到达晚点时间、平均出发晚点时间、列车停站百分比、图定平均停站时间、实际平均停站时间以及各区间图定平均运行时间和实际运行时间。表 3-1 表明：武广线上，郴州西以及耒阳西两站为列车正点率最低的车站，列车在这两站平均晚点时间也最长；上行列车平均晚点时间随着列车的运行逐渐增加；列车在长沙南、衡阳东、郴州西和韶关具有较高的停站频率；列车在乐昌东—郴州西以及株洲西—长沙南区间运行时间较长。表 3-2 表明：厦深线列车正点率在各车站无明显差异；晚点时间未呈现与列车运行任何相关趋势；此外，列车在汕

尾、普宁、潮阳以及潮汕站具有较大的停站频率；列车在汕尾—陆丰、普宁—潮
汕、潮阳—潮汕区间运行时间较长。

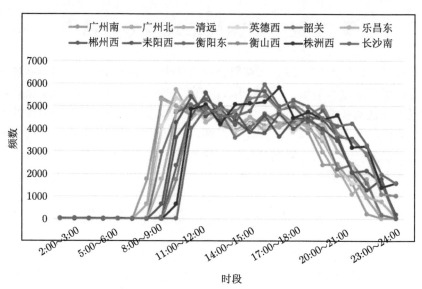

图 3-1   武广高铁各时段各区段运行列车数

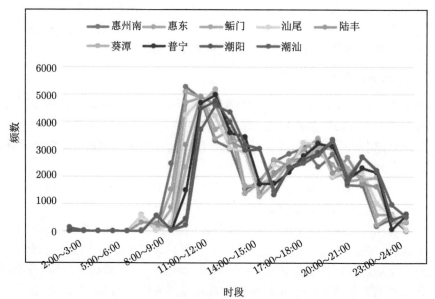

图 3-2   厦深高铁各时段各区段运行列车数

表 3-1 武广高铁列车运行信息统计结果

车站	AP	DP	AD/min	DD/min	PD	ADT/min	SDT/min	ART/min	SRT/min
广州南	88.38%	88.44%	0.20	0.26	41.70%	4.88	4.56		
广州北	85.35%	85.29%	1.74	1.77	10.91%	3.36	3.18	15.69	14.20
清远	73.94%	74.16%	3.43	3.41	13.25%	2.26	2.48	9.27	7.60
英德西	78.47%	78.46%	2.82	2.83	11.53%	2.10	2.00	12.04	12.63
韶关	78.72%	79.65%	2.52	2.31	64.18%	2.30	2.64	16.86	17.17
乐昌东	76.21%	76.20%	2.84	2.85	0.00%	12.85	0.00	10.99	10.46
郴州西	64.04%	65.86%	4.00	3.85	68.01%	2.05	2.27	20.25	19.10
耒阳西	65.13%	65.49%	3.94	3.91	17.96%	1.89	2.05	18.03	17.95
衡阳东	77.71%	77.73%	2.80	3.13	66.41%	3.10	2.61	14.55	14.29
衡山西	70.86%	71.12%	3.93	3.91	13.77%	2.41	2.63	10.74	9.87
株洲西	72.26%	73.34%	3.82	3.74	36.53%	2.33	2.56	15.30	15.45
长沙南	91.45%	91.46%	0.06	1.18	79.60%	5.18	3.95	13.80	18.08

注：到达正点率 (AP)，出发正点率 (DP)，平均到达晚点时间 (AD)，平均出发晚点时间 (DD)，列车停站百分比 (PD)，实际平均停站时间 (ADT)，图定平均停站时间 (SDT)，实际平均区间运行时间 (ART)，图定平均区间运行时间 (SRT)。

表 3-2 厦深高铁列车运行信息统计结果

车站	AP	DP	AD/min	DD/min	PD	ADT/min	SDT/min	ART/min	SRT/min
惠州南	94.76%	95.03%	0.62	0.28	75.54%	3.24	2.05		
惠东	94.36%	94.45%	0.71	0.65	28.32%	2.12	2.35	12.54	12.11
鲘门	94.86%	94.93%	0.19	0.20	16.61%	2.22	2.18	11.43	11.89
汕尾	93.79%	93.71%	0.84	1.05	78.48%	2.30	2.03	12.59	11.95
陆丰	94.33%	94.32%	0.37	0.42	40.42%	2.29	2.17	13.69	14.37
葵潭	94.08%	94.10%	0.57	0.59	18.17%	2.28	2.21	10.36	10.21
普宁	94.01%	93.75%	0.27	0.56	52.57%	2.59	2.03	12.10	12.42
潮阳	93.69%	93.66%	0.62	0.75	44.02%	2.29	2.00	14.01	13.96
潮汕	95.07%	93.84%	0.23	0.92	59.47%	3.19	2.34	14.08	15.11

注：到达正点率 (AP)，出发正点率 (DP)，平均到达晚点时间 (AD)，平均出发晚点时间 (DD)，列车停站百分比 (PD)，实际平均停站时间 (ADT)，图定平均停站时间 (SDT)，实际平均区间运行时间 (ART)，图定平均区间运行时间 (SRT)。

3.1.2 列车到达晚点总体分布规律

3.1.2.1 列车到达晚点时空分布规律

列车晚点可以沿时间轴和空间轴传播，这会导致实际列车时刻表中，不同位置 (坐标点) 晚点列车频数出现差异。了解时刻表中晚点发生频数的冷 (低频数)、热 (高频数) 区域可以从宏观方面了解列车的晚点规律。为了了解不同晚点程度的时空分布差异，分别统计晚点时间大于 4min 以及大于 30min 的晚点列车时空分布情况。图 3-3 至图 3-6 表明，武广以及厦深两条高速铁路列车的晚点均呈时空差异性。总的来说，在时间轴上，武广高铁大于 4min 以及大于 30min 晚点频数高峰均分布在 12:00~21:00；厦深高铁大于 4min 以及大于 30min 晚点频数高峰出现在早高峰的 9:00~12:00 以及晚高峰的 15:00~21:00。各车站在不同时段发生晚点的概率与当前时段行车量具有明显正相关关系。在空间轴上，武广高铁随着列车的运行从始发站广州南站大于 4min 以及大于 30min 晚点频数均逐渐增加；厦深高铁大于 4min 晚点随着列车运行无明显变化，大于 30min 晚点在晚高峰时段随列车运行无明显变化，但在早高峰随列车运行晚点频数逐渐增加。

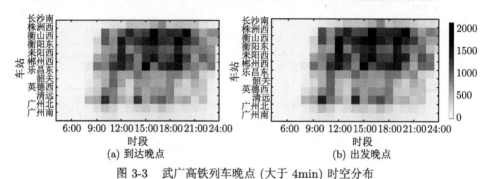

(a) 到达晚点　　　　　　　　　　　　　　(b) 出发晚点

图 3-3　武广高铁列车晚点 (大于 4min) 时空分布

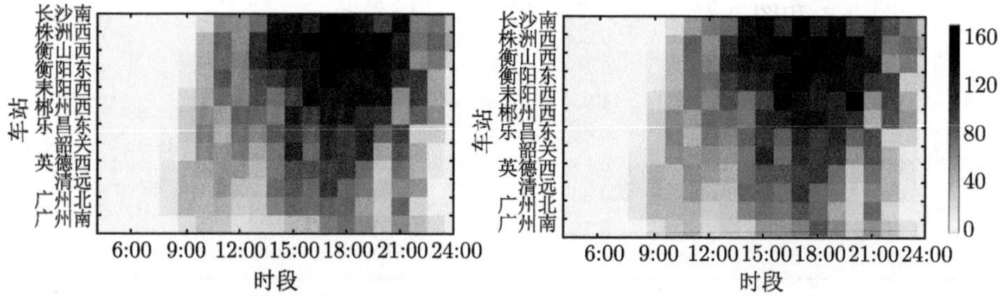

(a) 到达晚点　　　　　　　　　　　　　　(b) 出发晚点

图 3-4　武广高铁列车晚点 (大于 30min) 时空分布

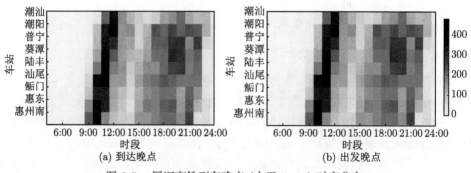

(a) 到达晚点　　　　　　　　　　　　　　(b) 出发晚点

图 3-5　厦深高铁列车晚点 (大于 4min) 时空分布

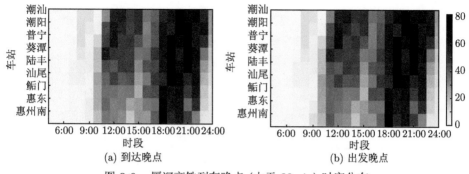

图 3-6 厦深高铁列车晚点 (大于 30min) 时空分布

3.1.2.2 列车到达晚点时长分布规律

铁路系统内,较长的晚点通常会对列车运行产生更大的影响,并可能传播得更远,而较短的晚点对列车运行的影响较小,甚至可能在发生时被预留冗余时间吸收。图 3-7 和图 3-8 分别为武广以及厦深高铁所有车站到达以及出发晚点时长分布直方图。该直方图表明,列车到达以及出发存在早点情况,正点列车概率最大。到达和出发晚点都遵循右偏和拖尾分布,表明晚点时间越长,频率越低。此外,对比图 3-7 和图 3-8 可知,武广高铁晚点右偏程度比厦深高铁严重,其表明武广高铁晚点列车 (大于 4min) 频率更高。

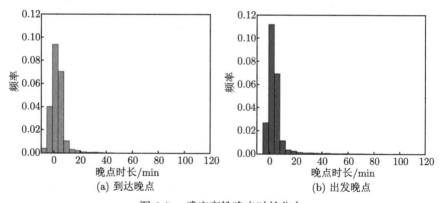

图 3-7 武广高铁晚点时长分布

武广以及厦深高铁各站到达晚点以及出发晚点描述统计如表 3-3 以及表 3-4 所示。表 3-3 表明随着列车的运行,总体上,武广高铁列车平均晚点时间以及晚点时间标准差均逐渐增加,说明随着列车的运行列车晚点时间分布越分散,列车运行随机性变大。表 3-4 表明厦深高铁列车晚点时间随着列车的运行趋于稳定,无明显增加的趋势,但其晚点时间标准差随着列车的运行逐渐增加,其也说明随着列车的运行,列车晚点时间越分散,列车运行随机性越大。

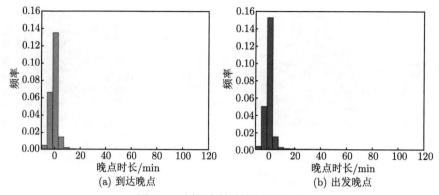

图 3-8　厦深高铁晚点时长分布

表 3-3　武广高铁各站晚点描述统计

车站	到达晚点/min				出发晚点/min			
	最小值	平均值	最大值	标准差	最小值	平均值	最大值	标准差
广州南	−12.0	0.2	125.0	5.8	−12.0	0.3	125.0	6.2
广州北	−11.0	1.8	127.0	6.5	−11.0	1.8	127.0	6.6
清远	−8.0	3.5	129.0	7.0	−8.0	3.4	129.0	7.1
英德西	−8.0	2.9	129.0	7.4	−8.0	2.9	129.0	7.5
韶关	−9.0	2.6	128.0	7.9	−9.0	2.3	122.0	8.0
乐昌东	−8.0	2.8	121.0	8.0	−8.0	2.9	121.0	8.0
郴州西	−6.0	4.0	122.0	8.4	−6.0	3.9	122.0	8.5
耒阳西	−7.0	3.9	122.0	8.7	−7.0	3.9	122.0	8.8
衡阳东	−10.0	2.8	123.0	8.7	−6.0	3.1	123.0	8.7
衡山西	−6.0	4.0	124.0	8.9	−6.0	4.0	124.0	8.9
株洲西	−6.0	3.8	124.0	9.3	−6.0	3.7	120.0	9.3
长沙南	−10.0	−0.2	119.0	10.2	−10.0	1.0	126.0	9.8

表 3-4　厦深高铁各站晚点描述统计

车站	到达晚点/min				出发晚点/min			
	最小值	平均值	最大值	标准差	最小值	平均值	最大值	标准差
惠州南	−9.0	−0.5	122.0	7.6	−10.0	0.4	122.0	7.3
惠东	−9.0	0.8	122.0	7.5	−6.0	0.7	122.0	7.5
鲘门	−9.0	0.3	121.0	7.7	−7.0	0.3	121.0	7.8
汕尾	−9.0	0.9	122.0	8.0	−9.0	1.1	122.0	8.1
陆丰	−8.0	0.4	121.0	8.3	−9.0	0.4	121.0	8.3
葵潭	−11.0	0.6	122.0	8.6	−9.0	0.6	122.0	8.6
普宁	−9.0	0.3	121.0	8.9	−8.0	0.6	121.0	8.9
潮阳	−9.0	0.6	121.0	9.0	−9.0	0.7	121.0	9.0
潮汕	−10.0	−0.1	120.0	9.1	−10.0	0.6	120.0	9.2

3.1.3 区间运行时间与车站停站时间分布规律

列车运行可能受到外生或内生因素的干扰从而使列车晚点运行。列车区间实际运行时间大于图定运行时间或列车实际停站时间大于图定停站时间是列车晚点发生的直接原因。本节分析列车区间运行时间以及列车停站时间分布情况，以了解列车晚点的根源，即干扰或故障分布情况。

3.1.3.1 区间运行时间分布规律

列车图定区间运行时间一般包括列车最小运行时间、冗余时间 (区间撒点时间) 以及起停附加时间。最小运行时间可基于区间里程和限制速度算出，冗余时间一般按每单位长度或单位运行时间撒点在区间。我国武广高铁列车采用 CRH3 型动车组，其起动附加时间为 2min，停车附加时间为 3min。当列车在前一站出发处于晚点状态时，列车在区间实际运行时间可能小于图定区间运行时间 (晚点恢复)，当列车在某一区间遭遇干扰或故障时，列车区间运行时间可能大于图定运行时间。

图 3-9 以及图 3-10 分别为武广及厦深高铁各区间列车区间运行时间分布图。(a) 图表示图定运行时间分布，(b) 图表示实际运行时间分布。其表明，列车图定运行时间分布较集中，实际运行时间分布较分散；部分列车由于区间遭遇干扰或故障，区间运行时间明显大于图定运行时间。其中，图 3-9 表明，广州南—广州北、耒阳西—衡阳东以及株洲西—长沙南区间的列车图定运行时间较其余区间图定运行时间分散。其主要原因是这些区间均靠近枢纽站 (始发、终到站)。在铺画运行图时，一般在始发列车始发后第一个区间预留较多冗余时间以减小由于车体周转等导致的连带晚点，在终到列车最后一个区间预留较多的冗余时间以提高列车的终到正点率。

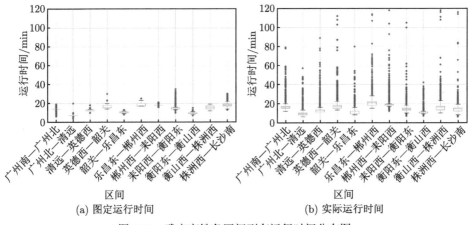

图 3-9　武广高铁各区间列车运行时间分布图

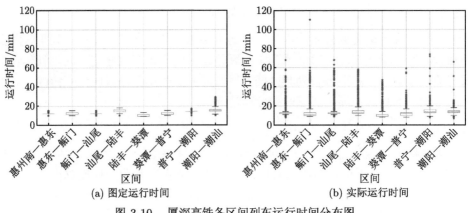

(a) 图定运行时间   (b) 实际运行时间

图 3-10　厦深高铁各区间列车运行时间分布图

　　此外,武广以及厦深高铁各区间列车图定以及实际运行时间描述统计如表 3-5 以及表 3-6 所示。表 3-5 表明武广高铁乐昌东—郴州西、郴州西—耒阳西以及株洲西—长沙南区间列车运行时间明显大于其他区间。表 3-6 表明厦深高铁各区间列车运行时间差异较小,均约为 13min。部分区间 (包括清远—英德西、英德西—韶关、耒阳西—衡阳东、衡山西—株洲西、株洲西—长沙南、惠东—鲘门、汕尾—陆丰、葵潭—普宁以及潮阳—潮汕) 列车图定平均运行时间大于实际平均运行时间,说明在这些区间的列车运行时间可部分用于晚点恢复。其他区间列车图定平均运行时间均小于实际平均运行时间,说明这些区间列车受干扰频率较高,列车区间运行时间用于恢复晚点的概率较小。

表 3-5　武广高铁列车区间运行时间描述统计

区间	图定运行时间/min				实际运行时间/min			
	最小值	平均值	最大值	方差	最小值	平均值	最大值	方差
广州南—广州北	6.00	14.22	19.00	1.11	12.00	15.70	79.00	1.72
广州北—清远	8.00	7.61	20.00	1.12	6.00	9.28	57.00	1.82
清远—英德西	10.00	12.63	18.00	1.09	11.00	12.05	89.00	1.81
英德西—韶关	14.00	17.18	30.00	1.38	13.00	16.87	112.00	2.14
韶关—乐昌东	8.00	10.46	13.00	0.89	8.00	11.00	140.00	1.80
乐昌东—郴州西	17.00	19.11	25.00	1.35	15.00	20.26	114.00	2.37
郴州西—耒阳西	16.00	17.95	21.00	1.14	12.00	18.05	157.00	1.88
耒阳西—衡阳东	10.00	14.31	35.00	1.36	7.00	13.81	105.00	1.82
衡阳东—衡山西	7.00	9.76	15.00	1.10	7.00	10.59	42.00	1.54
衡山西—株洲西	12.00	15.42	19.00	1.40	10.00	15.25	130.00	2.29
株洲西—长沙南	13.00	18.02	30.00	1.58	8.00	13.75	116.00	2.19

表 3-6　厦深高铁列车区间运行时间描述统计

区间	图定运行时间/min				实际运行时间/min			
	最小值	平均值	最大值	方差	最小值	平均值	最大值	方差
惠州南—惠东	10.00	12.11	15.00	1.28	8.00	12.56	162.00	2.24
惠东—鲘门	10.00	11.89	15.00	1.05	9.00	11.46	173.00	2.24
鲘门—汕尾	10.00	11.94	15.00	1.01	9.00	12.60	68.00	1.84
汕尾—陆丰	10.00	14.37	18.00	1.23	10.00	13.71	58.00	2.44
陆丰—葵潭	9.00	10.21	13.00	1.15	8.00	10.37	47.00	1.70
葵潭—普宁	10.00	12.42	15.00	1.20	8.00	12.11	59.00	1.93
普宁—潮阳	10.00	13.96	17.00	1.08	8.00	14.01	74.00	2.03
潮阳—潮汕	10.00	15.15	29.00	1.74	7.00	14.08	66.00	1.72

3.1.3.2 车站停站时间分布规律

列车图定停站时间一般包括列车最小停站时间以及车站冗余时间。最小停站时间是能满足旅客乘降需求的最小时间。当停站列车在某一站到达处于晚点状态时，列车在车站实际停站时间可能小于图定停站时间 (晚点恢复)，当列车在车站遭遇干扰、故障时或在晚点状态下避让其他列车时，列车实际停站时间可能大于图定停站时间。

图 3-11 以及图 3-12 分别为武广高铁以及厦深高铁列车停站时间分布图。(a)图表示图定停站时间分布，(b) 图表示实际停站时间分布。图 3-11 以及图 3-12 表明，武广高铁列车在长沙南站停站时间最分散；列车图定停站时间分布较集中，实际停站时间分布较分散；部分列车由于在车站遭遇干扰或故障，实际停站时间明显大于图定停站时间。

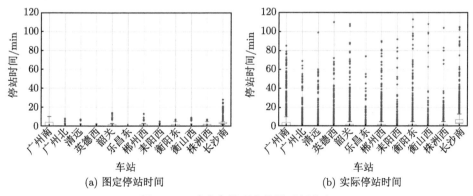

(a) 图定停站时间　　　　　　　　(b) 实际停站时间

图 3-11　武广高铁列车停站时间分布

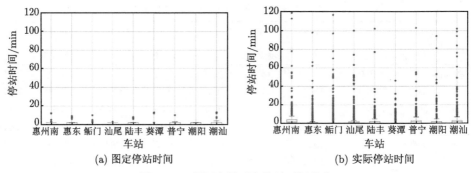

(a) 图定停站时间   (b) 实际停站时间

图 3-12   厦深高铁列车停站时间分布

由于各站只有部分列车停站，表 3-7 以及表 3-8 分别统计了武广以及厦深高铁各车站列车停站时间。表 3-7 表明武广高铁广州南以及长沙南站 (枢纽站) 列车图定平均停站时间最长，枢纽站与其他站图定平均停站时间差异较大。表 3-8 表明，厦深高铁各站列车图定平均停站时间均约为 2min，各站停站时间差异较小。此外，部分车站 (包括清远、韶关、郴州西、耒阳西、衡山西、株洲西以及惠东) 列车图定平均停站时间大于实际平均停站时间，说明在这些车站图定停站时间可部分用于列车晚点恢复。其他车站列车图定平均停站时间均小于实际平均停站时间，说明这些车站列车受干扰频率较高，车站冗余时间无法用于晚点恢复。

表 3-7   武广高铁列车停站时间描述统计

车站	图定停站时间/min				实际停站时间/min			
	最小值	平均值	最大值	方差	最小值	平均值	最大值	方差
广州南	1.00	4.55	10.00	1.32	2.00	4.90	85.00	3.00
广州北	2.00	3.23	8.00	2.26	1.00	3.42	69.00	3.51
清远	2.00	2.50	7.00	1.47	1.00	2.30	99.00	3.14
英德西	2.00	2.00	2.00	0.00	1.00	2.15	110.00	3.76
韶关	2.00	2.65	14.00	2.09	1.00	2.32	142.00	2.79
郴州西	1.00	2.23	13.00	1.31	1.00	2.06	165.00	2.49
耒阳西	2.00	2.05	5.00	0.35	1.00	1.94	92.00	2.36
衡阳东	2.00	2.39	7.00	1.23	1.00	2.49	124.00	2.51
衡山西	2.00	2.68	9.00	1.89	1.00	2.43	108.00	3.05
株洲西	2.00	2.40	7.00	1.25	1.00	2.27	104.00	1.86
长沙南	1.00	5.09	28.00	4.04	1.00	6.59	105.00	4.89

综合上述分析，可得到我国高速列车晚点分布的总体特征：

(a) 列车晚点发生频率与当前时段行车量具有明显正相关关系。

(b) 随着列车的运行，晚点频率逐渐增加。

(c) 列车晚点、列车区间运行以及车站停站时长均为拖尾分布，时间越长，发生频率越小。

(d) 武广高铁清远—英德西、英德西—韶关、耒阳西—衡阳东、衡山西—株洲西以及株洲西—长沙南区间以及厦深高铁惠东—鲘门、汕尾—陆丰、葵潭—普宁以及潮阳—潮汕区间冗余时间充足，列车实际平均运行时间小于列车图定平均运行时间。

(e) 武广高铁清远、韶关、郴州西、耒阳西、衡山西以及株洲西站以及厦深高铁惠东站冗余时间充足，列车实际平均停站时间小于列车图定平均停站时间。

表 3-8   厦深高铁列车停站时间描述统计

车站	图定停站时间/min				实际停站时间/min			
	最小值	平均值	最大值	方差	最小值	平均值	最大值	方差
惠州南	2.00	2.05	12.00	0.48	1.00	3.28	135.00	2.76
惠东	2.00	2.35	9.00	1.37	1.00	2.18	201.00	3.82
鲘门	2.00	2.19	10.00	1.02	1.00	2.33	177.00	3.93
汕尾	2.00	2.03	3.00	0.16	1.00	2.31	100.00	1.46
陆丰	1.00	2.18	8.00	0.94	1.00	2.32	152.00	2.03
葵潭	2.00	2.22	13.00	1.49	1.00	2.29	46.00	1.77
普宁	2.00	2.03	10.00	0.17	1.00	2.59	103.00	1.45
潮阳	1.00	2.00	2.00	0.01	1.00	2.29	94.00	1.67
潮汕	1.00	2.35	13.00	0.71	1.00	3.21	140.00	2.79

3.2   高速列车初始晚点统计特征

高速列车晚点严重影响了运输服务质量，而初始晚点作为引起高速铁路列车运行晚点传播的主要因素以及列车运行秩序劣化的主要原因，在高速铁路列车晚点管理理论研究中具有重要的研究价值。通过研究初始晚点的在不同时空下和不同致因下的晚点时长分布能够较为准确地描述高速铁路晚点发生的规律，有利于在此基础上研究晚点的影响程度、晚点恢复等理论。而影响列车数是度量高速铁路初始晚点严重程度的重要指标之一，定量研究其影响程度，对不同故障下所造成的影响程度进行预测是提高运输组织效率和水平亟待解决的关键问题之一。高速铁路列车晚点分布模型将能为铁路行车指挥提供理论依据，支撑铁路运输组织理论研究与调度指挥实践的深入。

3.2.1   初始晚点及影响描述性统计

初始晚点时间是晚点发生的根源，铁路的资源独占性使初始晚点发生横向与纵向传播，导致后续列车发生连带晚点 (晚点传播的相关概念将在第 5 章介绍)，以及初始晚点列车在后续行程中的持续晚点。对初始晚点时间进行描述性统计有助于掌握晚点的统计特征，是进行分布函数拟合的重要前序工作。

对晚点故障记录表的原始数据处理后得到了初始晚点发生线路、晚点发生日期、原因分类以及初始晚点影响指标：初始晚点时间、影响列车数、影响总时间，格式示例如表 3-9 所示。

表 3-9   处理后的初始晚点影响指标数据格式

线路	原因分类	日期	初始晚点时间/min	影响总时间/min	影响列车数/列
武广	辆故	20140421	12	71	5
武广	辆故	20140421	11	22	2
沪深线	信故	20140422	45	115	3
广深高铁	弓故	20140423	45	863	29
武广	网故	20140423	29	137	9

箱线图是一种常见的描述统计工具，可以直观地观测出数据离散程度与离群值等关键信息，剔除离群值得到的数据能够更加真实地反映实际情况。同时，利用箱线图对比不同组别的数据，能够清楚地获得数据的中位数、尾长、分布区间等信息，结合箱线图和数据的均值、偏度、峰度、分布函数等统计指标便能够对数据有较为详尽的掌握。

极值与方差是衡量一组数据分布离散程度的重要指标。众数代表着数据的一般水平。峰度表征峰部的尖锐程度，是概率密度分布曲线在平均值处峰值高低的特征数，高斯分布的峰度为 3，如果一组数据的峰度值大于 3 则表示峰的形状较为尖锐，比高斯分布的峰要陡峭。偏度表示数据分布的偏斜方向和程度，是数据分布非对称程度的数字特征。高斯分布的偏度为 0，代表两侧尾部长度对称，如果一组数据的偏度为负值，称这组数据具有负偏度 (左偏度)，此时该组数据在均值左侧的数据量较右侧多，直观表现为左侧的尾部比右侧的长。同理，如果一组数据的偏度为正值，这组数据具有正偏度 (右偏度)。

通过绘制数据的箱线图以及对数据进行描述性统计能有效地剔除掉数据的干扰信息，掌握数据的均值、分布的离散程度以及分布的偏度与峰度，为后续对初始晚点影响指标进行分布函数的拟合打下了坚实的基础。

3.2.1.1 初始晚点时长描述性统计

本节从所涉及 6 条线路、武广高铁、武广高铁区段三个层级分析初始晚点时长的描述性统计特征，其箱线图如图 3-13 所示。

由初始晚点时长箱线图可知，三个层级的初始晚点时间中位数都在 20min 以上，且都呈现出明显的右偏趋势，广州局和武广高铁的初始晚点时间尾部分布较长。长沙南—赤壁北区段的初始晚点时间分布最为集中。

对初始晚点时间的箱线图分析之后，分别对广州局、武广高铁和武广高铁区段的初始晚点时间数据进行描述性统计，统计结果如表 3-10 所示。

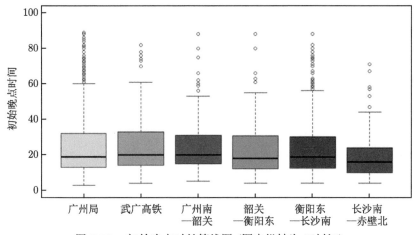

图 3-13 初始晚点时长箱线图 (图中纵轴为"时长")

表 3-10 初始晚点时间描述性统计

晚点区域	平均值	众数	方差	峰度	偏度	最小值	最大值
广州局	24.55	11	274.89	1.96	1.45	3	89
武广高铁	23.96	16	271.25	2.23	1.55	4	88
广州南—韶关	26.22	16	303.36	1.59	1.42	4	82
韶关—衡阳东	23.64	16	262.21	2.87	1.66	4	88
衡阳东—长沙南	25.98	16	307.23	2.08	1.51	5	88
长沙南—赤壁北	20.08	10	198.13	2.44	1.62	4	71

由表 3-10 可知,武广高铁层级的晚点均值小于广州局层级线路晚点均值,且其晚点的离散程度也要低于广州局。广州南—韶关区段的晚点均值最大,分布最为离散,长沙南—赤壁北区段的均值最低、晚点的分布最为集中。同时,三个层级的初始晚点时间偏度都为正数,说明其分布函数呈明显的右偏的趋势。三个层级的峰度都小于 3,说明三者的分布函数的峰较高斯分布平缓。其中韶关—衡阳东区段具有最大的峰度,广州南—韶关区段峰度最小。而韶关—衡阳东区段的偏度最大,广州南—韶关区段的偏度最小。

3.2.1.2 初始晚点影响列车数描述性统计

初始晚点影响列车数是度量初始晚点影响程度的重要指标,但是由于每条高铁线路的技术设备、行车密度存在差异,发生晚点的列车所处的内部与外部环境有所不同。因此,不同的初始晚点时间会造成不同的影响列车数,即使初始晚点时间相同,但初始晚点发生的环境不同,影响列车数也有可能存在差异。但是,在相同的线路上,由于具有相同的行车技术设备与内部系统,所以可以近似地认为同一初始晚点时间所引起的影响列车数是在一个期望值上下进行小范围的波动的。

研究影响列车数可以为列车调度员进行实时调度决策调整提供依据，并对高速铁路晚点恢复方案制定有着至关重要的作用。本节首先绘制出三个层级的影响列车数箱线图，如图 3-14 所示。

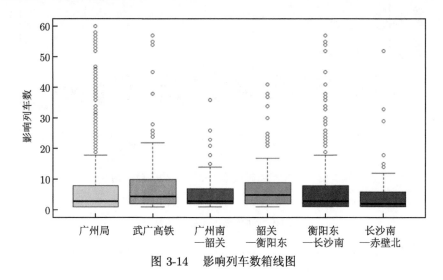

图 3-14   影响列车数箱线图

由影响列车数箱线图可知：三个层级的影响列车数的主体数据都小于 25。同时，广州局的尾部分布最长，长沙南—赤壁北区段的总体分布最为集中。三个层级的数据也都呈现出明显的右偏趋势。统计结果如表 3-11 所示。

表 3-11   影响列车数描述性统计

晚点区域	平均值	众数	方差	峰度	偏度	最小值	最大值
广州局	8.02	1	198.84	35.42	4.84	1	185
武广高铁	7.18	1	105.74	18.68	3.66	1	93
广州南—韶关	8.88	1	149.94	8.93	2.89	1	67
韶关—衡阳东	7.98	1	83.68	3.42	1.95	1	41
衡阳东—长沙南	5.56	1	40.82	6.26	2.29	1	36
长沙南—赤壁北	5.87	1	131.84	34.81	5.31	1	93

从影响列车数描述性统计表可知，衡阳东—长沙南区段的平均影响列车数最小，广州南—韶关区段的平均影响列车数最大。广州局的影响列车数方差最大，数据分布最为离散，衡阳东—长沙南区段的方差最小，数据分布最为集中。广州局的影响列车数有着最高的峰度，韶关—衡阳东区段具有最低的峰度，且三个层级的峰度值都大于 3，说明它们的峰都比高斯分布的峰更为陡峭，三个层级的偏度也都大于 0，证明其都是右偏函数，其中，长沙南—赤壁北区段有最高的偏度，而韶关—衡阳东区段有着最小的偏度。

3.2.1.3 初始晚点影响总时间描述性统计

初始晚点影响总时间是初始晚点影响指标的重要组成部分，是晚点延续范围的重要体现。研究晚点影响总时间有助于列车调度员根据晚点影响程度及时地做出合适的调度决策，尽量地减少初始晚点的横向与纵向传播时造成后续列车的连带晚点与初始晚点列车增晚。影响总时间箱线图如图 3-15 所示。

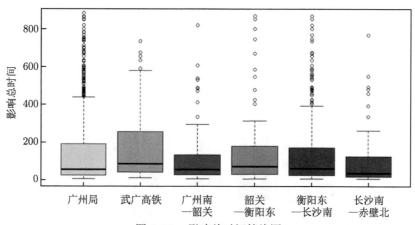

图 3-15　影响总时间箱线图

由影响总时间的箱线图可知，武广高铁的影响总时间分布范围最为广泛，长沙南—赤壁北区段的分布范围最集中。三个层级都呈现出明显的右偏趋势。统计结果如表 3-12 所示。

表 3-12　初始晚点影响总时间描述性统计

晚点区域	平均值	众数	方差	峰度	偏度	最小值	最大值
广州局	277.16	11	728820.76	112.08	8.99	4	15229
武广高铁	212.16	14	280130.41	91.38	8.00	4	7436
广州南—韶关	248.85	9	195141.99	12.86	3.39	9	2700
韶关—衡阳东	249.20	22	249039.91	23.37	4.27	4	3718
衡阳东—长沙南	139.80	122	49661.75	20.96	3.93	5	1597
长沙南—赤壁北	196.31	18	604262.86	75.86	8.34	4	7436

由初始晚点影响总时间描述性统计表可知，广州局的影响总时间均值、方差、峰度、偏度最大，衡阳东—长沙南区段的影响总时间均值和方差最小。同时，广州南—韶关区段的峰度和偏度最小。

3.2.2 晚点恢复统计

为了保证运行图的弹性，以便在晚点时进行恢复，通常在车站区间会设置冗余时间。冗余时间是运行图中的计划运行时间 (停留时间) 与实际中的最小运行时

间 (停留时间) 之间的差值。冗余时间有助于列车调度员通过晚点恢复的方法来实现晚点管理。

图 3-16 统计了武广高铁各区段的实际运行时间的最大值、最小值与平均值，图中纵轴以 1min 为单位。从该图中可以获得每个区间的运行时间跨度，这些值可用于预测每个区间中的列车的运行时间。

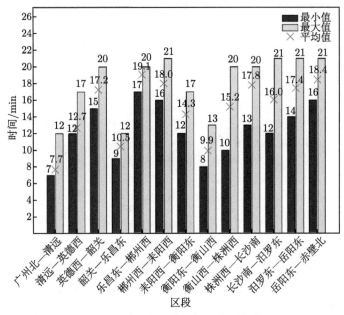

图 3-16　武广高铁各区段运行时间统计

此外，本节统计了每个区间 (车站) 的平均计划运行时间 (停站时间) 和平均实际运行时间 (停站时间)。图 3-17 左侧的条形图显示了每个区间中所有晚点列车的平均计划运行时间 (停站时间)，图 3-17 右侧的显示了平均实际运行时间 (停站时间)。值得注意的是，实际停站时间与图定停站时间之间的差异大于图定运行时间与实际运行时间的差异，这与大家固有的经验不同。这意味着在晚点发生之后，车站使用的冗余时间远远大于区间中使用的冗余时间。除株洲西站和株洲西站—长沙南站区间以外，各车站的晚点恢复效率远高于各区间。车站的平均晚点恢复时间实际上就是晚点列车使用的平均冗余时间。区间的平均恢复时间实质上就是列车在该区间使用的冗余时间。图 3-17 显示，除了株洲西站—长沙南站区间之外，列车在车站的平均恢复时间略高于其在各区间的平均恢复时间。特别是晚点列车在通过株洲西站—长沙南站区间后具有显著的晚点恢复，恢复时间超过 3min。这表明株洲西站—长沙南站区间在晚点恢复时间中起着重要作用。该信息将用于未来的高铁列车晚点恢复建模研究。

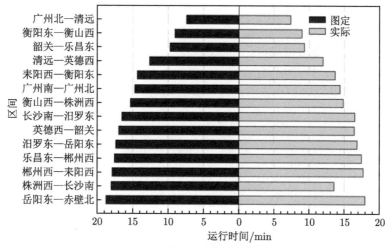

(a) 各区间平均运行时间(图定—实际)

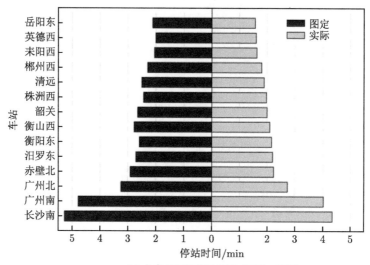

(b) 各车站平均停站时间 (图定—实际)

图 3-17 列车在各车站、区间图定平均停留时间、实际平均停站时间

3.2.3 初始晚点分布与通过能力利用率的关系

本节研究了北京—广州高铁 (京广高铁) 的不同区段和时段的通过能力利用关系，C_{us}^i 表示列车在时段 i 以及区段 s 的能力利用率。其定义如下所示：

$$C_{us}^i = \frac{c_s^i}{N_s^i} \tag{3-1}$$

c_s^i 表示区段 s 在时段 i 实际运行的列车数量，而 N_s^i 表示以最新的追踪间隔时间 $(I_{\min})$ 运行时的最大通过能力，N_s^i 的计算公式为 $N_s^i = \dfrac{60}{I_{\min}}$。在京广高铁中，$I_{\min}$ 为 5min 而 N_s^i 为 12min。

　　由于本节的晚点数据来自广州铁路局，因此未获得北京西—武汉段的晚点数据。但是，可以通过官方公布的时刻表获得整条线的能力利用率和列车的出发时间。本节描述了武汉—广州南的晚点和能力利用之间的关系。图 3-18 为不同区段

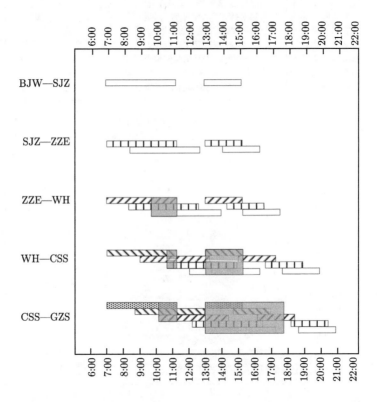

图 3-18　不同区段与时段的通过能力瓶颈

与时段的通过能力利用情况，其中阴影区域表示能力瓶颈时段，在该时段通过能力利用率超过 80%。例如，一些列车在 07：00~11：00 期间从北京西站 (BJW) 出发，并在 08：30~12：30 期间到达了石家庄 (SJZ)—郑州东 (ZZE) 区间。由于来自不同始发站的列车的累积，在某些时段中出现了具有非常高的能力利用率的瓶颈；在图中这些时段用阴影表示。对于属于武广高铁的武汉—长沙南和长沙南—广州南区段，在 10：00~11：00 和 12：00~17：00 期间存在四个瓶颈。

初始晚点频率和通过能力利用率之间的关系也在图 3-19 中进行了展示。图 3-19 的上半部分显示了相应时段武汉—长沙南和长沙南—广州南的通过能力利用率，下半部分显示了初始晚点的时段分布。由图 3-19 可知，初始晚点发生频率和能力利用率瓶颈的时段之间存在高度一致性。当通过能力利用率较高时，初始晚点发生概率也较高，正如在实际生产中预期的那样。瓶颈通过能力与初始晚点频率之间的关系研究有助于改进列车运行图的铺画。

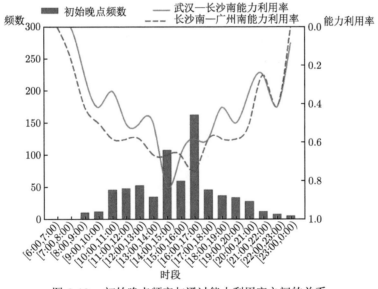

图 3-19　初始晚点频率与通过能力利用率之间的关系

3.3　本章小结

本章利用我国武广及厦深两条高速铁路列车运行数据对两条线路的列车历史运行基础参数进行了列车晚点分布特征的统计分析。对列车到达晚点时间进行了时空分布以及时长分布分析，绘制了不同晚点程度时空分布热力图以及晚点时间分布直方图。最后，对列车区间运行时间以及车站停站时间进行了统计分析，展示了列车在各区间的图定和实际运行时间分布以及在各车站的图定和实际停站时间分布情况。通过对中国铁路广州局集团有限公司初始晚点的分析，进行了初始晚点时长、影响列车数、影响总时间的描述性统计，统计了晚点的恢复情况，研究了初始晚点分布与线路通过能力利用率的对应关系。

第 4 章　高速列车初始晚点分布模型

初始晚点对高速列车的影响明显，通过对未来晚点的合理评估、预测可以尽可能减少初始晚点的影响。初始晚点时长分布模型可作为概率的预测依据，高速列车初始晚点分布模型能够为高速铁路调度指挥实践提供一定的理论指导，使调度员根据可能的晚点发生概率及影响时长实施预测调度成为可能。

第 3 章分析了我国高速列车的晚点分布的统计特征，本章将接着重点研究初始晚点分布的统计模型。基于武广高铁的列车运行实绩，使用正态分布、对数正态分布、韦伯分布、卡方分布、伽马分布分别对中国铁路广州局集团有限公司 (简称广州局)、武广高铁线、武广高铁区段三个层级拟合了初始晚点时间，使用 Kolmogorov-Smirnov 检验 (简称为 K-S 检验) 对上述模型进行模型比选，使用 K-S 进行双样本同分布检验。进一步，将高速列车晚点分成 7 类致因，并研究了致因–初始晚点持续时长的分布模型。

4.1　初始晚点时间分布模型拟合及检验

4.1.1　初始晚点时间分布备选模型

由于初始晚点时间大于 90min 后的数据在原始数据中被认定为离群值且样本量特别小，因此，本节使用的初始晚点时间皆小于 90min。为了验证本节拟合的模型具有适用性，本节使用 2014~2015 年的数据作为训练集进行模型拟合，使用 2016 年数据作为测试集进行模型校验。

本节剔除初始晚点时间的离群值，并从三个层级分别对初始晚点时间进行描述性统计，得出初始晚点影响指标的偏度、峰度、方差等关键性特征。结果显示：三个层级的初始晚点时间都呈现明显的右偏态，且峰度都小于 3。因此，查询数据统计模型之后，本节选用正态分布、对数正态分布、韦伯分布、伽马分布、卡方分布五个分布函数作为备选模型，使用高斯核密度函数估算初始晚点时间密度函数，采用 K-S 检验作为检验方法，选取 K-S 检验中 D 值最小的备选分布函数为最优分布模型。

其中备选模型的介绍如下所示。

a. 正态分布

正态分布，又名高斯分布，是一个在工程以及数学、物理领域都十分重要的概率分布。其图形两头低，中间高。正态分布由两个十分重要的参数，位置参数

μ 以及尺度参数 σ 决定其分布形式。其概率密度函数为

$$f(x) = \frac{1}{\sigma\sqrt{2\pi}}\mathrm{e}^{-\frac{(x-\mu)^2}{2\sigma^2}} \tag{4-1}$$

b. 对数正态分布模型

在概率论与统计学中，对数正态分布是对数为正态分布的任意随机变量的概率分布。如果 X 是服从正态分布的随机变量 (本节为初始晚点时间，单位为 min)，则 $\exp(X)$ 服从对数正态分布。对数正态分布模型除了统计参数以外，没有其他的参数，参数估计过程相对简单，其中 σ 是变量对数的标准差，μ 是变量对数的平均值。

对数正态分布模型的概率密度函数为

$$f(x;\mu,\sigma) = \frac{1}{x\sigma\sqrt{2\pi}}\mathrm{e}^{-\frac{(\ln x - \mu)^2}{2\sigma^2}} \tag{4-2}$$

c. 韦伯分布模型

韦伯分布和对数正态分布一样，由两个参数决定，其中 $\lambda > 0$ 是尺度参数 (Scale Parameter)，$k > 0$ 是形状参数 (Shape Parameter)，X 的含义同对数正态分布一致。

韦伯分布的概率密度函数为

$$f(x;\lambda,k) = \begin{cases} \dfrac{k}{\lambda}\left(\dfrac{x}{\lambda}\right)^{k-1}\exp\left(-\left(\dfrac{x}{\lambda}\right)^k\right), & x \geqslant 0 \\ 0, & x < 0 \end{cases} \tag{4-3}$$

d. 伽马分布模型

伽马分布是统计学的一种连续型概率函数，其函数由两个参数构成。伽马分布中的参数 α 称为形状参数，β 称为尺度参数。

伽马分布的概率密度函数为

$$f(x;\alpha,\beta) = \begin{cases} \dfrac{\beta^\alpha}{\Gamma(\alpha)}x^{\alpha-1}\exp(-\beta x), & x \geqslant 0 \\ 0, & x < 0 \end{cases} \tag{4-4}$$

其中 $\Gamma(x)$ 是伽马函数，其函数表达式为

$$\Gamma(x) = \int_0^{+\infty} t^{x-1}\mathrm{e}^{-t}\mathrm{d}t \tag{4-5}$$

e. 卡方分布

卡方分布 (χ^2 分布) 是统计学与概率论里一种常用的概率分布。其定义为: 若 n 个独立同分布的随机变量 $\xi_1, \xi_2, \xi_3, \cdots, \xi_n$ 均服从标准正态分布, 构造一个新的随机变量 $Q = \sum_{i=1}^{n} \xi_i^2$, 随机变量 Q 的分布规律即为卡方分布。其中参数 v 称为自由度, 记为 $Q \sim \chi^2(v)$。卡方分布的概率密度函数为

$$
\begin{cases}
f_k(x) = \dfrac{(1/2)^{k/2}}{\Gamma(k/2)} x^{\frac{k}{2}-1} \mathrm{e}^{-\frac{x}{2}}, & x \geqslant 0 \\
0, & x < 0
\end{cases}
\tag{4-6}
$$

核密度估计是一种常见的非参数估计方法, 利用核密度估计不需要数据分布的先验知识, 也不对数据分布附加任何的假定, 是一种基于数据样本自身出发去研究数据分布特征的方法。早在 20 世纪 50 年代, Rosenblatt 就提出了核密度估计的基本思想, 但是受限于当时的计算能力, 没有被大规模使用, 得益于计算机的迅速发展, 核密度估计才能被广泛应用。核密度估计原理认为, 在已知某一事物的概率分布下, 如果某个数在观察中出现了, 我们可以认为这个数的概率密度很大, 与此数较近的数的概率密度也会较大, 而距离这个数较远的数的概率密度也会较小。假设存在一组独立同分布的数据 $x_1, x_2, x_3, \cdots, x_n$, 设这组数据的概率密度函数为 $f(x)$, 根据核密度估计有

$$
f_h(x) = \frac{1}{n} \sum_{i=1}^{n} K_h(x - x_i) = \frac{1}{nh} \sum_{i=1}^{n} \left(\frac{x - x_i}{h} \right)
\tag{4-7}
$$

核密度估计采用平滑的峰值函数 (核函数) 来拟合观察得到的数据点, 进而对真实的概率分布函数进行拟合。核函数是核密度估计的重要参数, 在式 (4-7) 中, $K(\cdot)$ 为核函数, h 为带宽, 核函数和带宽必须满足:

(a) $K(\cdot) \geqslant 0$, $\displaystyle\int_{-\infty}^{+\infty} K(\cdot) = 1$;

(b) $K(\cdot)$ 是一个关于 0 对称的函数, 即 $K(u) = K(-u)$;

(c) 对于 $K(u)$ 而言, 当 $|u| > 1$ 时, $K(u) = 0$;

(d) $h > 0$。

常用的核函数有高斯核函数、均匀核函数、三角核函数、余弦核函数等。带宽 h 的选择应该取决于样本量 n, 当 n 越大的时候, 通常选择较小的带宽 h 用于计算概率密度, 通常以平均积分平方误差最小为目标。本节采用的核密度估计软件 R 软件能够自动选择最优的带宽。

K-S 检验是一种常见的非参数检验方法, 常用于检查一个样本分布与另一个样本或一个样本与另一个理论分布之间的拟合优度。当用 K-S 检验检验一个样本

分布与另一个理论分布拟合优度时，其原理为假设 $F(x)$ 为一组随机数据的实际分布函数，$G(x)$ 为检验分布的理论分布函数。则根据假设检验：

原假设 H_0：实际分布函数 $F(x)$ 与理论分布函数 $G(x)$ 为同分布；

备择假设 H_1：实际分布函数 $F(x)$ 与理论分布函数 $G(x)$ 不为同分布。

K-S 检验通过计算实际分布函数与理论分布函数的相差的最大值与允许值来判断是否符合同分布。即

$$D = \max |F(x) - G(x)| \tag{4-8}$$

本节采用的显著性水平为 $\alpha = 0.05$，在该显著性水平下，且样本量大于 50 时，K-S 检验允许的两个分布误差 $D_{0.05}$ 的计算公式如下，其中 n 为样本量：

$$D_{0.05} = \frac{1.36}{\sqrt{n}} \tag{4-9}$$

根据 K-S 检验准则，只要 D 不大于临界值 $D_{0.05}$，分布模型就可以认定为满足拟合准确度要求。且当 D 值越小，实际分布模型对理论分布模型的拟合准确度就越高。在使用 K-S 检验时，另一种方法是通过判断统计量 p 值与显著性水平 $\alpha = 0.05$ 的大小关系，当 p 值小于 0.05 时，代表实际分布函数和理论分布函数偏离程度太大，应当拒绝原假设，否则就不能拒绝原假设。

4.1.2　初始晚点时间分布模型拟合

4.1.2.1　广州局管辖高铁初始晚点时间分布拟合

本节用于建模的广州局层级 2014~2015 年初始晚点时间数据一共有 1292 个，其散点图与直方图以及核密度曲线如图 4-1 所示。

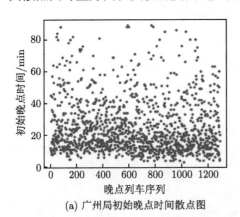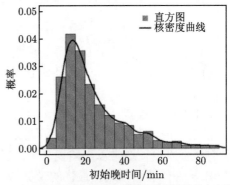

(a) 广州局初始晚点时间散点图　　　　(b) 广州局初始晚点时间核密度曲线与直方图

图 4-1　广州局初始晚点时间散点图与直方图与核密度曲线

根据图 4-1 可知，广州局初始晚点呈明显的右偏趋势，且根据上章的描述性统计可知其峰度小于高斯分布的。本节使用 R 软件进行函数拟合，拟合使用的备选分布为上述的五个备选分布。在拟合之后，通过使用 K-S 检验求出临界值 D，并判断出拟合优度最高的分布函数。检验的结果如表 4-1 所示。

表 4-1 广州局初始晚点时间分布拟合结果

晚点区域	临界值 $D_{0.05}$	K-S 检验值 D					样本量
		正态分布	卡方分布	对数正态分布	韦伯分布	伽马分布	
广州局	0.0378	0.1387	0.1900	0.0352*	0.0826	0.0724	1292

注：* 表示通过 K-S 检验的最优分布。

研究表明，对数正态分布、韦伯分布、伽马分布常被用于拟合初始晚点时间分布。因此，本节在求得最优分布时，同时求出这三个分布的分布参数并绘制这三个分布的分布示意图。而由表 4-1 可知，对数正态分布满足 K-S 检验，且对数正态分布有着最小的 D 值，所以，对数正态分布对广州局的初始晚点时间有着最优的拟合优度。

根据 R 软件使用极大似然估计分别对对数正态分布、韦伯分布和伽马分布模型的参数进行估计，得出的广州局初始晚点时间拟合参数如表 4-2 所示。

表 4-2 广州局初始晚点时间分布拟合参数

晚点区域	对数正态分布参数		韦伯分布参数		伽马分布参数	
	α	σ	k	λ	α	β
广州局	2.9975	0.6386	1.6122	27.6302	2.6132	0.1064

广州局的初始晚点时间的密度直方图、核密度曲线、对数正态分布曲线、韦伯分布曲线、伽马分布曲线如图 4-2 所示。

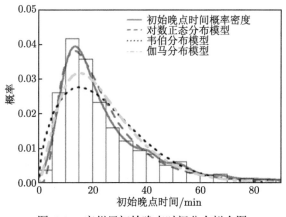

图 4-2 广州局初始晚点时间分布拟合图

4.1.2.2　武广高铁列车初始晚点时间分布拟合

本节从原始数据中提取出武广高铁 2014~2015 年初始晚点数据，数据量为 411 条，散点图以及直方图与核密度曲线如图 4-3 所示。

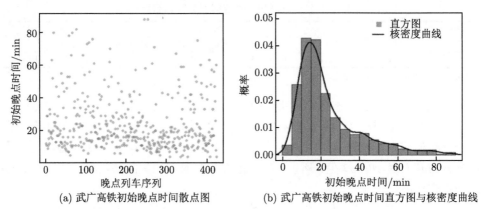

(a) 武广高铁初始晚点时间散点图　　(b) 武广高铁初始晚点时间直方图与核密度曲线

图 4-3　武广高铁初始晚点时间散点图以及直方图与核密度曲线

由图 4-3 可知，和广州局相似，武广高铁的初始晚点时间呈明显的右偏趋势，且根据第 3 章的描述性统计可知其峰度小于高斯分布。本节使用 R 软件进行函数拟合，拟合使用的备选分布为上述的五个备选分布。拟合之后本节通过使用 K-S 检验求出临界值 D，并选择出拟合优度最高的分布函数。检验的结果如表 4-3 所示。

表 4-3　武广高铁初始晚点时间分布 K-S 检验值

晚点区域	临界值 $D_{0.05}$	K-S 检验值 D					样本量
		正态分布	卡方分布	对数正态分布	韦伯分布	伽马分布	
武广高铁	0.0671	0.1716	0.1827	0.0517*	0.1105	0.095	411

注：* 表示通过 K-S 检验的最优分布。

由表 4-3 可知，对数正态分布满足 K-S 检验，且有着最小的 D 值，因此，对数正态分布对武广高铁的初始晚点时间有着最优的拟合优度。

根据 R 软件使用极大似然估计分别对对数正态分布、韦伯分布和伽马分布模型的参数进行估计，得出的武广高铁初始晚点时间拟合参数如表 4-4 所示。

表 4-4　武广高铁初始晚点时间分布拟合参数

晚点区域	对数正态分布参数		韦伯分布参数		伽马分布参数	
	μ	σ	k	λ	α	β
武广高铁	2.9766	0.6299	1.5957	27.0279	2.6259	0.1093

武广高铁的初始晚点时间的密度直方图、核密度曲线、对数正态分布曲线、韦伯分布曲线、伽马分布曲线如图 4-4 所示。

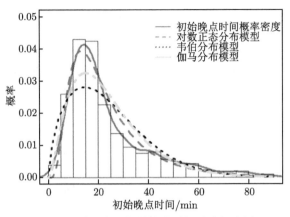

图 4-4　武广高铁初始晚点时间分布拟合图

4.1.2.3　高铁区段列车初始晚点时间分布拟合

武广高铁韶关站为广东省与湖南省线路的分界站、衡阳东站是武广高铁和湘桂高铁的衔接站、长沙南站是武广高铁和沪昆高铁衔接站并有大量始发终到列车，因此本节以这三个车站为区段的分割点，将线路划分为四个区段，分别为：广州南—韶关、韶关—衡阳东、衡阳东—长沙南、长沙南—赤壁北。

对四个区段分别进行了拟合，其中广州南—韶关的样本量为 112 条，韶关—衡阳东的样本量为 107 条，衡阳东—长沙南的样本量为 89 条，长沙南—赤壁北的样本量为 103 条。四个区段的散点图与直方图以及核密度曲线如图 4-5 和图 4-6 所示。

由图 4-6 可知，与广州局和武广高铁一样，武广高铁的四个区段的初始晚点时间呈明显的右偏趋势，且根据第 3 章的描述性统计可知其峰度小于高斯分布。本节通过使用 R 软件分别对五个备选分布进行拟合，拟合之后通过使用 K-S 检验求出各个区段的临界值 D，并判断出拟合优度最高的分布函数。检验的结果如表 4-5 所示。

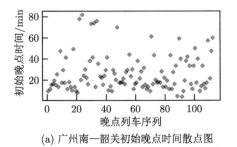

(a) 广州南—韶关初始晚点时间散点图

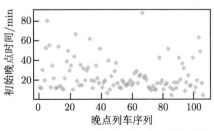

(b) 韶关—衡阳东初始晚点时间散点图

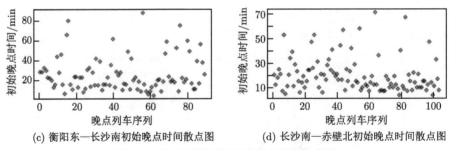

(c) 衡阳东—长沙南初始晚点时间散点图　　(d) 长沙南—赤壁北初始晚点时间散点图

图 4-5　武广高铁区段初始晚点时间散点图

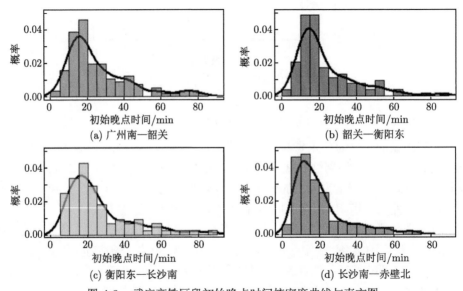

(a) 广州南—韶关　　　　　　　　　　(b) 韶关—衡阳东

(c) 衡阳东—长沙南　　　　　　　　　　(d) 长沙南—赤壁北

图 4-6　武广高铁区段初始晚点时间核密度曲线与直方图

表 4-5　武广高铁区段初始晚点时间分布 K-S 检验值

晚点区域	临界值 $D_{0.05}$	K-S 检验值 D					样本量
		正态分布	卡方分布	对数正态分布	韦伯分布	伽马分布	
广州南—韶关	0.1279	0.16746	0.2188	0.0938*	0.1231	0.11146	112
韶关—衡阳东	0.1314	0.19675	0.19106	0.0907*	0.1359	0.13479	107
衡阳东—长沙南	0.1442	0.19722	0.17872	0.0659*	0.1235	0.11167	89
长沙南—赤壁北	0.1334	0.16192	0.16727	0.0506*	0.1022	0.09013	103

注：* 表示通过 K-S 检验的最优分布。

　　由表 4-5 可知，对于武广高铁区段的初始晚点时间，部分的韦伯分布与伽马分布以及所有的对数正态分布满足 K-S 检验。且对数正态分布有着最小的 D 值，因此，对数正态分布对武广高铁区段的初始晚点时间有着最优的拟合优度。

根据 R 软件使用极大似然估计分别估计对数正态分布、韦伯分布和伽马分布模型的参数，得出的武广高铁区段的初始晚点时间拟合参数如表 4-6 所示。

表 4-6　武广高铁区段初始晚点时间分布拟合参数

晚点区域	对数正态分布参数		韦伯分布参数		伽马分布参数	
	μ	σ	k	λ	α	β
广州南—韶关	3.0725	0.6135	1.6496	29.4863	2.7725	0.1061
韶关—衡阳东	2.9699	0.6116	1.6149	26.6412	2.7416	0.1159
衡阳东—长沙南	3.0623	0.6188	1.6292	29.2747	2.7200	0.1047
长沙南—赤壁北	2.7934	0.6295	1.5807	22.5223	2.6074	0.1302

武广高铁区段的初始晚点时间的密度直方图、概率密度曲线、对数正态分布曲线、韦伯分布曲线，伽马分布曲线如图 4-7 所示。

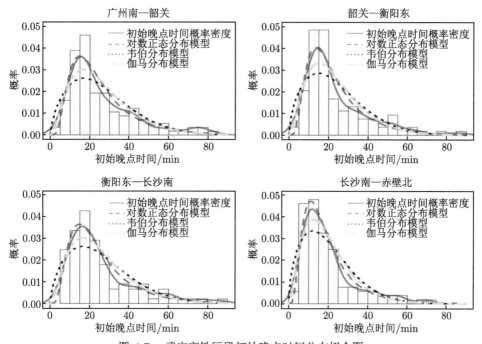

图 4-7　武广高铁区段初始晚点时间分布拟合图

4.1.3　初始晚点时间分布模型检验

4.1.2 节对广州局、武广高铁、武广高铁区段 2014~2015 年数据分别进行了初始晚点时间分布拟合，结果显示，对三个层级的初始晚点时间，对数正态分布均有最好的拟合优度，由于前人发现韦伯分布、伽马分布对初始晚点时间也有着较优的拟合效果，且本节在前述建模中也验证了该结论。因此，为了验证对数正态分布是否具有适用性，本节从如下三个方面验证了对数正态分布对于三个层级的初始晚点时间分布。

    i. 使用 K-S 检验分别校验对数正态分布、韦伯分布、伽马分布对 2016 年三个层级初始晚点时间分布拟合优度。

    ii. 将 2014~2015 年数据与 2016 年数据合并，使用 K-S 检验分别校验对数正态分布、韦伯分布、伽马分布对合并后的初始晚点时间分布拟合优度。

    iii. 将 2014~2015 年数据与 2016 年数据合并，并在之后分别校验 2014~2015 年数据、2016 年数据与合并之后的数据之间是否满足同分布。

本节使用 K-S 双样本同分布检验对两组数据进行校验，K-S 双样本同分布检验的原理如下：

K-S 双样本同分布检验是一种常见的假设检验，主要用于检验两个样本是否来自同一个总体，或者检验两组样本的总体是否服从同一分布。如果两个样本属于同分布，则说明样本的变异性小、分布模型对样本的拟合效果很好，该分布模型形式可用于预测。检验的原假设与备择假设如下所示：

原假设 H_0：两个样本的总体是同分布；

备择假设 H_1：两个样本的总体不是同分布。

其原理为：通过计算两个样本的累积分布函数的差值可以确定在原假设成立的情况下获得当前统计量及更极端情况的概率 p，如果两个分布样本的累积分布函数之差的最大值大于 K-S 检验所规定的临界值，那么概率 p 值就会较小，说明两个样本之间偏差较大，这两个样本不是同分布。本节取 $\alpha = 0.05$ 的显著性水平，如果检验结果的 p 值大于 α 则接受原假设。

如果令 $F(x)$ 表示 2014~2015 年建模样本的累积概率分布函数，$G(x)$ 表示 2014~2016 年合并后的样本的累积概率分布函数，K-S 双样本的双尾检验统计量 $\overline{D}$，则有

$$\overline{D} = \max |F(x) - G(x)| \tag{4-10}$$

本节在进行双样本同分布检验时采用判断 p 值的大小来判断两个样本是否属于同分布，当 p 值大于 0.05 时，不能拒绝原假设。

4.1.3.1　广州局管辖高铁初始晚点时间分布检验

本节使用广州局层级 2016 年的数据进行分布模型的校验。由前文可知，广州局层级初始晚点时间分布拟合优度最高的模型为对数正态分布。而对于武广高铁区段的初始晚点时间的拟合，韦伯分布和伽马分布也有着较好的效果，正态分布和卡方分布在三个层级都不能满足分布检验。因此，对广州局初始晚点时间分布进行检验时，本节使用对数正态分布、韦伯分布以及伽马分布作为备选模型。

用于广州局分布检验的 2016 年数据样本量为 633 个，K-S 检验对 2016 年校验数据的校验结果如表 4-7 所示。

表 4-7   广州局 2016 年初始晚点时间分布检验结果

晚点区域	临界值 $D_{0.05}$*	K-S 检验值 D*			样本量
		对数正态分布	韦伯分布	伽马分布	
广州局	0.0541	0.0475*	0.0629	0.0514	633

注：* 表示通过 K-S 检验的最优分布。

由表 4-7 可知，对数正态分布依然对广州局 2016 年的初始晚点时间分布有着最好的拟合优度。

在对 2016 年初始晚点时间分布进行校验之后，本节合并 2014~2015 年数据与 2016 年数据，并建立基于 2014~2016 年的分布模型，并运用双样本同分布检验方法对建模数据和 2014~2016 年合并数据进一步检验基于实绩数据所建立的广铁集团层级初始晚点时间分布模型的有效性。2014~2016 年广州局初始晚点时间分布用上述三个模型拟合的检验结果如表 4-8 所示。

表 4-8   广州局合并后的初始晚点时间分布检验结果

晚点区域	临界值 $D_{0.05}$*	K-S 检验值 D*			样本量
		对数正态分布	韦伯分布	伽马分布	
广州局	0.0310	0.0280*	0.0743	0.0615	1925

注：* 表示通过 K-S 检验的最优分布。

合并后的数据与 2014~2015 年建模数据、2016 年检验数据的双样本同分布检验结果如表 4-9 所示。

表 4-9   广州局初始晚点时间双样本同分布检验结果

晚点区域	与 2014~2015 年数据检验 p 值	与 2016 年数据检验 p 值
广州局	0.5961	0.1683

由表 4-8 和表 4-9 可知，针对广州局初始晚点时间，对数正态分布对三年合并后的数据具有最好的检验效果，且对双样本同分布检验，三年合并数据与 2014~2015 年建模数据和 2016 年校验数据都是属于同分布的。因此，本节推测广州局初始晚点时间分布服从对数正态分布。

4.1.3.2   武广高铁列车初始晚点时间分布检验

用于武广高铁分布检验的 2016 年数据样本量为 265 个，K-S 检验对 2016 年校验数据的校验结果如表 4-10 所示。

表 4-10　武广高铁 2016 年初始晚点时间分布检验结果

晚点区域	临界值 $D_{0.05}$*	K-S 检验值 D*			样本量
		对数正态分布	韦伯分布	伽马分布	
武广高铁	0.0835	0.0663*	0.0824	0.0714	265

注: * 表示通过 K-S 检验的最优检验。

由表 4-10 中 2016 年数据检验结果可知，对数正态分布、韦伯分布和伽马分布都能通过 K-S 检验，而对数正态分布仍有着最优的检验结果。

采用和广州局初始晚点时间校验相同的方法，本节将武广高铁的 2014~2015 年和 2016 年的初始晚点时间进行合并，并对合并后的数据进行拟合优度检验。检验结果如表 4-11 所示。

表 4-11　武广高铁合并后的初始晚点时间分布检验结果

晚点区域	临界值 $D_{0.05}$*	K-S 检验值 D*			样本量
		对数正态分布	韦伯分布	伽马分布	
武广高铁	0.0523	0.0459*	0.0907	0.0842	676

注: * 表示通过 K-S 检验的最优检验。

由表 4-11 的结果可知，对于合并三年后数据的武广高铁初始晚点时间分布，对数正态分布依然有着最好的拟合优度。

本节再将合并后的数据分别与 2014~2015 年建模数据、2016 年检验数据进行双样本同分布检验。检验结果如表 4-12 所示。

表 4-12　武广高铁初始晚点时间双样本同分布检验结果

晚点区域	与 2014~2015 年数据检验 p 值	与 2016 年数据检验 p 值
武广高铁	0.7209	0.2729

由表 4-11 和表 4-12 可知，合并后的初始晚点时间数据与 2014~2015 年建模数据、2016 年检验数据均服从同分布，且对于合并后的数据，对数正态分布有着最优的拟合优度。因此，本节有理由推测武广高铁初始晚点时间的分布服从对数正态分布。

4.1.3.3　高铁区段列车初始晚点时间分布检验

4.1.2.3 节武广高铁区段初始晚点时间分布的备选模型 K-S 检验结果表明，对数正态分布能满足 K-S 检验要求，韦伯分布、伽马分布能大致满足 K-S 检验要求。因此，本节分别用对数正态分布、韦伯分布、伽马分布对武广高铁区段层级的初始晚点时间分布模型进行了拟合，武广高铁区段初始晚点时间分布使用上述三个模型的 K-S 检验结果如表 4-13 所示。

表 4-13　2016 年武广高铁区段初始晚点时间分布 K-S 检验结果

晚点时段	临界值 $D_{0.05}$	K-S 检验值 D			样本量
		对数正态分布	韦伯分布	伽马分布	
广州南—韶关	0.1418	0.0973*	0.1224	0.1165	91
韶关—衡阳东	0.1713	0.1086*	0.1293	0.1214	62
衡阳东—长沙南	0.1771	0.0707	0.0556	0.0506*	58
长沙南—赤壁北	0.1851	0.0827	0.0728	0.0673*	54

注：* 表示通过 K-S 检验的最优分布。

由检验结果可知，四个区段的初始晚点时间分布均能通过对数正态分布的 K-S 检验，其中伽马分布对衡阳东—长沙南、长沙南—赤壁北这两个区段之间的初始晚点时间有着最好的模型检验效果，其余两个区段对数正态分布具有最好的校验效果。

本节合并 2014～2015 年的建模数据与 2016 年的校验数据，建立基于 2014～2016 年实绩数据的初始晚点时间分布模型，并运用双样本同分布检验方法对建模数据和 2014～2016 年合并数据进一步校验基于高速列车运行实绩所建立的武广高铁区段初始晚点时间分布模型的有效性。2014～2016 年的武广高铁区段初始晚点时间分布用上述三个模型拟合的 K-S 检验结果如表 4-14 所示。

表 4-14　武广高铁区段 2014～2016 年合并后数据的拟合优度

晚点区段	临界值 $D_{0.05}$	K-S 检验值 D			样本量
		对数正态分布	韦伯分布	伽马分布	
广州南—韶关	0.0950	0.0655*	0.1081	0.1128	203
韶关—衡阳东	0.1043	0.0859*	0.1339	0.1290	169
衡阳东—长沙南	0.1118	0.0468*	0.0724	0.0590	147
长沙南—赤壁北	0.1082	0.0490*	0.0907	0.0740	157

注：* 表示通过 K-S 检验的最优分布。

合并后的数据与 2014～2015 年建模数据、2016 年检验数据的双样本同分布检验结果如表 4-15 所示。

表 4-15　武广高铁区段初始晚点时间双样本同分布检验结果

晚点区段	与 2014～2015 年数据检验 p 值	与 2016 年数据检验 p 值
广州南—韶关	0.7277	0.4238
韶关—衡阳东	0.9317	0.2374
衡阳东—长沙南	0.8054	0.4049
长沙南—赤壁北	0.8662	0.3665

由表 4-14 和表 4-15 可知，对数正态分布对三年合并数据建立的武广高铁区段初始晚点时间分布模型具有最好的检验效果，且对双样本同分布检验，三年合

并数据与 2014~2015 年建模数据和 2016 年校验数据都是属于对数正态分布的同分布。对 2014~2015 年武广高铁区段的初始晚点时间分布，对数正态分布都有着最优的效果，然而对 2016 年的武广高铁衡阳东—长沙南、长沙南—赤壁北区段的初始晚点时间分布，对数正态分布不是最优的分布模型，但是 2016 年的武广高铁初始晚点时间分布是满足对数正态分布的，而武广高铁的数据就是武广高铁区段数据的累积，因此，本节认为随着样本量的累积，衡阳东—长沙南、长沙南—赤壁北区段应该也是符合对数正态分布的。对武广高铁区段，不同的年份会有其一定的自身的特性，不同样本数据特征可能导致具体年的模型参数有一定的小差异，但从长期趋势来看是符合统计规律的，总体的偏差不会太大，所以将三年的数据合并在一起可以体现武广区段的一个长期的初始晚点时间的累积过程，并且可以一定程度地修正拟合模型的参数，而合并的结果也显示对数正态分布是符合武广高铁区段最优的初始晚点时间分布模型的。结合上述两个原因，本节认为 2016 年部分武广高铁区段初始晚点时间分布不满足对数正态分布为最优分布可能是由于数据量不足，并推测当样本量足够大时，对数正态分布将对初始晚点时间的分布有着最优的效果。

4.2 高速列车致因—初始晚点持续时长分布模型

本节通过挖掘广州局 6 条高速铁路的列车运行实绩数据，以 2014~2015 年数据为建模数据，运用 R 软件进行极大似然估计建立高速列车致因—初始晚点时长分布模型，通过 K-S 检验比选 5 类典型模型对不同致因导致高速列车初始晚点时长分布曲线的拟合效果，确定出对不同晚点致因具有最优拟合优度的分布模型。然后以 2016 年数据为校验数据验证了模型的拟合效果，通过双样本同分布检验进一步验证模型的拟合准确度。

4.2.1 致因分类

本节的列车运行实绩数据包括 2014 年 2 月 24 日 ~2015 年 11 月 20 日及 2016 年 3 月 1 日 ~2016 年 11 月 20 日的列车晚点原因及其影响记录，其中 2014 年至 2015 年的 1292 条晚点记录用于模型建立，记为建模数据 md，而 2016 年的 633 条晚点记录用于模型校验，记为校验数据 td。铁路局在进行晚点故障分析时，常将道岔故障纳入线路故障处理，常将接触网故障、受电弓故障、信号系统故障作为一类故障处理，因此，高速列车初始晚点的致因可分为如下 7 类，分别为：

(a) 车辆故障 (FRS)，主要包括车辆的破损、机械故障等；

(b)ATP 故障 (FATP)，主要指 CTCS 的故障，常见为 ATP 故障等；

(c) 线路故障 (FT)，主要包括线路、道岔、桥梁、隧道的故障等；

(d) 接触网、受电弓和信号系统故障 (FPSC)，主要指接触网、动车组受电弓和信号系统故障等；

(e) 异物侵入 (FFM)，主要指小动物、异物等进入轨道，也包括动车组撞击鸟等导致列车行车异常的情况等；

(f) 恶劣天气 (FW)，主要包括雨、雪、冰冻以及洪水灾害等；

(g) 组织管理 (FO)，运行计划、车站客运组织等管理原因。

在上述分类中，前 4 类为机械设备故障相关致因，最后一类为组织管理等人为相关致因，其余两类为外界环境干扰等相关致因。

对上述致因引起的高速列车初始晚点时长的描述性统计结果如表 4-16 所示，其中 TD 包括所有晚点致因，对 TD 建立分布模型的实质是建立所有初始晚点时长的总体分布模型。

表 4-16　致因—初始晚点时长描述性统计

致因	样本量		最小值/min		最大值/min		平均值/min		标准差/min	
	md	td	md	td	md	td	md	td	md	td
FRS	265	156	4	1	88	89	26.32	29.15	17.67	22.31
FATP	199	107	4	1	69	69	20.19	16.94	11.73	13.06
FT	91	31	5	4	89	76	27.99	36.74	16.63	23.10
FPSC	222	199	4	1	89	83	26.18	24.40	17.27	16.95
FFM	163	80	5	2	80	85	22.80	32.53	13.89	20.77
FW	209	12	4	12	88	83	25.84	45.83	19.81	26.75
FO	143	48	3	1	85	86	22.76	15.25	15.46	15.54
TD	1292	633	3	1	89	89	24.55	25.64	16.58	19.84

4.2.2　致因—初始晚点时长分布模型

为了揭示高速列车初始晚点时长的分布规律，需要找到能够较好地描述各类致因所对应初始晚点时长分布曲线的模型，本节首先运用 R 软件进行极大似然估计方法，对常见分布模型进行参数估计并对初始晚点分布进行拟合，包括：正态分布、卡方分布、对数正态分布、韦伯分布以及伽马分布。接下来，采用非参数检验方法中精确度较高的 K-S 检验方法检验各分布模型对致因—初始晚点时长的拟合准确度，通过计算可得各分布模型运用 K-S 检验的 D 值，如表 4-17 所示。

分析表 4-17，发现对数正态分布的各个 D 值 (* 标记) 均满足小于 $D_{0.05}$ 的要求，因此不能拒绝原假设，即初始晚点时长分布曲线满足对数正态分布。而韦伯分布对于总体致因 TD、FRS 及 FW 的 D 值大于 $D_{0.05}$，伽马分布对于总体致因 TD 和 FW 的 D 值大于 $D_{0.05}$，正态分布和卡方分布均不能通过检验。对数正态分布能够完全拟合高速列车初始晚点时长分布，韦伯分布和伽马分布能够拟合大部分致因—初始晚点分布。进一步对比各致因的 D 值发现：对数正态分布的 D 值比其他两类分布模型的 D 值均小，韦伯分布模型、伽马分布模型对致因—初始晚点时长分布曲线的拟合偏差均比对数正态分布的大，对数正态分布模型的拟合效果最佳。

表 4-17　模型的 K-S 检验准确度 (建模数据)

致因	临界值 $D_{0.05}$	K-S 检验值 D					样本量
		正态分布	卡方分布	对数正态分布	韦伯分布	伽马分布	
TD	0.0378	0.1387	0.1900	0.0352*	0.0826	0.0724	1292
FRS	0.0835	0.1629	0.2091	0.0491*	0.0988	0.0795*	265
FATP	0.0964	0.1406	0.1607	0.0386*	0.0930*	0.0758*	199
FT	0.1426	0.1302	0.1980	0.0463*	0.0882*	0.0763*	91
FPSC	0.0913	0.1356	0.2266	0.0477*	0.0841*	0.0754*	222
FW	0.0941	0.1861	0.2676	0.0867*	0.1238	0.1265	209
FFM	0.1065	0.1437	0.1444	0.0586*	0.0959*	0.0834*	163
FO	0.1137	0.1766	0.1756	0.0497*	0.1079*	0.0924*	143

注：* 表示通过 K-S 检验。

分别对对数正态分布、韦伯分布和伽马分布模型的参数进行估计，得到了如表 4-18 所示的致因—初始晚点时长分布模型拟合参数，从而得到总晚点致因、各类型晚点致因—初始晚点时长分布模型。

表 4-18　致因—初始晚点时长分布模型拟合参数值

致因	对数正态分布参数		韦伯分布参数		伽马分布参数	
	μ	σ	k	λ	α	β
TD	2.9975	0.6386	1.6122	27.6302	2.6132	0.1064
FRS	3.0590	0.6583	1.6092	29.5932	2.5198	0.0957
FATP	2.8471	0.5682	1.8539	22.8678	3.3235	0.1646
FT	3.1693	0.5761	1.8202	31.6884	3.2337	0.1155
FPSC	3.0639	0.6402	1.6420	29.4848	2.6411	0.1009
FW	2.9893	0.7191	1.4241	28.6783	2.0560	0.0796
FFM	2.9673	0.5611	1.7863	25.8226	3.2897	0.1443
FO	2.9266	0.6319	1.6155	25.6194	2.6740	0.1175

致因—初始晚点时长的密度直方图、密度曲线、对数正态分布曲线、韦伯分布曲线、伽马分布曲线如图 4-8 所示，图中横坐标为列车初始晚点时长，单位为 min。

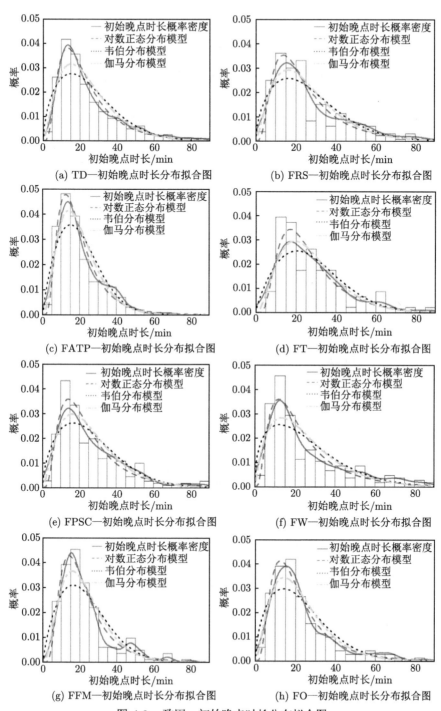

图 4-8　致因—初始晚点时长分布拟合图

4.2.3　致因——初始晚点时长分布模型校验

4.2.3.1　对校验数据的拟合效果校验

如果能够验证上述模型对于不同年度高速列车初始晚点时长分布具有较好的拟合效果，则可以利用上述初始晚点时长分布模型进行未来年度的晚点分布预测，为行车指挥提供一定的决策依据。为此，本节使用与建模数据同线路和区段内 2016 年 3 月 1 日 ~2016 年 11 月 20 日的数据进行了所建立模型对于校验数据拟合效果的校验，致因——初始晚点时长分布用上述三个模型拟合的 K-S 检验结果如表 4-19 所示。

表 4-19　模型对校验数据的拟合准确度 (校验数据)

致因	临界值 $D_{0.05}$	K-S 检验值 D			样本量
		对数正态分布	韦伯分布	伽马分布	
TD	0.0541	0.0475*	0.0629	0.0514*	633
FRS	0.1089	0.0538*	0.0563*	0.0576*	156
FATP	0.1315	0.0823*	0.1230*	0.1017*	107
FT	0.2443	0.1413*	0.1337*	0.1303*	31
FPSC	0.0964	0.0858*	0.1092	0.0888*	199
FW	0.3926	0.4119	0.1975*	0.2069*	12
FFM	0.1963	0.1017*	0.0932*	0.1049*	80
FO	0.1521	0.1159*	0.0728*	0.0867*	48

注: * 表示通过 K-S 检验。

由校验结果可知，校验数据中所有致因的初始晚点分布均可用上述三个模型拟合。对数拟合分布的拟合准确度能够满足除 FW (样本量太小) 以外的各因素初始晚点时长的分布拟合，且对数正态分布对 FRS、FATP、FPSC 的拟合效果最佳，韦伯分布对 FW、FFM、FO 的拟合效果更佳，伽马分布对 FT 的拟合效果更佳。而对于总的晚点原因 TD——初始晚点时长的拟合，对数正态分布模型的拟合效果最佳。2016 年与 2014~2015 年相比，虽然列车运行的设备因素、环境因素、管理因素等均存在差异性，但模型的校验结果表明：① 对数正态分布模型总体上仍能满足校验数据的拟合要求，样本量过小的致因 FW 可用韦伯分布或伽马分布模型进行拟合；② 伽马分布模型的拟合效果仅次于对数正态分布模型。但对于不同的样本数据，所得到的分布模型参数会有微小的差异，2016 年校验数据的拟合模型参数如表 4-20 所示。

表 4-20 校验数据拟合模型参数

致因	对数正态分布参数		韦伯分布参数		伽马分布参数	
	μ	σ	k	λ	α	β
TD	2.9383	0.8495	1.3622	28.2893	1.7529	0.0680
FRS	3.0475	0.8712	1.3514	31.9483	1.6866	0.0579
FATP	2.5856	0.7151	1.4504	18.8477	2.1986	0.1298
FT	3.3378	0.8062	1.6160	40.9863	2.0297	0.0552
FPSC	2.9931	0.7029	1.5789	27.8278	2.4374	0.0982
FW	3.6169	3.6169	1.8532	51.6590	2.5566	0.0558
FFM	3.2217	0.8016	1.5961	36.2684	2.0717	0.0637
FO	2.2431	1.0415	1.0673	15.6723	1.1772	0.7720

注：* 上述结果均保留小数点后 4 位。

4.2.3.2 模型双样本同分布检验

下面合并建模数据与校验数据，建立基于 2014~2016 年列车运行实绩的分布模型，并运用双样本同分布检验方法进一步校验基于高速列车运行实绩所建立致因—初始晚点时长分布模型的有效性。2014~2016 年的致因—初始晚点时长分布用上述三个模型拟合的检验结果如表 4-21 所示。

由表 4-21 可知，除了 FO 之外的其他所有致因，对数正态分布均具有最好的拟合效果，且其对 FO 仍然可以满足 K-S 检验准确度要求，伽马分布的总体拟合效果次之。基于 2014~2016 年所有数据建立的致因—初始晚点时长分布模型与基于建模数据建立的分布模型能通过拟合准确度 $D_{0.05}$ 水平下对数正态分布的同分布检验，而与基于校验数据建立的分布模型除致因 FW(样本量过小，影响模型拟合准确度) 外均能通过拟合准确度 $D_{0.05}$ 水平下对数正态分布的同分布检验。从上述分析可以看出，在样本量充足的情况下，对数正态分布模型对高速铁路列车运行初始晚点时长分布曲线具有最优的拟合准确度。因此，随着高速列车运行实绩数据的累计，可对分布模型进行持续修正，并最终为高速列车初始晚点时长分布预测提供理论支撑。

表 4-21 模型对 2014~2016 年所有数据的拟合准确度

致因	临界值 $D_{0.05}$	K-S 检验值 D			样本量
		对数正态分布	韦伯分布	伽马分布	
TD	0.0310	0.0280*	0.0743	0.0615	1925
FRS	0.0663	0.0302*	0.0778	0.0619*	421
FA	0.0777	0.0343*	0.0948	0.0725*	306
FT	0.1231	0.0497*	0.0713*	0.0700*	122
FPSC	0.0663	0.0543*	0.0896	0.0628*	421
FW	0.0915	0.0888*	0.1241	0.1295	221
FFM	0.0872	0.0424*	0.0862*	0.0665*	243
FO	0.0984	0.0799*	0.0734*	0.0648*	191

注：* 表示通过 K-S 检验。

4.3　本章小结

本章工作是基于高速列车运行实绩开展相关应用及理论研究的基础，以不同致因影响下高速列车初始晚点时长分布模型的研究为起点。

基于 2014~2015 年广州局管辖范围内的 6 条高速铁路晚点故障记录表中的实绩数据，使用正态分布、对数正态分布、韦伯分布、卡方分布、伽马分布分别对广州局、武广高铁线、武广高铁区段三个层级拟合了初始晚点时间，使用 K-S 检验对上述模型进行模型比选，结果显示对数正态分布对于三个层级的初始晚点时间有着最优的拟合优度。使用 K-S 双样本同分布检验发现 2016 年初始晚点时间分布与 2014~2015 年初始晚点时间分布属于同分布，对数正态分布在时间维度有着较强的可靠性。

以 2014~2015 年高速列车初始晚点时长分布为建模数据，通过 K-S 检验比选 5 类典型模型对不同致因导致高速列车初始晚点时长分布曲线的拟合效果。研究发现：对数正态分布模型、韦伯分布模型、伽马分布模型对致因—初始晚点时长分布曲线的拟合效果均比较好，对数正态分布模型的拟合效果最优。运用 R 软件进行极大似然估计，建立了高速列车致因—初始晚点时长分布模型。对数正态分布模型总体上能够满足校验数据的拟合准确度要求，也能够通过双样本同分布的检验。

基于上述分布模型，图 4-9 展示了基于高速列车初始晚点分布及列车运行实绩实施预测调度的实践与理论研究框架，其主要体现在以下两个方面。

(a) 对数正态分布模型可作为初始晚点时长分布概率的预测依据，基于一定的设备、环境以及组织管理条件下，调度员可以预估各晚点致因所引起初始晚点时长的分布概率。随着样本数据的不断增加，不断更新和修正初始晚点时长分布模型，可发现设备生命周期、列车运行环境及组织管理等因素与初始晚点时长分布的关联关系，为制定列车运行调整方案、行车组织预案及应急组织管理等提供更好的决策支持，使调度员根据可能的晚点发生概率及影响时长实施预测调度成为可能。

(b) 高速列车初始晚点分布模型能够为高速铁路调度指挥理论的深化研究提供基础。一方面，本节所建立的初始晚点时长分布模型能够为高速铁路列车运行仿真提供研究依据，尤其是为高速列车不同致因导致初始晚点的生成规律仿真提供理论支撑。另一方面，本节的研究只是基于我国高速列车大规模运行实绩数据进行列车运行晚点建模及行车指挥理论与方法研究的开始，还有大量的工作需要加速推进，如：① 基于不同致因初始晚点的影响，探明不同致因初始晚点的影响程度，包括影响列车数、总影响时间等；② 不同致因初始晚点与连带晚点的关系研究，构建基于我国大规模运行实绩数据的高速列车晚点传播及恢复模型；而上述研究均需以高速列车初始晚点的分布模型研究为基础，通过建立基于高速列车实绩的列车晚点分布、影响程度、晚点传播及恢复的预测模型，提出高速铁路预测调度理论与方法。

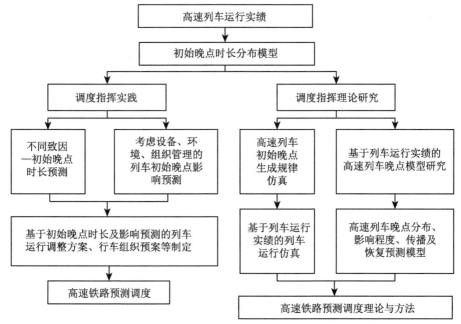

图 4-9　基于高速列车初始晚点分布及运行实绩的实践和理论研究框架

第 5 章　高速列车晚点传播过程分析

高速列车运行过程是一个时间—事件驱动的时变过程，在列车运行干扰和冗余时间的共同作用下，列车的运行态势不断变化。列车运行干扰是导致列车运行状态紊乱、偏离列车运行计划和运行态势劣化的主要因素。运行图冗余时间起到吸收和恢复列车晚点，以及阻断列车运行态势劣化的作用。列车运行过程中，随着时间的推移，列车运行干扰、冗余时间利用等相互作用而不断演化，当列车运行干扰不断累积到一定程度时，可能导致一条线路、局部路网甚至整个路网的列车晚点乃至交通事故。而调度员则可以有效运用冗余时间对干扰作用进行吸收，努力使列车 "按图行车"，尖点突变模型 [124] 可以描述上述作用过程。本章将分别从列车运行干扰导致晚点及冗余时间恢复晚点两方面进行论述，阐释列车运行干扰晚点和利用时间恢复晚点的传播和演化过程。本章最后一节从统计分析、仿真模拟、数据驱动模型三个方面介绍高速列车晚点传播过程的分析方法。

5.1　高速列车运行干扰作用过程

本书将设备故障、自然条件恶劣以及人为失误等各种不确定因素对列车正常运行产生的影响和扰动称为列车干扰。

列车的干扰一般分为两种，第一种是区间干扰，是指列车在区间运行过程中受到外界的干扰作用；第二种是车站干扰，是指列车在车站内受到外界环境的干扰作用。区间干扰主要是由于线路故障维修、线路天窗维修、恶劣的天气影响、接触网检修、设备问题等等。车站的干扰源主要是乘客和行包，在节假日或者春运暑运等时节，旅客数量会较多较拥挤，到发车的时候由于旅客没有上完而列车不能发车的现象叫作车站干扰。另外行包的装卸也可能产生延误，或者车站工作组织衔接过于紧凑引发列车延误。两种干扰都会使得列车晚点，并且会在一定程度上产生后续影响。

由此可见，列车的干扰属于随机干扰，而随机因素干扰列车运行的最终体现就是列车晚点。列车晚点的形式可总结为两种，一种是列车自身晚点，另一种是后效晚点，也就是由晚点传播造成的。

5.1.1　列车运行干扰分布规律

列车运行干扰分布规律的研究是人们使用计算机对列车运行干扰的源头以及作用机理进行实验模拟仿真的基础。

有关列车运行干扰分布规律的研究，胡思继教授结合长期的研究和对既有铁路实际工作的观测，运用统计方法归纳出：列车运行干扰是一个泊松过程，出现的频率可以用泊松分布函数来描述，而干扰发生的时间分布则服从负指数分布 [125]。荷兰代尔伏特理工大学的 J. Yuan 博士对荷兰铁路海牙 (Hague HS) 车站的列车到发统计分析也得到了列车运行干扰发生时间服从负指数分布 (negative exponential distribution) 的相同结论 [59]。

泊松流一般用来表述一个随机质点流的状态变化过程。我们将列车看作是到达的目标，并把列车运行过程中受到的随机干扰看作是一个接一个随机地到达目标的一连串质点，那么可以概括出列车运行干扰的以下几个概率特征：

(a) 在观察的时间范围 $[0, t]$ 内的不同的不相交的时间子区间内产生的列车运行干扰的数量 (到达目标的质点数量) 是相互独立的；

(b) 对于充分小的时间 Δt 并且 $\Delta t > 0$，在时间间隔 $[t, t + \Delta t]$ 内产生列车运行干扰的概率与时间起点 t 没有关系，而仅仅与 Δt 的长度成正比；

(c) 对于充分小的时间 Δt 并且 $\Delta t > 0$，在时间间隔 $[t, t + \Delta t]$ 内发生一次及以上的列车运行干扰的概率趋近于 0。

经过分析发现，列车运行干扰所拥有的以上三个概率特征与泊松过程质点流的平稳性、独立性以及普遍性等特征是基本一致的。因此，我们可以得出结论：干扰对列车运行的影响是一个泊松过程。设 λ 为列车在运行过程中单位时间内受到随机因素干扰的次数，称为列车运行干扰率，对应泊松流的到达率。记 $T_i(i = 1, 2, 3, \cdots)$ 为第 i 次列车运行干扰与上一次列车干扰的发生时间间隔，则 T_i 服从列车运行干扰强度 λ 的负指数分布，这是泊松流的基本性质。

由以上的结论我们知道，高速铁路列车在运行过程中受到的干扰可以用泊松分布来描述，高速铁路列车受到干扰的时间间隔服从负指数分布。根据负指数分布的概率分布公式，列车运行干扰时间间隔的概率密度函数为

$$p(x) = \lambda e^{-\lambda x}, \quad x > 0, \lambda > 0 \tag{5-1}$$

分布函数为

$$F(x) = \int_0^x p(t)\mathrm{d}t = \int_0^x \lambda e^{-\lambda t} \, \mathrm{d}t = -e^{-\lambda t} \mid_0^x = 1 - e^{\lambda x} \tag{5-2}$$

由概率论的相关理论，列车运行干扰发生平均间隔时间 $E(T_i)$ 为

$$E(T_i) = \int_0^\infty x\mathrm{d}F(x) = \frac{1}{\lambda} \tag{5-3}$$

则可以得出如下结论。

(a) 列车运行干扰发生的平均时间间隔是干扰率的倒数。

(b) 列车运行干扰发生平均间隔的意义是列车运行在单位时间内受到的干扰次数的倒数。

(c) 列车运行过程中干扰产生的时间和地点都是不固定、不连续的,它们都属于离散分布。例如:在高速铁路上的任何区间或者车站,列车在运行过程中由于种种原因产生的干扰,干扰产生的地点和时间既不是连续的又不是有规律的,干扰的来源也有很大的不确定性。因此,我们知道列车运行干扰的产生具有离散性和随机性,列车运行干扰是一种离散随机事件。

将产生干扰的时间点称为干扰时点,将产生干扰的地点称为干扰地点,列车运行干扰时点和干扰地点都是不连续的,分布在离散的时间点和地点,如:若干个区间、区间的某段线路内、若干个车站、车站内的某些设备在运行全程时间内的某个时间点或时间段由于天气、设备或人为等原因对列车运行产生干扰。干扰产生的地点和产生的时间不固定,具有时间波动性和偶然性,干扰的来源具有不确定性。

定义 (干扰情景)   在一定的干扰原因下产生的干扰事件称为列车运行干扰情景,简称干扰情景,记为 K。它是各种类型干扰事件的集合。

干扰情景因干扰源的不同可取有限个数值,是一个离散型随机变量。在每个干扰情景下的每一次干扰,对列车运行产生的影响体现为干扰延误时间的大小,表示列车在受到干扰后实际区间运行 (车站停车) 时分与图定区间运行 (车站停车) 时分的差值。将第 k 类列车干扰情景下的干扰延误时间记为 $T(k)$。

在高速铁路实际运营中,虽然单列车全程所受的干扰具有波动性,不可能准确确定每类干扰情景的干扰延误时间,但是同一运行径路上大量列车在运行过程中的干扰情景及干扰延误时间却是具有一定规律的,干扰发生的地点、时间、干扰类型、干扰持续时间等会呈现波动中的稳定性。只要运行的条件不改变,则列车运行干扰的规律性就不会改变,可以计算得到各类列车运行干扰情景下干扰延误时间的数学期望。因此,第 k 类列车干扰情景下的干扰延误时间 $T(k)$ 为一数学期望值。

对于每一个区间和车站,其列车运行干扰产生的情景及概率是随机和离散的,因此列车在其运行径路上各站及区间所受干扰的分布可表示为

$$K \sim \begin{pmatrix} k_1 & k_2 & \cdots & k_m & \cdots \\ p_1 & p_2 & \cdots & p_m & \cdots \end{pmatrix} \tag{5-4}$$

干扰情景 k 下列车运行干扰延误时间的分布律为

$$P_k(x = t_i) = p_i(k \in K, i = 1, 2, \cdots) \tag{5-5}$$

式中,t_i 为每次统计的在干扰情景 k 下列车运行干扰造成的延误时间。

干扰情景 k 下列车运行干扰延误时间的均值为

$$T(k) = E_k(t) = \sum_{i=1}^{\infty} t_i p_i \tag{5-6}$$

对于列车运行的全过程而言，在一条运行径路上，列车需经过 n 个车站和 $n-1$ 个区间，而在这些车站和区间上，列车均可能受到列车运行干扰的影响。分别记列车 i 运行径路上的车站序列为 S^i，记列车 i 运行径路上的区间序列为 Q^i，则有

$$S^i = (s_1^i, s_2^i, \cdots, s_j^i, \cdots, s_n^i) \tag{5-7}$$

$$Q^i = (q_1^i, q_2^i, \cdots, q_j^i, \cdots, q_{n-1}^i) \tag{5-8}$$

高速铁路的列车运行干扰情景可用表 5-1 的形式表示。

表 5-1 列车运行干扰情景

干扰地点	列车等级	干扰类型 k	干扰延误时间
s_j	$l(l \in \{1,2\}$, 1 表示 A 类列车, 2 表示 B 类列车)	$k \in K$	$T_{s_j}(k)$
q_j	$l(l \in \{1,2\}$, 1 表示 A 类列车, 2 表示 B 类列车)	$k \in K$	$T_{q_j}(k)$

将列车到达终到站或区段终点站认定为列车运行过程结束，故不考虑列车在车站 n 受到的干扰。因此，列车 i 在各种干扰情景 k 下列车运行干扰晚点总时间为其所经过各区间及车站所受干扰晚点时间的累加和，记为

$$T_i(K) = \sum_{k \in K} \sum_{j=1}^{n-1} (\delta T_{s_j}^i(k) + \beta T_{q_j}^i(k)) \tag{5-9}$$

式中，k 为第 k 种列车干扰情景；K 为列车运行干扰情景集；$T_{s_j}^i(k)$ 为列车 i 在车站 s_j 受到干扰情景 k 的影响时间；$T_{q_j}^i(k)$ 为列车 i 在区间 q_j 受到干扰情景 k 的影响时间；δ 为二值决策变量，取值为 1 或 0，取 1 时表示列车在车站受到干扰情景 k 的影响，取 0 时表示不受影响；β 为二值决策变量，取值为 1 或 0，取 1 时表示列车在区间受到干扰情景 k 的影响，取 0 时表示不受影响。

5.1.2 列车运行晚点的累积特性分析

列车晚点可以纵向和横向传播，且具有累积效应。所谓累积效应是指列车在运行过程中由于受到随机干扰的影响，而产生延误，且随着受到干扰的增加，列车的运行时间延误也将增加从而导致列车的增晚。

列车晚点的纵向传播 某列车 i 在受到干扰后产生 $d_i(d_i > 0)$ 的晚点，使该列车在后续车站及区间均不能 "按图行车"，且具有 $d_i'(d_i' > 0)$ 的晚点，这种情况称为列车晚点的纵向传播。

列车 i 在其运行径路上各站受到的第 k 类列车运行干扰频数记为 $\lambda^i_{s_j}(k)$，其中 $j=1, 2, \cdots, n-1$；在其运行径路上各区间受到的第 k 类列车运行干扰频数记为 $\lambda^i_{q_j}(k)$，其中 $j=1, 2, \cdots, n-1$。

列车 i 在其运行径路上受到的列车运行干扰频数 λ^i 等于其在各站和各区间受到各类干扰频数的总和，因此有

$$\lambda^i = \sum_{k\in K}\sum_{j=1}^{n-1}\lambda^i_{s_j}(k) + \sum_{k\in K}\sum_{j=1}^{n-1}\lambda^i_{q_j}(k) = \sum_{k\in K}\sum_{j=1}^{n-1}(\lambda^i_{s_j}(k) + \lambda^i_{q_j}(k)) \tag{5-10}$$

式中，$\sum_{k\in K}\sum_{j=1}^{n-1}\lambda^i_{s_j}(k)$ 为列车 i 在其运行径路上各站受到全部干扰频数的总和；

$\sum_{k\in K}\sum_{j=1}^{n-1}\lambda^i_{q_j}(k)$ 为列车 i 在其运行径路上各区间受到全部干扰频数的总和。

在考虑列车运行干扰发生概率的统计规律后，列车受到干扰后的晚点时间值可通过各类干扰情景下干扰发生的概率与各干扰情景下车站、区间干扰延误时间乘积的累加和来求得。其数学表达式为

$$T^i_d(j) = \sum_{k\in K}P_i(k)\times T^j_i(K) = \sum_{k\in K}\sum_{1}^{j-1}P_i(k)\times(\delta T^i_{s_j}(k) + \beta T^i_{q_j}(k)) \tag{5-11}$$

式中，$T^i_d(j)$ 为列车 i 运行至车站 s_j 时的总晚点时间；$P_i(k)$ 为列车 i 在运行径路上受到第 k 类列车干扰情景的概率，其值等于列车 i 在其运行径路上受到的第 k 类列车运行干扰频数占列车 i 在其运行径路上受到的所有列车运行干扰频数的比值，即有

$$P_i(k) = \frac{\sum\limits_{j=1}^{n-1}\lambda^i_{s_j}(k) + \sum\limits_{j=1}^{n-1}\lambda^i_{q_j}(k)}{\lambda^i} = \frac{\sum\limits_{j=1}^{n-1}(\lambda^i_{s_j}(k) + \lambda^i_{q_j}(k))}{\sum\limits_{k\in K}\sum\limits_{j=1}^{n-1}(\lambda^i_{s_j}(k) + \lambda^i_{q_j}(k))} \tag{5-12}$$

且有

$$\sum P_i(k) = 1 \tag{5-13}$$

此时 δ 和 β 两个二值决策变量均取值为 1。

对于单列车 i 而言，由于晚点的累积效应，其完成从起点站 s_1 到终点站 s_n 的运行后，其受到的总干扰频率为 λ^i，该列车受到的总干扰强度为 T^i_d，在此处表示晚点时间的数学期望值，在推导和预测列车的运行状态、终到干扰晚点以及辅助行车指挥决策方面具有重要的价值。

而对于由多列车组成的列车群，由于列车运行干扰的纵向传播，尤其是高密度运行的高速铁路，列车运行干扰在列车群间的累积效应更明显。

列车晚点的横向传播 由于某列车 i 在受到干扰并产生晚点 $d_i(d_i>0)$ 后，在对列车运行不进行任何人为干预的情况下，将使其后续列车产生 $d_j(d_j>0)$ 的晚点，这种由一列车的晚点传播给多列车的晚点称为列车晚点横向传播。

考察由 l 列车组成的具有相同运行径路的一个紧密追踪列车群 Ω，按照其运行顺序依次编号为 $1,2,\cdots,l$，则列车群最后一列车 l 将受到其前行列车 $1,2,\cdots,l-1$ 列车晚点横向传播的影响，其全程所受到的干扰强度 λ^Ω 等于其自身所受干扰与所有前行列车所受干扰的总和。其数学表达式为

$$\lambda^\Omega = \lambda^l + \sum_{i=1}^{l-1}\lambda^i = \sum_{i=1}^{l}\lambda^i \tag{5-14}$$

式中，λ^l 为列车 l 自身全程受到干扰的累积；$\sum_{i=1}^{l-1}\lambda^i$ 为列车 l 的所有前行列车所受干扰的累积。因此有

$$
\begin{aligned}
\lambda^\Omega &= \sum_{k\in K}\sum_{j=1}^{n-1}(\lambda_{s_j}^l(k)+\lambda_{q_j}^l(k))+\sum_{i=1}^{l-1}\sum_{k\in K}\sum_{j=1}^{n-1}\lambda_{s_j}^i(k)+\sum_{i=1}^{l-1}\sum_{k\in K}\sum_{j=1}^{n-1}\lambda_{q_j}^l(k)\\
&= \sum_{k\in K}\sum_{j=1}^{n-1}(\lambda_{s_j}^l(k)+\lambda_{q_j}^l(k))+\sum_{i=1}^{l-1}\sum_{k\in K}\sum_{j=1}^{n-1}(\lambda_{s_j}^i(k)+\lambda_{q_j}^i(k))\\
&= \sum_{i=1}^{l}\sum_{k\in K}\sum_{j=1}^{n-1}(\lambda_{s_j}^i(k)+\lambda_{q_j}^i(k))
\end{aligned}
\tag{5-15}
$$

列车 l 由于频数为 λ^Ω 的列车运行干扰引起的列车运行干扰晚点时间为前 $l-1$ 列车晚点时间的累加与列车 l 自身全程干扰时间的和，因此有

$$
\begin{aligned}
T_d^{l\in\Omega}(n) &= T_d^l(n) + \sum_{i=1}^{l-1}T_d^i(n)\\
&= \sum_{k\in K}\sum_{1}^{j-1}P_l(k)\times(T_{s_j}^i(k)+T_{q_j}^i(k))\\
&\quad + \sum_{i=1}^{l-1}\sum_{k\in K}\sum_{j=1}^{n-1}P_i(k)\times(T_{s_j}^i(k)+T_{q_j}^i(k))\\
&= \sum_{i=1}^{l}\sum_{k\in K}\sum_{j=1}^{n-1}P_i(k)\times(T_{s_j}^i(k)+T_{q_j}^i(k))
\end{aligned}
\tag{5-16}
$$

对于紧密追踪列车群 Ω 中列车 l，其在运行全过程中列车的到站、离站称为列车运行状态转换点，是区分列车停站作业和区间运行的标记点。列车自 $j-1$ 站出发后到达 j 站受到晚点的纵向积累及其前行列车晚点的横向传播。为了简单

起见，将列车运行干扰理想化为在列车运行状态转换的瞬时发生作用，体现为列车运行干扰延误时分。有 n 个车站、$n-1$ 个区间的区段，列车运行干扰条件下列车 l 晚点状态转移图可用图 5-1 表示。

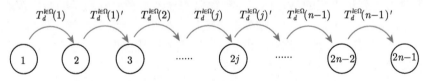

$$T_d^{l\in\Omega}(1) \quad T_d^{l\in\Omega}(1)' \quad T_d^{l\in\Omega}(2) \quad T_d^{l\in\Omega}(j) \quad T_d^{l\in\Omega}(j)' \quad T_d^{l\in\Omega}(n-1) \quad T_d^{l\in\Omega}(n-1)'$$

①　②　③　······　②j　······　2n-2　2n-1

图 5-1　列车群中列车运行偏离运行计划的状态转移图

图 5-1 中，〇 为状态符号，表示到达车站和离开车站，图中共有 $2n$ 个状态；箭头为从一个状态到另一个状态的转移；箭头上的数值为前一状态到后一状态列车运行偏离运行计划的时分，且有

$$T_d^{l\in\Omega}(1) = \sum_{i=1}^{l} \sum_{k\in K} P_i(k) \times T_{s_1}^i(k)$$

$$T_d^{l\in\Omega}(1)' = T_d^{l\in\Omega}(1) + \sum_{i=1}^{l} \sum_{k\in K} P_i(k) \times T_{q_1}^i(k)$$

$$\cdots\cdots$$

$$T_d^{l\in\Omega}(j)' = T_d^{l\in\Omega}(j) + \sum_{i=1}^{l} \sum_{k\in K} P_i(k) \times T_{q_j}^i(k)$$

$$\cdots\cdots$$

$$T_d^{l\in\Omega}(n-1)' = T_d^{l\in\Omega}(n-1) + \sum_{i=1}^{l} \sum_{k\in K} P_i(k) \times T_{q_{n-1}}^i(k)$$

可以得到列车运行偏离运行计划状态的转移矩阵：

$$\Lambda = \begin{array}{c} \\ \\ \end{array} \begin{matrix} 1 & 2 & 3 & \cdots & 2j & \cdots & 2n-2 \\ \begin{bmatrix} T_d^{l\in\Omega}(1) & & & & & & \\ & T_d^{l\in\Omega}(1)' & & & & & \\ & & T_d^{l\in\Omega}(2) & & & & \\ & & & \cdots & & & \\ & & & & T_d^{l\in\Omega}(j)' & & \\ & & & & & \cdots & \\ & & & & & & T_d^{l\in\Omega}(n-1)' \end{bmatrix} & \begin{matrix} 2 \\ 3 \\ 4 \\ \vdots \\ 2j+1 \\ \vdots \\ 2n-1 \end{matrix} \end{matrix}$$

$$(5\text{-}17)$$

5.2 高速列车运行图冗余时间—晚点恢复作用过程

5.2.1 冗余时间基本概念

在实际铺画列车运行图时，在通过能力允许的情况下，图定列车运行间隔时间要大于最小列车间隔时间。列车运行图缓冲时间被定义为运行图中实际预定的列车运行间隔与最小列车间隔之差或实际运行时分与最小运行时分之差，简称缓冲时间。运行图缓冲时间多以区间撒点时间和车站撒点时间的形式出现。

所谓区间撒点时间是指区间图定运行时分与通过列车牵引计算所得到区间最小运行时分的差 (图 5-2)，车站撒点时间是指列车在站图定停站时分与规定的最小列车停站时分的差 (图 5-3)[23,126]。

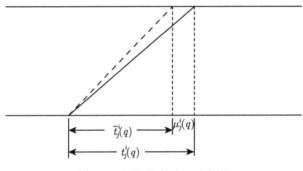

图 5-2 区间撒点时间示意图

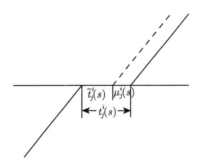

图 5-3 车站撒点时间示意图

图中，实线为图定运行线，虚线为由列车牵引计算确定的运行线。$\mu_j^i(q)$ 为第 i 列车在第 j 区间运行的撒点时间，$\min$；$t_j^i(q)$ 为第 i 列车在第 j 区间运行的图定运行时分，$\min$；$\tilde{t}_j^i(q)$ 为第 i 列车在第 j 区间运行的最小运行时分，$\min$；$\mu_j^i(s)$ 为第 i 列车在第 j 站的撒点时间，$\min$；$t_j^i(s)$ 为第 i 列车在第 j 站的图定停站时分，$\min$；$\tilde{t}_j^i(s)$ 为第 i 列车在第 j 站的最小列车停站时分，$\min$。

因此有

$$\mu_j^i(q) = t_j^i(q) - \tilde{t}_j^i(q) \tag{5-18}$$

$$\mu_j^i(s) = t_j^i(s) - \tilde{t}_j^i(s) \tag{5-19}$$

为了使列车运行图有足够的应变能力，保障高速列车的正点率，当列车运行紊乱时能尽快恢复正常运行秩序，使运行图具有较强的弹性，常要在列车运行线间预留一定的 "富余" 时间，称为列车运行线间冗余时间 (图 5-4)。

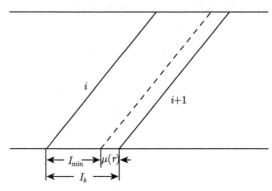

图 5-4　列车运行线间冗余时间示意图

图中 I_b 为运行图图定列车追踪间隔时分，$I_{\min}$ 为最小追踪间隔时分，$\mu(r)$ 为列车运行线间冗余时间，且有

$$\mu(r) = I_b - I_{\min} \tag{5-20}$$

同时，由于运行线布局对时间的分割，可能导致某些时间无法被利用，称为运行线间的空费时间。

将高速铁路列车运行线间冗余时间、运行图缓冲时间以及运行线间的空费时间统称为高速铁路列车运行图冗余时间 (简称冗余时间)。

在冗余时间中，空费时间一般均为小时间值且较为分散，对改善运行图质量的作用不明显，而仅有列车运行线间冗余时间和缓冲时间对于改善运行图质量作用明显。因此，本书在研究中仅考虑列车运行线间冗余时间和缓冲时间。

5.2.2　冗余时间的分布规律

在运行图的铺画过程中，一般均会在列车运行径路上的车站和区间预留一定的冗余时间。因此，列车运行径路上的冗余时间分布可用冗余时间车站分布序列和区间分布序列分别表示为

$$\mu(S) = (\mu(s_1), \mu(s_2), \cdots, \mu(s_j), \cdots, \mu(s_{n-1})) \tag{5-21}$$

$$\mu(Q) = (\mu(q_1), \mu(q_2), \cdots, \mu(q_j), \cdots, \mu(q_{n-1})) \tag{5-22}$$

式中，$\mu(s_j)$ 为车站冗余时间；$\mu(q_j)$ 为区间冗余时间，线间冗余时间纳入车站冗余时间处理。

列车 i 在其运行径路上全程车站冗余时间记为 $\mu^i(S)$，区间冗余时间记为 $\mu^i(Q)$，总冗余时间记为 μ^i：

$$\mu^i(S) = \sum_{j=1}^{n-1} \mu^i(s_j) \tag{5-23}$$

$$\mu^i(Q) = \sum_{j=1}^{n-1} \mu^i(q_j) \tag{5-24}$$

$$\mu^i = \sum_{j=1}^{n-1} (\mu^i(s_j) + \mu^i(q_j)) \tag{5-25}$$

列车群 Ω 在车站 s_j 的全部最大可利用冗余时间 $\mu^\Omega(s_j)$ 等于列车群中各列车在该站所具有的最大冗余时间的累加和：

$$\mu^\Omega(s_j) = \sum_{i \in \Omega} \mu^i(s_j) \tag{5-26}$$

列车群 Ω 在区间 q_j 的全部最大可利用冗余时间 $\mu^\Omega(q_j)$ 等于列车群中各列车在该区间所具有的最大冗余时间的累加和：

$$\mu^\Omega(q_j) = \sum_{i \in \Omega} \mu^i(q_j) \tag{5-27}$$

冗余时间具有固定性和不完全累加性，固定性表现在一旦设定了区间和车站的冗余时间分布方案，即 $\mu(s)$ 和 $\mu(q)$ 序列给定之后，在实施过程中不能改变；不完全累加性是指冗余时间仅限于在给定的车站和区间利用，表现为仅当列车受到干扰偏离运行计划并需要进行列车运行调整时才利用冗余时间，在当前区间和车站实施列车运行调整时，之前区间和车站的冗余时间不能储存至当前区间和车站，不对列车运行调整产生作用，当前区间和车站未被完全利用的冗余时间也不能累加进列车运行前方车站和区间。

与列车运行干扰类似，列车 l 冗余时间可用一个状态转移图来表示冗余时间对列车运行偏离运行计划的恢复过程，如图 5-5 所示。为了方便起见，将列车运行冗余时间的缓冲作用理想化为在列车运行状态转换的瞬时发生作用。由于列车群 Ω 中各列车利用其冗余时间是相互独立的，列车是否利用区间和车站的冗余时间及利用的多少仅取决于其自身的晚点延误情况，则列车群 Ω 中所有列车的偏离运行计划恢复状态转移图形式都是一致的，只是冗余时间的利用值存在差异。

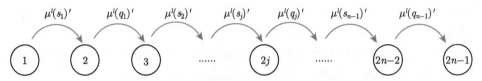

图 5-5   列车偏离运行计划恢复状态转移图

图中 $\mu^l(q_j)'$ 和 $\mu^l(s_j)'$ 分别为干扰延误列车 l 在区间 q_j 和车站 s_j 的实际利用冗余时间，且有 $\mu^l(q_j)' \leqslant \mu^l(q_j)$ 和 $\mu^l(s_j)' \leqslant \mu^l(s_j)$。

同样，可以得到列车偏离运行计划恢复状态矩阵：

$$\Gamma = \begin{matrix} & \begin{matrix} 1 \quad\quad 2 \quad\quad 3 \quad\quad \cdots \quad\quad 2j \quad\quad \cdots \quad\quad 2n-2 \end{matrix} \\ \begin{bmatrix} \mu^l(s_1)' & & & & & \\ & \mu^l(q_1)' & & & & \\ & & \mu^l(s_2)' & & & \\ & & & \ddots & & \\ & & & & \mu^l(q_j)' & \\ & & & & & \ddots \\ & & & & & & \mu^l(q_{n-1})' \end{bmatrix} & \begin{matrix} 2 \\ 3 \\ 4 \\ \vdots \\ 2j+1 \\ \vdots \\ 2n-1 \end{matrix} \end{matrix}$$

$$(5\text{-}28)$$

5.2.3   冗余时间作用下的晚点恢复过程

考虑到列车运行过程中若产生运行干扰晚点，调度员便会立即运用区间及车站的冗余时间进行调整，列车在各状态转换点的列车运行偏离计划值等于列车运行干扰晚点时间与其冗余时间利用的差值，若列车运行干扰晚点时间大于可利用的冗余时间之和，则列车晚点要纵向传播和横向传播积累。下面具体讨论列车在运行干扰和冗余时间共同作用下的晚点传播过程。

考虑冗余时间的作用后，列车群 Ω 中列车 l 的偏离运行计划状态转移矩阵变为

$$\Lambda' = \begin{matrix} & \begin{matrix} 1 \quad\quad 2 \quad\quad 3 \quad\quad \cdots \quad\quad 2j \quad\quad \cdots \quad\quad 2n-2 \end{matrix} \\ \begin{bmatrix} \Delta T_d^{l\in\Omega}(1) & & & & & \\ & \Delta T_d^{l\in\Omega}(1)' & & & & \\ & & \Delta T_d^{l\in\Omega}(2) & & & \\ & & & \ddots & & \\ & & & & \Delta T_d^{l\in\Omega}(j)' & \\ & & & & & \ddots \\ & & & & & & \Delta T_d^{l\in\Omega}(n-1)' \end{bmatrix} & \begin{matrix} 2 \\ 3 \\ 4 \\ \vdots \\ 2j+1 \\ \vdots \\ 2n-1 \end{matrix} \end{matrix}$$

$$(5\text{-}29)$$

$$\Delta T_d^{l\in\Omega}(1) = T_d^{l\in\Omega}(1) - \sum_{i=1}^{l} \mu^i(s_1)'$$

$$\Delta T_d^{l\in\Omega}(1)' = T_d^{l\in\Omega}(1)' - \sum_{i=1}^{l} \mu^i(q_1)'$$

$$\cdots\cdots$$

$$\Delta T_d^{l\in\Omega}(j)' = T_d^{l\in\Omega}(j)' - \sum_{i=1}^{l} \mu^i(q_j)'$$

$$\cdots\cdots$$

$$\Delta T_d^{l\in\Omega}(n-1)' = T_d^{l\in\Omega}(n-1)' - \sum_{i=1}^{l} \mu^i(q_{n-1})'$$

将列车完成全程运行后到达区段终点的最终列车运行干扰晚点时间记为 $\Delta T_d^{l\in\Omega}(j)$，它是一列车在列车运行干扰纵向、横向传播以及冗余时间共同作用后的最终晚点时间。

图 5-6 描述了在有 6 个车站的组织单向行车的双线线路上列车的晚点传播过程。前行列车 i 和其后行列车 $i+1$ 均从车站 s_0 始发，到达车站 s_5。在此情形下，列车 i 在车站 s_1 的初始晚点时间为 $D_{i,1}$，列车在下一段运行过程中应尽可能利用预留的冗余时间消化晚点。由于 $D_{i,1}$ 的纵向传播导致列车 i 到达车站 s_3 和 s_5 的晚点时间为 $d_{i,3}$、$d_{i,5}$，可分别用公式 (5-30)、(5-31) 计算得出。同时由于

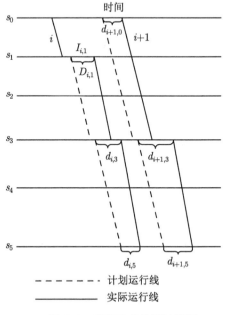

图 5-6 列车晚点传播过程图

$D_{i,1}$ 的横向传播，列车 $i+1$ 受前行列车 i 的干扰，在 s_0 发生连带晚点 $d_{i+1,0}$，可由公式 (5-32) 得到。$I_{i,1}$ 是列车 i 和列车 $i+1$ 在车站 s_1 的列车间隔时间，它包括了 2 相邻列车间规定的缓冲时间 b_i。

$$d_{i,3} = D_{i,1} - (r_{i,1} + r_{i,2}) \qquad\qquad (5\text{-}30)$$

$$0 \leqslant r_{i,1} \leqslant b_{i,1}, 0 \leqslant r_{i,2} \leqslant b_{i,2}$$

$$d_{i,5} = d_{i,3} - (r_{i,3} + r_{i,4}) \qquad\qquad (5\text{-}31)$$

$$0 \leqslant r_{i,3} \leqslant b_{i,3}, 0 \leqslant r_{i,4} \leqslant b_{i,4}$$

$$d_{i+1,0} = D_{i,1} - r_{i,1} \qquad\qquad (5\text{-}32)$$

式中：$b_{i,1}, b_{i,2}, b_{i,3}$ 和 $b_{i,4}$ 分别为列车 i 在区间 s_0—s_1，s_1—s_2，s_3—s_4 和 s_3—s_4 内的计划冗余时间；$r_{i,1}, r_{i,2}, r_{i,3}, r_{i,4}$ 为列车 i 在上述区间的实际利用冗余时间。

　　列车在随后的运行过程中可能会遇到其他的初始晚点或连带晚点情况。比如列车 $i+1$ 同时也受其他初始晚点 $D_{i+1,3}$ 的影响，则 $d_{i+1,3}$ 可用公式 (5-33) 得到

$$d_{i+1,3} = d_{i+1,0} - (r_{i+1,1} + r_{i+1,2} + r_{i+1,3}) + D_{i+1,3}$$

$$0 \leqslant r_{i+1,1} \leqslant b_{i+1,1}, \quad 0 \leqslant r_{i+1,2} \leqslant b_{i+1,2}, \quad 0 \leqslant r_{i+1,3} \leqslant b_{i+1,3} \qquad (5\text{-}33)$$

5.3　高速列车晚点传播分析方法

5.3.1　统计分析方法

　　统计分析方法是通过对高速列车运行实绩中列车晚点及恢复数据的变化进行统计和分析，得到高速铁路各站、各区间的增晚率、恢复率的关系以及车站及区间的晚点恢复能力。

　　本节将结合武广高铁的列车运行实绩进行高速列车晚点传播过程分析，主要包括各区间、各车站发生增晚、晚点恢复、晚点保持的规律性。

5.3.1.1　数据简介

　　本节使用武广高铁广州局管辖区域的列车运行实绩和图定列车运行图，所采用数据的时间跨度为 2015 年 2 月 23 日至 2015 年 12 月 20 日。如图 5-7 所示，由广州南 (GZS)、广州北 (GZN) 站、清远 (QY) 站、英德西 (YDW) 站、韶关 (SG) 站、乐昌东 (LCE)、郴州西 (CZW) 站、耒阳西 (LYW) 站、衡阳东 (HYE) 站、衡山西 (HSW)、株洲西 (ZZW) 站、长沙南 (CSS) 站、汨罗东 (MLE) 站、岳阳东 (YYE) 站、赤壁北 (CBN) 站等 15 个车站 (乐昌东站为越行站)，14 个运行区间，开行列车 29662 列。运行图繁忙时间为 6:00 至 21:00。使用运行数据包括

车次、日期、车站、实际到达时间、实际出发时间、图定到达时间和图定出发时间。通过对实绩列车运行数据和图定的列车运行数据对比，得出列车出发晚点时间、到达晚点时间、增加晚点时间 (增晚时间)、晚点恢复时间 (恢复时间)、晚点列车数和运行列车数等数据。通过统计晚点时间对应的频率，计算得出加权平均晚点时间、加权增加晚点时间、加权恢复晚点时间及晚点率、增加晚点率 (增晚率) 和晚点恢复率 (恢复率) 等指标。

图 5-7 武广高铁广州局辖区线路示意图

5.3.1.2 晚点及恢复统计分析

(1) 各站增晚时间和恢复时间加权平均值

对所有晚点列车在各站的晚点时间进行加权平均统计后，得到各站不同时段 (6:00~10:00，10:00~17:00，17:00~6:00) 列车增晚时间和晚点恢复时间加权平均的统计数据如表 5-2 和图 5-8 所示。

表 5-2　各站增晚时间和恢复加权平均时间　　　　　（单位：分钟）

车站	6:00~10:00		10:00~17:00		17:00~6:00		总	
	平均增晚时间	平均恢复时间	平均增晚时间	平均恢复时间	平均增晚时间	平均恢复时间	平均增晚时间	平均恢复时间
广州北	1.63	1.00	2.48	2.28	1.44	2.03	2.11	2.06
清远	2.07	1.00	2.66	3.35	1.77	1.02	2.81	1.85
英德西	2.59	1.00	3.42	1.32	2.92	1.01	3.20	1.21
韶关	1.29	1.52	1.76	1.50	1.47	1.18	1.60	1.42
郴州西	1.58	1.02	1.86	1.52	1.32	1.03	1.68	1.29
耒阳西	1.16	1.00	2.23	1.24	1.52	1.33	1.83	1.28
衡阳东	1.41	1.51	1.79	1.83	1.59	1.24	1.67	1.56
衡山西	3.00	1.00	2.13	1.77	2.20	2.73	2.23	2.18
株洲西	1.06	1.00	1.38	1.79	1.42	1.61	1.48	1.69
长沙南	3.95	1.28	3.39	1.77	3.62	2.03	3.52	1.88
汨罗东	0	0.00	1.96	1.59	1.96	1.60	1.96	1.59
岳阳东	1.09	1.00	1.30	1.15	1.85	1.03	1.53	1.11
赤壁北	0	0.00	1.17	1.11	1.14	1.67	1.16	1.32

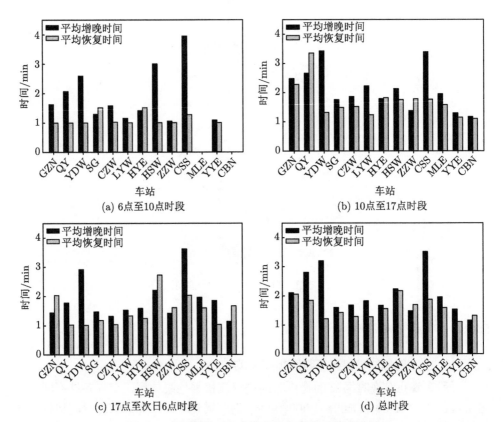

(a) 6点至10点时段　　　　　　　　　　(b) 10点至17点时段

(c) 17点至次日6点时段　　　　　　　　(d) 总时段

图 5-8　各站增晚时间和恢复加权平均时间对比图

由表 5-2 和图 5-8 可知，各车站加权平均增加晚点时间最大值为 3.95min，加权平均恢复时间最大值为 3.35 分钟。从总体上看，清远站、英德西站、长沙南站平均增晚时间多于平均恢复时间 1 至 2 分钟，其余车站两个指标值基本相同。从时段上看 6:00~10:00 时段平均增晚时间与平均恢复时间相差最大，平均增晚时间与其他时段基本相同，但平均恢复时间较小，最大值仅为 1.51 分钟。10 点至17 点区段平均增晚时间与平均恢复时间均较大，17 点至次日 6 点两个指标值大小次之。

因此，6 点至 10 点时段广州北站、清远站、英德西站、衡山西站和长沙南站，10 点至 17 点时段英德西站、长沙南站，17 点至次日 6 点时段英德西站和长沙南站应重点加强行车组织或进行运行图的调整，才能更有利于列车正点运行。

(2) 各站晚点传播特性

以各站不同时段列车增晚率 (增加晚点列车数占比) 和恢复率 (晚点时间减少列车占比) 来表征各站晚点传播的特性 (表 5-3)。

表 5-3 各站增晚率和恢复率 (单位：%)

车站	6:00~10:00		10:00~17:00		17:00~6:00		总	
	增晚率	恢复率	增晚率	恢复率	增晚率	恢复率	增晚率	恢复率
广州北	18.82	55.81	22.16	42.70	27.25	31.63	22.92	41.46
清远	4.20	67.71	13.29	59.25	7.59	38.13	9.75	51.53
英德西	12.91	49.75	14.12	45.92	15.30	33.62	14.27	43.50
韶关	24.25	61.04	20.44	49.02	19.17	36.78	20.78	47.17
郴州西	18.89	46.65	18.05	41.29	12.38	36.69	16.14	39.84
耒阳西	17.24	29.30	14.72	38.07	9.31	51.96	12.96	43.93
衡阳东	38.95	34.51	35.53	29.56	28.19	25.11	33.18	27.89
衡山西	19.40	24.69	15.06	44.86	15.04	59.21	15.33	49.35
株洲西	22.74	20.49	23.26	33.51	23.64	26.45	23.36	29.86
长沙南	96.83	64.29	75.96	58.18	78.57	69.39	78.35	62.49
汨罗东	0	0.00	8.64	65.84	5.86	78.21	7.22	69.44
岳阳东	31.40	75.00	7.76	75.59	8.94	76.91	8.72	76.05
赤壁北	0	0.00	40.69	16.24	47.50	12.90	43.42	14.76

由表 5-3 可知，除衡阳东站、长沙南站和赤壁北站外，其余车站晚点恢复率均大于增晚率。从总体上看各站晚点恢复率大于增晚率。增晚率最大的车站为长沙南站。增晚率除 6:00~10:00 时段位于长山南站的峰值较大外，各时段增晚率变化情况相同。各车站增晚率和恢复率相差较大。其中衡阳东站、长沙南站和赤壁北站应重点加强行车组织或采取增加停站时间等措施。

(3) 各区间增晚时间和恢复时间加权平均值

列车各运行区段不同时段列车加权平均增加晚点时间和加权平均晚点恢复时间数统计数据如表 5-4 和图 5-9 所示。

表 5-4　加权平均区间运行增晚时间和恢复时间　　　　　（单位：分钟）

区间	6:00~10:00		10:00~17:00		17:00~6:00		总	
	平均增晚时间	平均恢复时间	平均增晚时间	平均恢复时间	平均增晚时间	平均恢复时间	平均增晚时间	平均恢复时间
广州北—清远	1.68	2.00	1.70	0	1.65	1.57	1.68	1.50
清远—英德西	2.04	1.00	4.96	1.03	2.50	1.00	3.64	1.02
英德西—韶关	3.39	1.06	3.14	1.11	2.87	1.05	3.08	1.08
韶关—郴州西	1.21	1.47	1.28	1.13	1.28	1.13	1.25	1.12
郴州西—耒阳西	1.72	1.05	1.46	1.03	1.32	1.01	1.45	1.03
耒阳西—衡阳东	1.84	1.42	2.02	1.13	1.98	1.13	1.99	1.16
衡阳东—衡山西	1.16	0	1.33	1.00	1.24	1.00	1.27	1.00
衡山西—株洲西	1.66	1.00	1.85	1.20	1.64	1.01	1.77	1.10
株洲西—长沙南	2.49	4.84	2.06	4.27	2.64	5.12	2.53	4.70
长沙南—汨罗东	1.15	0	1.35	1.28	1.19	1.11	1.29	1.17
汨罗东—岳阳东	1.20	1.04	1.44	1.31	1.47	1.15	1.46	1.27
岳阳东—赤壁北	1.08	2.00	1.23	2.11	1.26	2.47	1.24	2.22

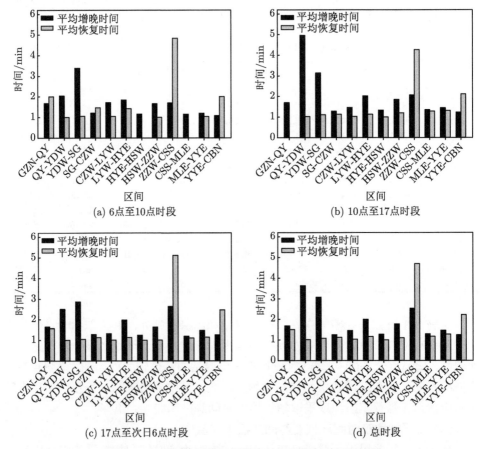

图 5-9　加权平均区间运行增晚时间和恢复时间对比图

由表 5-4 和图 5-9 可知，各区段运行列车加权平均增加晚点时间最大值为
4.96 分钟，加权平均恢复时间最大值为 5.12 分钟。从总体上看，除清远—英德
西、英德西—韶关和株洲西—长沙南区段平均增晚时间与平均恢复时间相差较大
外，其余区段两指标值大小相近，且均小于 3 分钟。从时段上看 10:00~17:00 时
段清远—英德西区段平均增晚时间最大，因此应加强行车组织，或调整此区段运
行线冗余时间，提高运行图调整能力，减少增加晚点情况的发生。

(4) 各区间晚点传播特性

各区间不同时段列车增晚率和恢复率的数统计数据如表 5-5 所示。

表 5-5   区间运行增晚率和恢复率   (单位：%)

区间	6:00~10:00		10:00~17:00		17:00~6:00		总	
	增晚率	恢复率	增晚率	恢复率	增晚率	恢复率	增晚率	恢复率
广州北—清远	46.51	0.13	53.53	0	51.57	0.28	51.28	0.10
清远—英德西	1.24	72.14	2.64	69.78	4.83	45.87	2.83	64.22
英德西—韶关	2.49	75.02	3.87	65.90	4.40	63.23	3.70	66.92
韶关—郴州西	45.85	9.84	60.01	12.79	65.21	16.96	58.66	13.76
郴州西—耒阳西	12.10	19.53	15.66	14.13	16.12	13.05	15.22	14.31
耒阳西—衡阳东	5.95	64.09	6.83	62.34	4.56	54.24	5.94	59.24
衡阳东—衡山西	69.94	0.00	63.68	3.08	64.65	0.41	64.77	1.73
衡山西—株洲东	6.24	53.22	15.43	43.44	12.71	42.65	13.43	43.85
株洲西—长沙南	2.11	98.85	4.95	95.72	2.85	97.48	3.88	96.72
长沙南—汨罗东	50.98	0	58.94	2.11	42.23	6.73	52.84	3.74
汨罗东—岳阳东	0.72	90.00	8.51	49.02	14.93	37.17	10.62	46.02
岳阳东—赤壁北	79.83	100.00	46.92	71.39	56.34	50.00	51.08	63.35

由表 5-5 可知，从总体上看，各区段区间运行增晚率和恢复率值相差较大，增
晚率的最大值为 79.83%，最小值为 0.72%，恢复率的最大值为 100%，最小值仅
为 0%。除郴州西—耒阳西区段和岳阳东—赤壁北区段区间运行增晚率与恢复
率相近外，其余区间增晚率和恢复率相差很大。区间运行增晚率较大的区段是广州
北—清远、韶关—郴州西、衡阳东—衡山西和长沙南—汨罗东区段；其余区段的
区间运行恢复率较大。从时段上看，各时段区间运行增晚率大致相同，区间运行晚
点恢复率不同。6:00~10:00 时段区间运行恢复率最大、10:00~17:00 次之，17:00~
次日 6:00 此指标值最小。

5.3.1.3 高速铁路冗余时间利用规律分析

(1) 概述

在计划运行图中，预留给列车调整计划运行线的冗余时间是固定的，但在实
际生产过程中，列车遇到的干扰随机分布，因此冗余时间的利用情况也随之变化。
并且，列车对冗余时间的利用是体现在其停站过程和区间运行过程中的，冗余时
间的利用规律直接影响晚点的恢复效果。因此以下以广州局武广高铁的实际数据

为例分车站和区间两部分分别分析冗余时间的利用规律。通过统计冗余时间利用率对比各车站或区间的冗余时间利用程度。

图 5-10 是列车计划运行线与实际运行线，运行过程中出现随机干扰导致列车运行线波动。

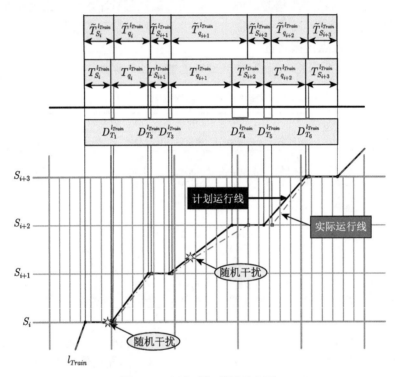

图 5-10 冗余时间利用示意图

图中：$T_{S_i}^{l_{Train}}, T_{S_{i+1}}^{l_{Train}}, T_{S_{i+2}}^{l_{Train}}, T_{S_{i+3}}^{l_{Train}}$ 和 $\tilde{T}_{S_i}^{l_{Train}}, \tilde{T}_{S_{i+1}}^{l_{Train}}, \tilde{T}_{S_{i+2}}^{l_{Train}}, \tilde{T}_{S_{i+3}}^{l_{Train}}$ 分别表示计划运行图中列车 l_{Train} 在车站 $S_i, S_{i+1}, S_{i+2}, S_{i+3}$ 的图定停站时间和实际停站时间；$T_{q_i}^{l_{Train}}, T_{q_{i+1}}^{l_{Train}}, T_{q_{i+2}}^{l_{Train}}$ 和 $\tilde{T}_{q_i}^{l_{Train}}, \tilde{T}_{q_{i+1}}^{l_{Train}}, \tilde{T}_{q_{i+2}}^{l_{Train}}$ 分别表示计划运行途中列车 l_{Train} 在区间 q_i, q_{i+1}, q_{i+2} 的图定区间运行时间和实际运行时间；$D_{T_1}^{l_{Train}}$, $D_{T_2}^{l_{Train}}, D_{T_3}^{l_{Train}}, D_{T_4}^{l_{Train}}, D_{T_5}^{l_{Train}}, D_{T_6}^{l_{Train}}$ 表示列车 l_{Train} 在各车站的晚点时间。

图中描述了在车站 S_i 至车站 S_{i+3} 的运行过程中，列车 l_{Train} 的状态由正点变为晚点再恢复至正点，具体如下：

起先，列车 l_{Train} 正点到达 S_i 车站，在车站技术作业过程中，由于干扰导致列车出发晚点，此时晚点时间为 $D_{T_1}^{l_{Train}}$；从 S_i 站出发后，列车 l_{Train} 以图定运行速度经过区间 q_i 到达车站 S_{i+1}，并进行车站的相关技术作业，至列车从车站 S_{i+1} 出发其晚点时间为 $D_{T_3}^{l_{Train}}$，此时 $D_{T_1}^{l_{Train}} = D_{T_2}^{l_{Train}} = D_{T_3}^{l_{Train}}$；列车运行至

区间 q_{i+1}，由于发生随机干扰而降低运行速度，在到达车站 S_{i+2} 时，列车晚点时间达到 $D_{T_4}^{l_{Train}}$，此时 $D_{T_4}^{l_{Train}} > D_{T_3}^{l_{Train}} = D_{T_2}^{l_{Train}} = D_{T_1}^{l_{Train}}$；接着列车 l_{Train} 在车站 S_{i+2}，在进行技术作业，停站期间利用部分冗余时间，使得列车出发时的晚点时间达到 $D_{T_5}^{l_{Train}}$，且 $D_{T_5}^{l_{Train}} < D_{T_4}^{l_{Train}}$；然后列车 l_{Train} 自车站 S_{i+2} 发出，进入区间 q_{i+2} 的运行，并在运行过程中又通过利用冗余时间进行晚点恢复，当列车到达车站 S_{i+3} 时，晚点时间为 $D_{T_6}^{l_{Train}}$，且 $D_{T_6}^{l_{Train}} < D_{T_5}^{l_{Train}}$；最后，在车站 S_{i+3} 停站作业过程结束后，列车 l_{Train} 由晚点状态完全恢复至正点状态。

由以上分析可得，冗余时间的利用量：

$$[U_T]_i^l = R_{T_i}^l = D_{T_i}^l - D_{T_{i+1}}^l$$
$$\text{s.t.} \begin{cases} D_{T_i}^l > D_{T_{i+1}}^l \\ [U_T]_i^l \leqslant u_i^l \end{cases} \tag{5-34}$$

冗余时间利用率：

$$\phi_i^l = \frac{[U_T]_i^l}{u_i^l} \times 100\% = \frac{D_{T_i}^l - D_{T_{i+1}}^l}{u_i^l}$$
$$\text{s.t.} \begin{cases} D_{T_i}^l > D_{T_{i+1}}^l \\ [U_T]_i^l \leqslant u_i^l \end{cases} \tag{5-35}$$

图定车站停站时间和图定区间运行时间分别由最小标准作业时间和冗余时间组成。在发生列车晚点时，可通过利用编制运行图过程中设置的冗余时间达到恢复正点运行的目的。但在实际运行过程中，列车对冗余时间的利用受其固定性和不可累加性的约束，并且由于运行态势的复杂性，很多情况下列车并不能完全利用冗余时间，造成一定的空费。因此冗余时间的利用需要从数量和比例两方面进行研究比较，以探寻利用特征和规律。

(2) 车站冗余时间利用规律

在之前的分析中，英德西站停站列车未设置计划冗余时间，乐昌东站为通过车站，不存在停站列车，因此这两个车站不存在对冗余时间的利用。

列车在不同车站对冗余时间的利用在数量上各不相同，这不仅是因为不同车站计划冗余时间不同，也与列车之前所受干扰的严重程度相关，并且车站的设施设备可利用程度也随时变化。与此同时，不同车站计划冗余时间设置的值不同，因此统计冗余时间利用率对比各车站的冗余时间利用程度，此处车站冗余时间利用率计算方法如式 (5-35) 所示。

所有车站的冗余时间利用均值都在 5 分钟以内；长沙南站冗余时间利用列车数和利用量总和最大；耒阳西站冗余时间利用列车数和利用量总和最小，但利用率最大；广州北站冗余时间利用率最低；韶关站和郴州西站冗余时间利用值分布较广。将各车站计划冗余时间和冗余时间利用量进行对比，如图 5-11 所示。可以看到：郴州西站的平均计划冗余时间最长，衡山西站的平均冗余时间利用量最大；耒阳西站的平均计划冗余时间最短，赤壁北站的平均冗余时间利用量最小。

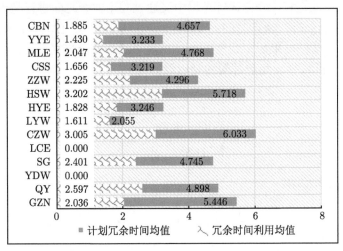

图 5-11　各车站计划冗余时间与冗余时间利用量对比图

统计可得：各车站计划冗余时间平均值约为 3.5min，其中，郴州西站平均计划冗余时间最长，约为 6min，耒阳西站平均计划冗余时间最短，约为 3min；各车站冗余时间平均利用率为 51.03%，其中，耒阳西站冗余时间利用率最高，78.37%；广州北站冗余时间利用率最低，37.39%。

(3) 区间冗余时间利用规律

通过对区间冗余时间利用的统计分析得到：除株洲西—长沙南以外，所有区间的冗余时间利用均值都在 2 分钟以内，株洲西—长沙南区间冗余时间利用均值最大，为 4.28 分钟，而且冗余时间利用列车数和利用总和最大；广州北—清远区间冗余时间利用列车数和利用总和最小。

由图 5-12 所示，武广线上运行大量广州南—长沙南区段的列车，因此株洲西—长沙南区间作为终到站的前一区间，其计划冗余时间和冗余时间利用量都较其他区间有明显的增大。

各区间计划冗余时间平均值为 1.67 分钟，其中，株洲西—长沙南区间计划冗余时间均值最长，为 5.14 分钟，衡阳东—衡山西区间计划冗余时间均值最短，为 1.23 分钟；区间平均冗余时间利用率为 61.94%，其中，衡阳东—衡山西区间冗余时间利用率最大，清远—英德西区间次之，均超过 85%；乐昌东—郴州西、郴州西—耒阳西和衡山西—株洲西三个区间的冗余时间利用率较低，不足 50%。部分列车运行区段为广州北—长沙南，株洲西—长沙南作为终到站的前一区间，需要设置足够的冗余时间以尽量满足终到正点。因此，统计结果显示株洲西—长沙南区间设置计划冗余时间的列车数最多，冗余时间总和最大，而且大部分车次的计划运行冗余时间集中在 4~8 分钟。

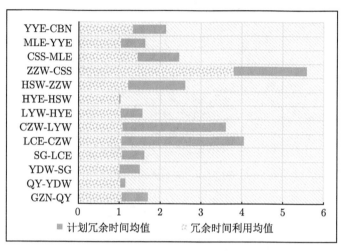

图 5-12　各区间计划冗余时间与冗余时间利用对比图

5.3.2　仿真实验分析

5.3.2.1　仿真系统及仿真方案

高速铁路调度仿真系统是用于仿真高速铁路列车在线路上运行过程的系统。仿真列车在运行过程中受到的外界因素的干扰，以及车站客流高峰或者到发线使用方案不协调的影响。高速铁路调度仿真系统可以模拟列车在实际运行中遇到的这些场景，最终得到列车仿真表现出来的晚点情况。

本仿真实验运用西南交通大学综合交通运输智能化国家地方联合工程实验室的"高速铁路综合调度指挥仿真实验平台"进行仿真实验。该平台以武广高铁为原型，具有高速铁路调度指挥多岗位、多环节、多工种综合模拟的功能，仿真系统界面如图 5-13 所示。

本仿真实验采用图 5-14 所示的实验方案，分别对系统随机扰动和故障条件(长时间干扰)情况下的列车晚点传播及冗余时间的利用进行仿真，通过设置不同的车站列车行车密度，实现不同行车间隔和冗余时间方案下的列车运行晚点仿真。

通过仿真分析不同干扰情况下的运行图执行效果，仿真区段是长沙南—赤壁北，其中包括了长沙南、汨罗东、岳阳东、赤壁北四个站及相应区间，长沙南是干扰设置站。

图 5-13　仿真系统界面

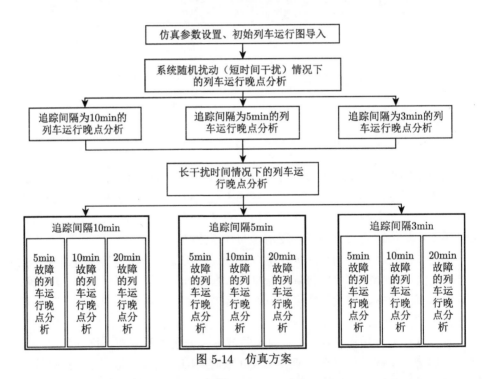

图 5-14　仿真方案

5.3.2.2　系统随机扰动情况下的高速铁路列车晚点传播仿真

为了研究不同列车密度在系统小干扰事件情况下的列车运行干扰产生情况及干扰引起的晚点传播，实验中编制了不同列车运行密度的运行图，本次实验分为

3 个方案，第 1 个方案列车追踪间隔时间约为 10min；第 2 个方案是在第 1 个方案的基础上加上一定量的列车运行线，列车追踪间隔时间约为 5min；第 3 个方案是在前 2 个方案的基础上完全加密，使得列车运行追踪间隔为 3min，列车发车间隔为 5min。每一个方案都分别进行 8 次仿真。

仿真结果：

(a) 仿真系统自身扰动模拟了小干扰事件的发生，导致的晚点列车数量和总晚点时间较少，晚点时间每次仿真为 1min 左右。

(b) 列车追踪间隔时间为 10min 的运行图的 8 次仿真结果中，由于运行图的冗余时间较多，列车基本完全按照计划线来运行，没有出现列车晚点现象。

(c) 列车追踪间隔时间为 5min 运行图的 8 次仿真结果中，有 5 次仿真没有出现晚点列车，有 3 次仿真中出现了少量的晚点列车。分析本次实验的 8 次仿真结果可以看出，对列车运行线进行适当的加密以后，运行图冗余时间减少，导致运行图发生随机干扰的概率增大。但是结果中列车的晚点全部都只是在一个车站或者一个区间晚点，且没有出现列车连带晚点的现象，说明列车运行图冗余时间起到了消减列车由于系统随机干扰产生的晚点的作用。

(d) 列车追踪间隔时间为 3min 运行图的 8 次仿真结果中，每一次的仿真结果中都有晚点列车出现。其中出现晚点列车最少的一次仿真结果中有两列车晚点，出现晚点列车最多的仿真结果中有 13 列车晚点。其中第 7 次仿真结果中出现了 13 次晚点现象，其中既有列车在连续的几个车站晚点，又有列车连带晚点现象。

5.3.2.3 长干扰时间情况下的高速铁路列车运行晚点传播仿真

本次实验是考虑长干扰时间后列车运行晚点的延误及其传播分析，实验分别对前面三种情况的不同运行图分别设置 5min，10min，20min 的干扰，在每一计划图的适当时间点选取 1 列车，在列车到达汨罗东车站前的区间分别给予 3 种不同强度的干扰，设置干扰后利用高速铁路调度指挥仿真系统仿真出设置干扰后的实际图，最后对比分析计划图与实际图，分析 3 种不同干扰强度对列车运行晚点传播的影响。列车追踪间隔时间的不同，代表列车之间的冗余时间不同，其对列车运行晚点传播的影响也将不同。

实验首先对 3 张不同行车间隔的运行图分别设置了 5min，10min，20min 干扰，对比分析计划图与仿真图得到表 5-6 所示结果。

从表 5-6 可以看出，当设置相同强度干扰的时候，例如在 20min 干扰条件下，追踪间隔时间 10min 时的仿真结果里有 2 列车受到干扰影响而晚点，追踪间隔时间 5min 时的仿真结果里有 4 列车受到干扰影响而晚点，追踪间隔时间 3min 时的仿真结果里有 8 列车受到干扰的影响而晚点。

另一方面，分析区间与车站对每一列晚点列车晚点时间的吸收效果，追踪间隔为 10min 时不同干扰条件下的晚点时间吸收如表 5-7 所示，其余追踪间隔运行图在不同干扰条件下的晚点时间吸收与表 5-7 情况类似。

表 5-6　不同追踪间隔情况下列车随机干扰的列车运行延误

车站	指标	干扰强度		
		5min	10min	20min
追踪间隔 10min 运行图不同干扰的仿真结果				
汨罗东	晚点列车数/列	1	1	2
	晚点总时间/min	5	10	24
岳阳东	晚点列车数/列	1	1	1
	晚点总时间/min	3	7	17
赤壁北	晚点列车数/列	0	1	1
	晚点总时间/min	0	4	14
追踪间隔 5min 运行图不同干扰的仿真结果				
汨罗东	晚点列车数/列	1	2	4
	晚点总时间/min	5	17	51
岳阳东	晚点列车数/列	0	2	4
	晚点总时间/min	0	11	37
赤壁北	晚点列车数/列	0	1	3
	晚点总时间/min	0	4	28
追踪间隔 3min 运行图不同干扰的仿真结果				
汨罗东	晚点列车数/列	3	5	8
	晚点总时间/min	8	28	91
岳阳东	晚点列车数/列	1	5	8
	晚点总时间/min	3	21	81
赤壁北	晚点列车数/列	0	6	8
	晚点总时间/min	0	17	75

表 5-7　追踪间隔 10min 运行图不同干扰条件下的晚点时间吸收效果

晚点列车序号		到达汨罗东晚点时间	从汨罗东出发晚点时间	到达岳阳东晚点时间	从岳阳东出发晚点时间	到达赤壁北晚点时间	从赤壁北出发晚点时间
5min 干扰条件下							
1	晚点时间	5	5	3	3	0	0
	吸收晚点		0	2	0	3	0
10min 干扰条件下							
2	晚点时间	10	10	7	7	4	4
	吸收晚点		0	3	0	3	0
20min 干扰条件下							
3	晚点时间	20	20	17	17	14	14
	吸收晚点		0	3	0	3	0
4	晚点时间	4	4	0	0	0	0
	吸收晚点	0	4	0	0	0	0

仿真实验得到：不同冗余时间对总晚点时间的吸收效果如图 5-15 所示。

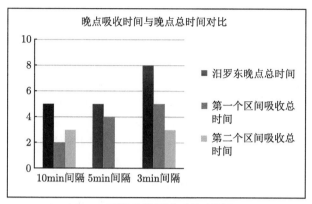

(a) 5min干扰下区间吸收时间对比图

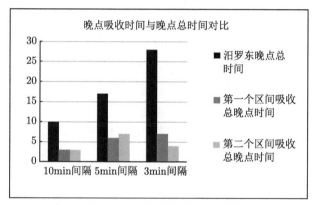

(b) 10min干扰下区间吸收时间对比图

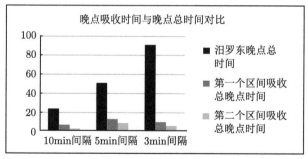

(c) 20min干扰下区间吸收时间对比图

图 5-15 不同干扰情况下不同行车间隔运行图的晚点吸收效果

  列车干扰晚点时间可以通过车站和区间冗余时间被吸收，但由于各列车在车站的停站时间很短 (1~2min)，故表中的 "吸收晚点" 均为利用区间的冗余时间吸收晚点时间，且每一个区间吸收晚点时间值没有超过冗余时间的值。例如：追踪间隔时间为 3min 的图，对于第一列受到干扰的列车，汨罗东—岳阳东区间的冗余时间是 2min，岳阳东—赤壁北区间的冗余时间是 3min。当干扰强度为 5min 时，两个区间刚好可以将其完全吸收，列车到达赤壁北站时完全恢复正常运行；当干扰强度为 10min 时，由于两个区间只能吸收 5min 晚点时间，所以列车到达赤壁北晚点 5min，这时需要后面的区间来使列车恢复正常运行；同理，当干扰强度为 20min 时，列车到达赤壁北晚点 15min，这时需要更多的区间才能使列车恢复正常运行。

对比分析图的各种情况，当列车运行线密度相同的时候，例如追踪间隔时间 3min 的运行图，当施加 5min 干扰的时候，汨罗东—岳阳东区间与岳阳东—赤壁北区间把总晚点时间 8min 全部都吸收了，列车到达赤壁北时正点，吸收率为 100%；当施加 10min 干扰的时候，在汨罗东站总晚点时间为 28min，两个区间吸收的晚点时间仅仅为 11min，吸收率仅为 39.3%；当施加干扰强度为 20min 时，总晚点时间为 91min，两个区间吸收 16min，吸收率仅为 17.6%。

通过上述研究得到以下结论。

(a) 列车行车密度越大，干扰发生的概率越大，列车运行晚点延误的可能性越大。

(b) 干扰强度一定的时候，随着行车密度的增大，运行图中冗余时间减少，列车运行晚点的横向传播越明显；当行车密度相同的时候，列车受到的干扰强度越大，晚点的横向传播越严重，干扰对运行图的影响更大。

(c) 列车运行图冗余时间的比例越大，即列车运行图的总冗余时间越多，其吸收随机干扰、消除列车运行晚点的能力越强。

(d) 列车运行图的总冗余时间一定时，冗余时间对小干扰概率及干扰总量作用下的列车运行晚点延误吸收作用更明显。

5.3.3　数据驱动模型

数学模型的确定一般分两步，第一步是确定数学模型 (狭义的模型)；第二步是确定参数。确定数学模型的难度极大，人类想到通过将多个粗糙但是简单模型的组合的方法来逼近真实模型 (大概的构想)，具体的做法是：先建立一个粗糙的模型，之后用大量的数据来细化数据使得模型不断契合数据，这就是数据驱动方法。

传统数学优化模型是一个精确定义的模型形式，而数据驱动方法往往是先有一个概念，然后再用数据训练并确定参数，如统计方法，就是根据数据分布形态，对可能的分布模型进行拟合，神经网络是根据数据确定神经元构成及信息等。数据驱动方法，或者说是面向数据的模型和基于数据的模型，是建立在分析从操作系统获得的实际数据的基础上的，特别是在子系统和状态变量 (输入、内部和输出变量) 之间寻找联系，而不需要从系统的物理行为中获得很多细节和明确的知识。数据驱动方法已经被证实了对于复杂系统具有很强的建模能力，它可以挖掘系统各指标之间的关系并建立适合不同情况的模型 [127]。

铁路行业一直是利用和实施分析学和大数据的先锋。就这点而言，近年来出版的关于大数据应用的书籍在铁路行业的数据驱动方法方面产生了巨大的影响力[26]。列车实际运行数据在很多国家被广泛地应用，改善了铁路运输调度质量，例如，文献 [15] 利用大数据分析技术开发了一套数据驱动的列车晚点预测系统。数学模型的方法论、统计方法和机器学习 (ML) 的方法被广泛地应用于研究这些问题。为了精确地预测列车运行并且优化列车运行质量，在过去十年中一些基于列车实际运行数据 (RWTOD) 的训练模型通过了计算机仿真，并衍生出许多商业软件，如 Opentrack、Railsys，以及一些实验软件如 ROMA[31]、TNV-Conflict[128] 等等。又例如，基于列车描述记录的数据挖掘工具 TNV-Conflict 具有很好的性能。附加的分析工具 TNV-Statistics 可以自动确定与相关二次晚点相冲突的线路集合，可以用于自动识别和分析由于运行图缺陷或能力瓶颈造成的结构性严重线路冲突[128]。数据驱动方法所制定的决策已经被公认是更优的决策，更加具有实用性和合理性。从这点上而言，和列车调度相关的活动和决策可以由隐藏在列车运行记录中的知识来提供，从而在列车运行控制及行车指挥中采取更好的决策和行动来应对列车晚点。数据驱动方法可以通过模仿调度员或者为调度员制定调度提供决策支持来为优化列车运行提供新的可能性。

为了保证良好的列车运行秩序，调度员要使传播效应最小化并尽可能恢复晚点，在日常调度工作中调度员需根据列车当前态势和历史记录评估列车晚点的程度并估计晚点的发展趋势。晚点预测是根据已知的数据估计列车未来运行态势的发展，其本质体现了对晚点传播过程的预测。

要研究晚点的传播过程及其机理并实现晚点的预测，需要先探明列车状态间的时空依赖关系，从已知列车运行实绩中建立晚点传播模型，预测未来的晚点状态。列车的当前运行状态既要受到其前行列车的影响，也要受到其自身历史运行状态的影响。如图 5-16 所示，左图是列车运行晚点状态预测的示意图，右图中时

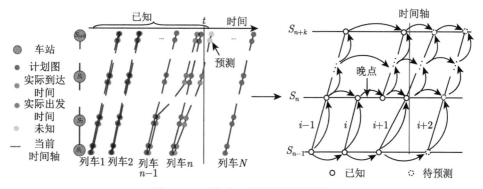

图 5-16　列车晚点预测的递推过程

间轴 (竖线) 右侧的晚点状态预测需同时考虑其前方多状态的影响, 箭头表示箭尾状态驱动箭头状态。

调度员需要连续估计接续列车的状态, 包括列车在站的到达时间和出发时间, 区间内的运行时间以及站内和区间的晚点。应根据经验和历史数据揭示晚点分布, 分别建立晚点横向和纵向传播模型。其中横向传播主要研究晚点对后行列车的影响, 提取晚点属性, 分析列车晚点对其后行列车运行及前方车站的影响, 建立以晚点影响列车数、影响总时间分布为代表的晚点—影响程度分布及预测模型; 纵向传播通过晚点列车在各站的晚点状态变化体现晚点及恢复演化过程, 根据晚点列车时空依赖关系, 建立列车晚点预测的数据驱动模型, 得到晚点列车在后续行程中的最优晚点预测结果, 从而确定高速列车晚点纵向传播模型, 揭示晚点纵向传播微观机理。

5.4　本 章 小 结

本章主要阐述了高速列车晚点的传播过程, 从列车运行干扰和运行图冗余时间的作用过程分析两方面因素对列车晚点传播过程的影响进行了分析, 分析了列车运行干扰的分布规律及横向和纵向累积特性, 分析了冗余时间的分布规律及其运用特性, 阐述了高速列车晚点传播过程的分析方法, 包括统计分析方法、仿真分析和数据驱动模型三个方面。统计分析方法主要分析列车在各站的增晚率和恢复率的关系, 仿真分析主要介绍了运用西南交通大学综合交通运输智能化国家地方联合工程实验室 "高速铁路综合调度指挥仿真实验平台" 进行列车行车间隔对晚点恢复效果的仿真, 数据驱动模型介绍了进行列车横向和纵向传播建模的思路, 为后续各章提供思路。

第 6 章　高速列车晚点横向传播模型

高速列车晚点的横向传播是指一列车晚点后引起其后行列车连带晚点的情况，用晚点的影响程度来度量晚点传播影响，常用晚点所影响的列车数和影响总时间来标定。而晚点影响列车数和影响总时间为列车晚点的宏观特征，要研究晚点横向传播的微观机理，需要分析晚点数据的属性，研究影响晚点横向传播的要素及晚点影响的分布特征，进行晚点影响的预测。本章将基于列车运行实绩，从铁路局、武广高铁、高铁区段三个层面分别建立晚点影响列车数和影响总时间的分布模型，对比不同机器学习算法模型，建立晚点影响列车数机器学习预测模型，并进而建立晚点影响总时间的机器学习预测模型。通过晚点影响程度分布模型，可以让调度员了解一定特征晚点对列车运行的宏观影响特征。晚点影响程度的预测模型可帮助调度员估计晚点的可能影响程度，用于在列车运行调整时区分严重晚点和轻微晚点，为调度决策提供支持。

6.1　高速列车晚点横向传播度量指标

本书所指晚点横向传播的本质是晚点列车占有原属于后续列车的运行资源，使得后续列车受影响而产生连带晚点的现象。

在列车实际运行中，两列车到达车站的时间最少要保持最小追踪间隔时间 I，而为了使运行图具有一定的弹性和晚点恢复能力，通常两列车的追踪间隔时间由最小间隔时间与冗余时间组成。当一列列车发生晚点时，如果其前行列车未发生晚点，或者前行列车发生晚点，但前行列车实际到达时间与该列车的图定到达时间保持了最小间隔时间 I，则可以认为后一列车的晚点与前一列车不相关。反之，则可以认为后一列车的晚点是由前一列车晚点造成的。在运行图中设置的运行线线间冗余时间可以作为晚点恢复的资源，因此，在经过一段时间的传播之后，列车运行秩序有恢复正点的可能。

影响列车数是直观反映晚点影响程度的重要指标之一，是指自某一晚点造成某列车晚点时起至晚点恢复或当日结束时止所影响的所有晚点列车数量之和。晚点影响总时间是表征晚点横向传播范围的另一重要指标，能够直观地表示晚点的严重程度。本节所研究的晚点影响总时间是指初始晚点列车以及受其影响的列车的晚点时间之和。图 6-1 描述了晚点横向传播影响。

图 6-1 所示为一个晚点影响列车序列，在 A—B 站间，实线代表计划运行线，虚线代表实际运行线。列车晚点时间为 $t_i(i=1, 2, 3, 4)$, $t_{冗余}^1$ 为列车 1 与列车 2 之间的车站间隔时间冗余，$t_{冗余}^2$ 和 $t_{冗余}^3$ 同含义。第一列列车由于受到外界环境或者是内部系统的干扰导致晚点发生，而其之前的列车未晚点或晚点后仍与其保持了最小的追踪间隔时间，则可以认为第一列列车的晚点不是由其前行列车造成的，此时可以定义第一列列车为初始晚点列车，初始晚点时间为 t_1。由于晚点造成了列车实际到达时间占用其后续列车的资源，为了保证最小追踪间隔时间 I(5min)，晚点发生横向传播使得后续三列列车 (列车 2，3，4) 也发生晚点，这三列列车即为晚点影响的连带晚点列车，第一列列车与后续受其影响而晚点的列车形成了初始晚点影响序列 (列车 1—列车 4)，由于利用运行图中的冗余时间，晚点得到了恢复，晚点传播至列车 4 时终止。晚点的影响列车数就是初始晚点列车加上连带晚点列车数，初始晚点影响总时间即为所有晚点列车的晚点时间之和。调度员在实际调度决策过程中，并不太关注列车 1 是列车运行干扰导致的初始晚点列车还是前行列车导致的连带晚点列车，其只重点关注列车 1 的晚点时长、晚点发生时段、与后行列车的行车间隔等要素，考虑其可能产生的影响。因此，本章在研究晚点的传播过程，即晚点的影响程度时，无需限定晚点的类型，但为了区别第一列晚点列车及其影响的列车，本章将第 1 列晚点列车称为广义初始晚点列车。不失一般性，如未特别强调晚点为连带晚点，本章以下所指的晚点均指广义初始晚点。

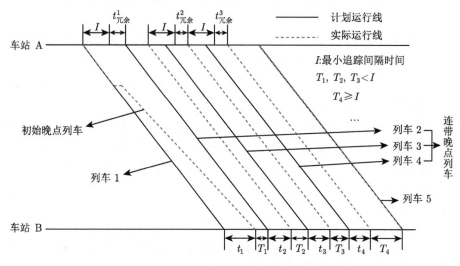

图 6-1　晚点横向传播影响示意图

本章所研究的影响列车数与影响总时间均指由广义初始晚点引起的，本例中的影响列车数与影响总时间如下：

广义初始晚点时间：t_1;

晚点影响列车数：广义初始晚点列车数 + 连带晚点列车数 (本例为 1+3=4 列);

晚点影响总时间：$\sum\limits_{i=1}^{4} t_i$。

6.2 晚点影响列车数分布模型

研究影响列车数分布是预测晚点影响程度以及提高我国高速铁路运输组织效率和水平亟待解决的关键问题之一。晚点影响列车数分布模型将为调度员评估晚点影响程度提供依据，辅助调度决策方案的制定。列车调度员可以根据影响列车数分布函数得出其对应的每一个晚点数值下的概率，以及当影响列数已经为某一定值时取得后续数值的概率，具体过程如下所示。

设随机变量 X 为某一晚点所影响的列车数，x 为任意实数，k 为影响列车数的取值：

$$P(X=k) = p_k, \quad k = 1, 2, 3, \cdots \tag{6-1}$$

其分布函数为 $F(x)$，即

$$F(x) = \sum_{k \leqslant x} P(X=k) = \sum_{k \leqslant x} p_k, \quad k = 1, 2, 3, \cdots \tag{6-2}$$

根据式 (6-2) 分布函数可分别计算影响列车数 x 为任意 a(a 是一个正整数)值时的概率。

同时，还可以得出在晚点影响列车数 x 已经为 b(b 为正整数) 的情况下后续影响列车数 x_i 的可能性，如式 (6-3) 所示：

$$P(X=x_i | x > b) = \frac{p_{x_i}}{1 - \sum\limits_{k=1}^{b} p_k}, \quad x_i = b+1, b+2, \cdots \tag{6-3}$$

已经有 b 列车晚点后，后续可能影响的列车数 x_i 的分布函数 $F_1(x)$ 为

$$F_1(x) = \sum_{b < x_i \leqslant x} P(X=x_i) = \sum_{b < x_i \leqslant x} \frac{p_{x_i}}{1 - \sum\limits_{k=1}^{b} p_k}, \quad x_i = b+1, b+2, \cdots \tag{6-4}$$

本章使用 2014~2015 年广州局晚点故障原因表中记录的数据作为训练集进行影响列车数的分布函数拟合，使用 2016 年的数据作为验证集检验影响列车数的分布函数的适用性，本章将从广州局、武广高铁与武广高铁区段三个层级对影响列车数分布进行研究。

6.2.1　晚点影响列车数分布模型拟合

影响列车数是一个离散变量，且通过对影响列车数的描述性统计发现，常规的离散分布和影响列车数的分布相差甚远。因此，本节采用了非常规的分布函数拟合影响列车数的分布，定义了一个新的概念"模型解释程度"，并对非常规的分布函数做出说明。本节将逆模型、指数模型、对数模型、二次模型以及三次模型作为本节的备选模型，各备选模型的介绍如下所示。

(a) 逆模型：模型的函数基本原型如下式所示：

$$y = \beta_1 \frac{1}{k} + \beta_2 \tag{6-5}$$

本节先将不同影响列车数对应的频数转化为频率，再将晚点影响列车数的频率按不同层级分类分别进行拟合，k 为影响列车数 (自变量)，y 为影响列车数的分布概率 (因变量)。β_1 和 β_2 分别是自变量系数和常数项。

(b) 二次函数

形如 $y = ax^2 + bx + c(a \neq 0, b, c$ 为常数) 的函数为二次函数。二次函数最高次必须为二次，二次函数的图像是一条对称轴与 y 轴平行或重合于 y 轴的抛物线。

(c) 三次函数

形如 $y = ax^3 + bx^2 + cx + d(a \neq 0, b, c, d$ 为常数) 的函数叫作三次函数，三次函数的最高项次数为三次，且三次函数的图像是一条回归式抛物线 (不同于普通抛物线)。

(d) 指数函数

指数函数形式为 $y = a^x(a$ 为常数且以 $a > 0,\ a \neq 1)$，x 为自变量，指数函数的定义域是 $\mathbf{R}$。

(e) 幂函数

形如 $y = x^a$ (a 为有理数，x 为自变量) 的函数，即以底数为自变量，幂为因变量，指数为常数的函数称为幂函数。

因为本节采用非常规的分布函数拟合影响列车数分布，所以将使用传统曲线拟合的方法，并使用可决系数 R^2 作为评定备选模型优劣的指标，当 R^2 越大时，本节认定其分布函数更优。在对影响列车数分布函数进行检验时，本节采用 K-S 双样本同分布检验来校验分布函数的适用性。

由于本节使用的分布函数不是传统数学模型上的分布函数，因此会使得累积分布函数的最终值不等于 1，针对这种情况，本节引入一个新的概念："模型解释程度"，模型解释程度的定义如下。

模型解释程度：模型解释程度是建立分布模型时满足分布模型累积概率最接

近 1 时的样本量与建模使用的样本量的比值。

$$E_i = \frac{S_i}{Z_i} \tag{6-6}$$

式中，分子 S_i 为满足分布模型累积概率最接近 1 时的第 i 种层级晚点影响列车数样本数，分母 Z_i 为第 i 种层级晚点影响列车数的总样本数。

6.2.1.1 广州局高铁列车晚点影响列车数分布拟合

在对数据进行离群值筛选之后，本节使用的广州局列车晚点影响列车数的样本量为 1249 个，其分布的散点图与直方图如图 6-2 所示。

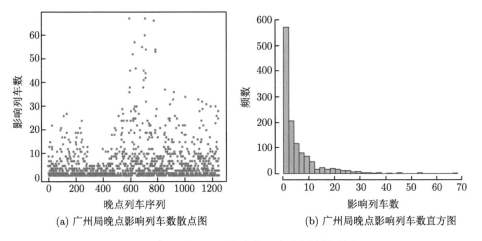

(a) 广州局晚点影响列车数散点图　　　　(b) 广州局晚点影响列车数直方图

图 6-2　广州局列车晚点影响列车数描述图

根据图 6-2 可知，广州局列车晚点影响列车数的频数分布主要集中在 10 以下。本节使用 R 软件进行函数拟合，拟合使用的备选分布函数为上述的五个备选分布，拟合之后使用 R^2 选择出拟合优度最高的分布函数。检验的结果如表 6-1 所示。

表 6-1　广州局影响列车数拟合优度

晚点区域	R^2					样本量
	逆模型	二次模型	三次模型	幂模型	指数模型	
广州局	0.997*	0.572	0.744	0.904	0.801	1249

注：* 表示 R^2 最优的模型。

由表 6-1 可知，逆模型对于影响列车数有着最优的拟合优度，R^2 达到了 0.997。其拟合的参数值如表 6-2 所示。

表 6-2　广州局影响列车数逆模型参数

晚点区域	β_1	β_2
广州局	0.3106	-0.0073

表 6-2 中的 β_1 和 β_2 分别是自变量系数和常数项，为了更加直观准确地表现逆模型对于影响列车数的拟合优度，绘制影响列车数分布的具体拟合曲线和实际数据分布如图 6-3 所示。

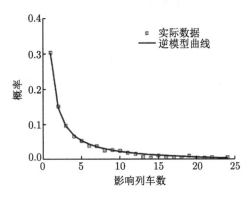

图 6-3　广州局列车晚点影响列车数分布图

上述各模型对晚点影响列车数有一定的自变量适用范围，且逆模型作为非常规的分布模型其累积分布概率可能会出现大于 1 的情况。为此，本节使用上述定义的解释程度 E 来解释所构建模型对于自变量影响列车数 k 的适用范围，并令 k 在影响列车数分布的累积概率最接近 1 时取得临界值 K_i。

根据前文对解释程度的定义，本节求得广州局的列车晚点影响列车数分布，当影响列车数大于 24 时，其累积分布函数的值超过 1，且当影响列车数 $k > 24$ 时，剩下影响列车数的概率之和为 0.0024，即影响列车数超过 24 时的概率只有 0.24%。用于建模的样本量为 1249 个，满足影响列车数小于等于 24 的样本量有 1193 个，其模型解释程度可以达到 95.5%。广州局列车晚点影响列车数模型解释程度如表 6-3 所示。

表 6-3　广州局列车晚点影响列车数模型解释程度

晚点区域	K_i	Z_i	S_i	$E_i/\%$
广州局	24	1249	1193	95.5

对于广州局列车晚点的影响列车数分布，其概率密度形式为

$$\begin{cases} P(K_1 = k) = \dfrac{0.3106}{k} - 0.0073, & k = 1, 2, \cdots, 24 \\ \sum P(K_1 > k) = 0.0024, & k > 24 \end{cases} \tag{6-7}$$

广州局影响列车数的累积分布函数如图 6-4 所示。

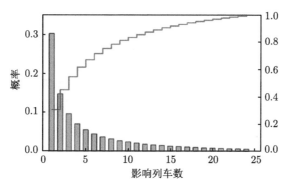

图 6-4 广州局列车晚点影响列车数累积分布图

6.2.1.2 武广高铁列车晚点影响列车数分布拟合

本节在经过对数据进行离群值筛选之后，使用武广高铁数据进行晚点影响列车数建模的样本量 404 个，其分布的散点图与直方图如图 6-5 所示。

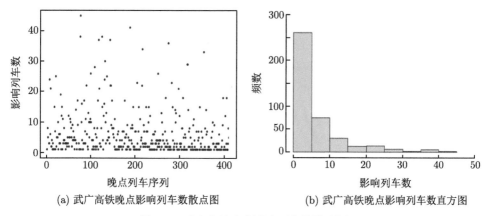

(a) 武广高铁晚点影响列车数散点图　　　　　(b) 武广高铁晚点影响列车数直方图

图 6-5　武广高铁晚点影响列车数描述图

根据上图，本节使用 R 软件进行函数拟合，拟合使用的备选分布为上述的五个备选分布，在拟合之后本节使用 R^2 判断选择出拟合优度最高的分布函数。检验的结果如表 6-4 所示。

表 6-4　武广高铁晚点影响列车数拟合优度

晚点区域	R^2					样本量
	逆模型	二次模型	三次模型	幂模型	指数模型	
武广高铁	0.975*	0.734	0.873	0.913	0.866	404

注：* 表示 R^2 最优的模型。

由表 6-4 可知，逆模型对于武广高铁晚点影响列车数也有着最优的拟合优度，R^2 达到了 0.975。其拟合的参数值如表 6-5 所示。

表 6-5　武广高铁晚点影响列车数逆模型参数

晚点区域	β_1	β_2
武广高铁	0.277	−0.004

为了更加直观和准确地表现逆模型对于影响列车数的拟合优度，本节绘制武广高铁晚点影响列车数分布的具体拟合曲线与实际数据分布如图 6-6 所示。

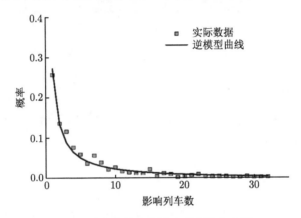

图 6-6　武广高铁晚点影响列车数分布图

根据模型解释程度的定义，分析武广高铁影响列车数分布的拟合结果，当影响列车数等于 32 的时候其累积分布函数的值超过 1，而当影响列车数 $k>32$ 时，剩下影响列车数的概率之和为 3.8E−03(0.0038)，即影响列车数超过 32 时的概率只有 0.38%。武广高铁数据用于建模的样本量为 404 个，满足影响列车数小于等于 32 的样本量有 401，其模型解释程度可以达到 99.3%。武广高铁晚点影响列车数模型解释程度如表 6-6 所示。

表 6-6　武广高铁晚点影响列车数模型解释程度

晚点区域	K_i	Z_i	S_i	$E_i/\%$
武广高铁	32	404	401	99.3

对武广高铁晚点影响列车数分布，其概率密度形式如下式所示：

$$\begin{cases} P(K_2 = k) = \dfrac{0.277}{k} - 0.0038, & k = 1, 2, \cdots, 32 \\ \sum P(K_2 > k) = 0.0038, & k > 32 \end{cases} \tag{6-8}$$

武广高铁的累积分布函数图形如图 6-7 所示。

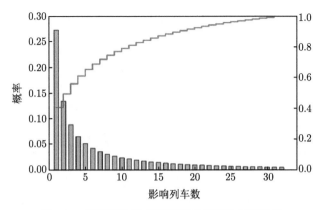

图 6-7 武广高铁晚点影响列车累积分布函数图

6.2.1.3 高铁区段列车晚点影响列车数分布拟合

武广高铁四个区段的影响列车数分布拟合与广州局和武广高铁采用相同的方法，经过对数据进行处理之后，得到的四个区段的直方图与散点图如图 6-8 和图 6-9 所示。

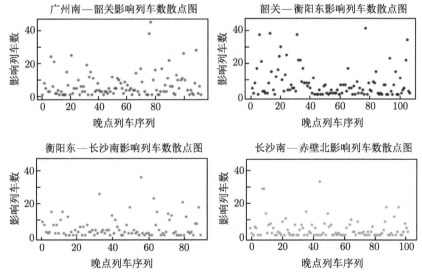

图 6-8 武广高铁各区段晚点影响列车数散点图

使用 R 软件对武广四个区段进行备选模型拟合，得到各备选分布的拟合优度 R^2 结果如表 6-7 所示。

根据表 6-8 的拟合优度可知，对广州南—韶关、韶关—衡阳东、衡阳东—长沙南三个区段，三次模型有着最优的拟合优度。而对长沙南—赤壁北区段，逆模型有着最优的拟合优度。各区段最优模型拟合的参数值如表 6-9 和表 6-10 所示。

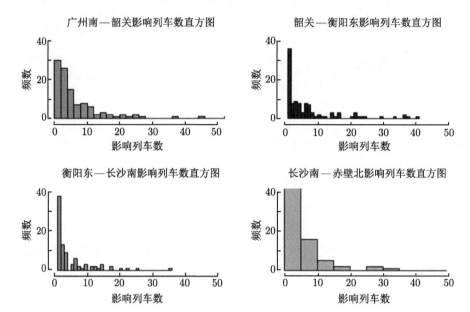

图 6-9　武广高铁各区段晚点影响列车数直方图

表 6-7　武广区段的影响列车数拟合优度

晚点区域	R^2					样本量
	逆模型	二次模型	三次模型	幂模型	指数模型	
广州南—韶关	0.803	0.822	0.870*	0.854	0.792	108
韶关—衡阳东	0.847	0.821	0.889*	0.748	0.633	105
衡阳东—长沙南	0.869	0.842	0.927*	0.679	0.527	92
长沙南—赤壁北	0.956*	0.672	0.807	0.844	0.688	101

注：* 表示 R^2 最优的模型。

表 6-8　武广区段影响列车数三次模型参数

晚点区域	a	b	c	d
广州南—韶关	$-3.07\mathrm{E}-05$	0.002	-0.031	0.193
韶关—衡阳东	$-4.170\mathrm{E}-05$	0.002	-0.036	0.204
衡阳东—长沙南	$-1.24\mathrm{E}-05$	0.005	-0.067	0.289

表 6-9　武广区段影响列车数逆模型参数

晚点区域	β_1	β_2
长沙南—赤壁北	0.399	-0.022

表 6-9 和表 6-10 中 a, b, c, d 分别是三次模型 $y = ax^3 + bx^2 + cx + d (a \neq 0, b, c, d$ 为常数) 的系数，β_1 和 β_2 分别是自变量系数和常数项，为了更加直观准

确地表现各模型对于晚点影响列车数的拟合优度,绘制四个区段的影响列车数分布的具体拟合曲线和实际数据分布如图 6-10 所示。

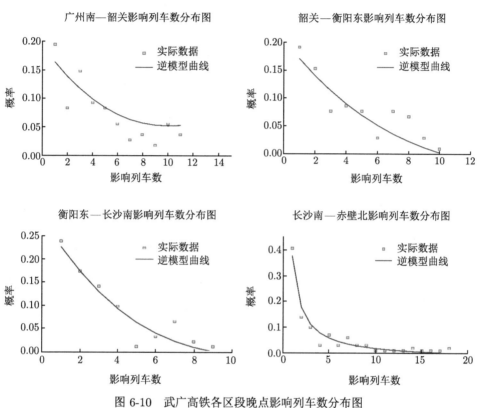

图 6-10 武广高铁各区段晚点影响列车数分布图

武广各区段的晚点影响列车数模型解释程度如表 6-10 所示。

表 6-10 武广区段的晚点影响列车数模型解释程度

晚点区域	K_i	Z_i	S_i	$E_i(\%)$
广州南—韶关	11	108	90	83.3
韶关—衡阳东	10	105	83	79.0
衡阳东—长沙南	9	92	73	79.3
长沙南—赤壁北	18	101	101	100

广州南—韶关区段的晚点影响列车数概率密度函数形式如下式所示:

$$\begin{cases} P(K_3 = k) = (-3.07\text{E} - 05)k^3 + 0.002k^2 - 0.031k + 0.193, & k = 1, 2, \cdots, 11 \\ \sum P(K_3 > k) = 0.046, & k > 11 \end{cases}$$

$$(6-9)$$

韶关—衡阳东区段的晚点影响列车数概率密度函数形式如下式所示：

$$\begin{cases} P(K_4 = k) = (-4.170\mathrm{E}-05)k^3 + 0.002k^2 - 0.036k + 0.204, & k = 1, 2, \cdots, 10 \\ \sum P(K_4 > k) = 0.296, & k > 10 \end{cases}$$
$$(6\text{-}10)$$

衡阳东—长沙南的晚点影响列车数概率密度函数形式如下式所示：

$$\begin{cases} P(K_5 = k) = (-1.24\mathrm{E}-05)k^3 + 0.005k^2 - 0.067k + 0.289, & k = 1, 2, \cdots, 9 \\ \sum P(K_5 > k) = 0.241, & k > 9 \end{cases}$$
$$(6\text{-}11)$$

长沙南—赤壁北的晚点影响列车数概率密度函数形式如下式所示：

$$\begin{cases} P(K_6 = k) = \dfrac{0.399}{k} - 0.022, & k = 1, 2, \cdots, 18 \\ \sum P(K_6 > k) = 0, & k > 18 \end{cases}$$
$$(6\text{-}12)$$

武广高铁四个区段晚点影响列车数的累积分布函数如图 6-11 所示。

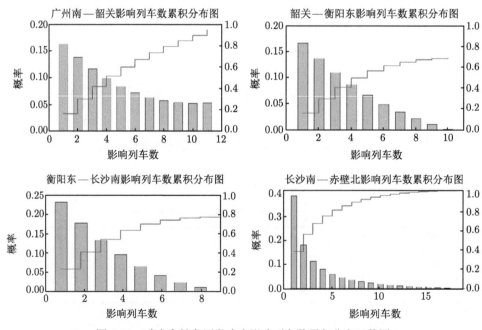

图 6-11　武广高铁各区段晚点影响列车数累积分布函数图

6.2.2　晚点影响列车数分布模型检验

本节首先以 2016 年数据验证了三个层级影响列车数分布函数的适用性。同时，影响列车数分布函数作为一个离散的分布函数，其对应的每一个值的概率可以求得。因此，对影响列车数的分布函数的检验本节将从如下几个方面进行：

1) 使用 K-S 双样本检验，验证 2016 年的影响列车数分布函数是否和 2014～2015 年的分布函数为同一个分布。

2) 基于逆模型拟合数据 (预测数据) 与实际数据，引入匹配度概念，使用匹配度来定量计算模型的精度。匹配度定义为

$$S_i^j = 1 - \frac{\left|A_i^j - P_i^j\right|}{A_i^j} \tag{6-13}$$

其中，A_i^j 为第 i 种层级实际影响 j 列列车的概率 (频率)；P_i^j 为第 i 种层级影响 j 列列车的计算 (预测) 概率。由匹配度的定义可知，S_i^j 定量描述了模型预测的准确度。

3) 验证 2016 年数据与 2014～2015 年数据合并之后是否满足逆模型分布。

6.2.2.1 广州局高铁列车晚点影响列车数分布检验

本节从广州局获得的 2016 年晚点影响列车数样本量为 904 个，使用双样本同分布检验得到的检验结果如表 6-11 所示，双样本同分布检验相关基础理论见第 4 章。

表 6-11 晚点影响列车数分布模型 K-S 双样本检验结果

晚点区域	建模样本量	检验样本量	检测 p 值
广州局	1249	904	0.927

由检验结果可知，K-S 双样本同分布检验的 p 值大于 0.05，因此不能拒绝原假设，即可以认定 2014～2015 年的影响列车数分布与 2016 年的影响列车数分布是属于同分布的。

本节求得广州局晚点影响列车数的模型匹配度图如图 6-12 所示。

由图 6-12 可知，广州局的晚点影响列车数匹配度都在 95% 以上，模型对影响列车数分布概率预测精度非常高，证明逆模型对广州局的晚点影响列车数分布有着很好的拟合效果。

本节将 2016 年数据与 2014～2015 年数据合并之后，使用 R 软件对数据进行备选模型曲线拟合，得到各备选模型的拟合效果如表 6-12 所示。

由表 6-12 可知，对于 5 个备选模型，逆模型对广州局的影响列车数的拟合仍有着最优的效果。因此有理由相信，广州局的晚点影响列车数分布是符合逆模型分布的。

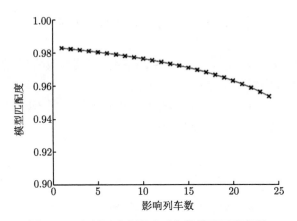

图 6-12   广州局晚点影响列车数模型匹配度图

表 6-12   合并三年数据的广州局晚点影响列车数拟合优度

晚点区域	R^2					样本量
	逆模型	二次模型	三次模型	幂模型	指数模型	
广州局	0.995*	0.717	0.865	0.931	0.874	2153

注：* 表示 R^2 最优的模型。

6.2.2.2   武广高铁列车晚点影响列车数分布检验

本节使用的武广高铁 2016 年晚点影响列车数样本量为 355 个，使用双样本同分布检验得到的检验结果如表 6-13 所示。

表 6-13   武广高铁晚点影响列车数分布模型 K-S 双样本检验结果

晚点区域	建模样本量	检验样本量	检测 p 值
武广高铁	404	355	0.102

由表 6-13 的 K-S 双样本同分布检验结果可知，在 0.05 的置信度下，检验的 p 值大于 0.05，因此不能拒绝原假设，即可以认定 2014~2015 年的影响列车数分布与 2016 年的影响列车数分布是属于同分布的。

同时，本节求得武广高铁的晚点影响列车数的模型匹配度如图 6-13 所示。

由图 6-13 可知，在影响列车数小于 10 时，武广高铁的晚点影响列车数模型匹配度都能保证在 0.7 以上。随着影响列车数数值的增大，样本量变得非常小，每个影响列车数值对应的概率也都较小，导致预测值与实际值的偏差不确定性较大，此时模型匹配度的波动较大。但整体来说，逆模型对武广高铁的晚点影响列车数拟合仍是较好的。

本节将 2016 年数据与 2014~2015 年数据合并之后，使用 R 软件对数据进行了备选模型曲线拟合，得到各备选模型的拟合效果如表 6-14 所示。

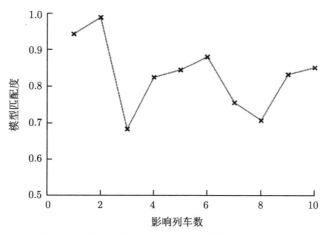

图 6-13 武广高铁晚点影响列车数模型匹配度图

表 6-14 合并三年数据的武广高铁晚点影响列车数拟合优度

晚点区域	R^2					样本量
	逆模型	二次模型	三次模型	幂模型	指数模型	
武广高铁	0.973*	0.733	0.843	0.872	0.856	759

注：* 表示 R^2 最优的模型。

由表 6-14 可知，对于 5 个备选模型，逆模型对武广高铁晚点影响列车数分布模型的拟合仍有着最优的效果。虽然其模型匹配度没有广州局的精度高，但仍保持了较高的水准。因此有理由相信，武广高铁的晚点影响列车数分布是符合逆模型分布的。

6.2.2.3 高铁各区段列车晚点影响列车数分布检验

本节使用 K-S 双样本同分布检验对武广高铁各区段进行了检验，得到的检验结果如表 6-15 所示。

表 6-15 武广高铁各区段晚点影响列车数分布模型 K-S 双样本检验结果

晚点区域	建模样本量	检验样本量	检测 p 值
广州南—韶关	108	102	0.2131
韶关—衡阳东	105	76	0.018
衡阳东—长沙南	92	65	0.3169
长沙南—赤壁北	101	62	0.0003

由表 6-15 可知，广州南—韶关，衡阳东—长沙南区段 2016 年分布与 2014~2015 年分布是属于同分布的，而韶关—衡阳东以及长沙南—赤壁北对于 2014~2015 年与 2016 年的数据不是属于同分布的，然而，由于这两个区段的样本量较

小，可能会影响检验效果，为了验证是否因为样本量不足造成这两个区段不满足同分布，本节将 2014~2016 的数据合并起来，并验证合并之后的数据是否与合并前的数据同分布，验证结果如表 6-16 所示。

表 6-16　三年合并数据与建模数据、检验数据的 K-S 双样本检验

晚点区段	与 2014~2015 年数据检验 p 值	与 2016 年数据检验 p 值
韶关—衡阳东	0.4078	0.2567
长沙南—赤壁北	0.313	0.0707

表 6-16 的结果显示合并之后的数据与 2014~2015 年的建模数据以及 2016 年的检验数据都是属于同分布的。因此，2014~2015 年数据与 2016 年数据不是同分布有可能是因为样本量不足。为了进一步验证该假设，本节对合并之后的数据使用备选模型进行了拟合，得到了表 6-17 的结果。

表 6-17　合并三年数据的武广区段影响列车数拟合优度

晚点区域	R^2					样本量
	逆模型	二次模型	三次模型	幂模型	指数模型	
广州南—韶关	0.938*	0.652	0.761	0.816	0.789	210
韶关—衡阳东	0.926*	0.756	0.868	0.787	0.722	181
衡阳东—长沙南	0.807	0.825	0.881*	0.738	0.716	157
长沙南—赤壁北	0.942*	0.763	0.848	0.836	0.790	163

注：* 表示 R^2 最优的模型。

由表 6-17 可知，除了衡阳东—长沙南区段，逆模型对武广高铁其他三个区段的影响列车数的分布都有着最优的拟合优度。武广高铁全线的晚点影响列车数数据由武广高铁各区段数据累积而成，结合武广高铁的影响列车数分布，与合并三年后武广高铁数据的影响列车数拟合结果，有理由相信造成逆模型对衡阳东—长沙南区段没有最优的拟合优度的原因是样本量缺乏。

由前文发现，由于样本量的缺乏，拟合的武广高铁四个区段的晚点影响列车数分布模型精度有所不足。因此，在对武广高铁区段的模型匹配度检验时，本节将使用三年合并数据进行检验。检验结果的图形如图 6-14 所示。

由图 6-14 的模型匹配度可知，随着影响列车数的增大，武广高铁各区段的模型匹配度大致呈下降的趋势，这是由于随着影响列车数数值的增大，晚点造成该数值的影响列车数对应的概率都较小，导致预测值与实际值的偏差不确定性较大，因此，模型匹配度较小，但由图 6-14 可知，在影响列车数小于 5 时，武广高铁四个区段的影响列车数都大致保持在了 0.6 以上的精度。

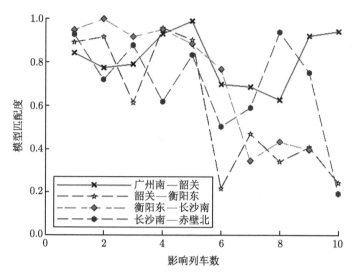

图 6-14　武广高铁各区段晚点影响列车数模型匹配度图

6.3　晚点影响总时间分布模型

与影响列车数有所不同，影响总时间是一组分布较为离散的数据，影响总时间根据晚点严重程度的不同而差异较大，其跨度范围可由几分钟到几百甚至上千分钟，想要求得影响总时间每一分钟的分布概率是极其困难的。因此，本节对原始数据进行了预处理，具体方式为：首先，使用箱线图剔除影响总时间的离群值；然后，将影响总时间按 5min 间隔划定区间，将"第 k 个 5min"设置为新的自变量影响总时间区间 k；最后，通过研究新的变量的分布模型，可以得到影响总时间的分布。本节在对数据进行拟合的时候发现，当影响总时间小于 5min 时，样本量十分小，如果作为建模数据会严重干扰模型的精度，且此时的影响总时间强度较弱，对实际运输组织干扰较小，因此，为了提高模型的精度，将其当作异常值剔除。影响总时间虽然作为一个连续变量，但是在研究中发现，常见的连续型分布函数不能准确地拟合其分布函数，因而，经过对影响总时间的直方图与偏度峰度等进行观察以及划定区间之后，本节采用了逆模型、二次模型、三次模型、指数模型、幂模型作为晚点影响总时间区间分布的备选分布模型，并用可决系数 R^2 来判断模型拟合的精确性，当 R^2 越接近 1 证明拟合程度越好。

本章使用 2014～2015 年广州局晚点故障原因表中记录的数据作为训练集对影响总时间的分布函数进行拟合。然而，由于广州局 2016 年的晚点故障记录数据记录较为粗略，不能提取出晚点影响总时间。因此，本节所使用的数据时间跨度仅为 2014～2015 年，并在此基础上建立了分布模型，对影响总时间模型进行检验时将和上节的影响列车数有所不同。

6.3.1 晚点影响总时间分布模型拟合

本节在对影响总时间进行分布建模时，使用的备选模型形式与 6.2.1 节相同，但具体参数含义有差异。

与影响列车数分布相似，由于本节使用的影响总时间区间分布备选模型不是常规的分布模型，因此，本节仍采用了模型解释程度概念进行说明。

6.3.1.1 广州局高铁列车晚点影响总时间分布拟合

本节对广州局数据异常值进行清洗以及划分区间后一共得到 1135 个样本量。使用 R 软件进行分布函数拟合，拟合使用的备选分布为上述的五个备选分布。在拟合之后本节通过判断 R^2，选择出拟合优度最高的分布函数。检验的结果如表 6-18 所示。

表 6-18　广州局晚点影响总时间区间拟合优度

晚点区域	R^2					样本量
	逆模型	二次模型	三次模型	幂模型	指数模型	
广州局	0.644	0.760	**0.873***	0.856	0.779	1135

注：* 表示 R^2 最优的模型。

由表 6-18 可知，三次模型对广州局晚点影响总时间区间有着最优的拟合优度，其 R^2 为 0.873。其参数值如表 6-19 所示。

表 6-19　广州局晚点影响总时间三次模型参数

晚点区域	a	b	c	d
广州局	$-9.940E-07$	$1.3E-04$	-0.005	0.075

表 6-19 中 a, b, c, d 分别是三次模型 $y = ax^3 + bx^2 + cx + d(a \neq 0, b, c, d$ 为常数) 的系数。为了更加直观有效地展示广州局晚点影响总时间的分布，本节绘制了广州局晚点影响总时间区间的概率分布与最优拟合曲线图，如图 6-15 所示。

通过计算可知，满足本节的广州局晚点影响总时间分布模型的样本量为 931 个，本节建模使用的样本量为 1135 个。因此，广州局晚点影响总时间区间分布模型的模型解释度为 82.03%。此时，对应的影响总时间区间为第 34 个区间，对应的影响总时间为 171~ 176min。表 6-20 为广州局晚点影响总时间区间模型解释程度的详细说明：其中 T_i 表示模型解释程度对应区间的实际影响总时间。

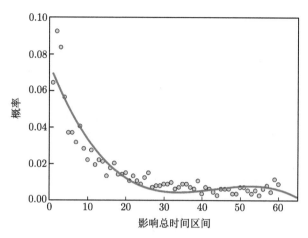

图 6-15 广州局晚点影响总时间区间分布图

表 6-20 广州局晚点影响总时间区间模型解释程度

晚点区域	K_i	Z_i	S_i	T_i/min	E_i/%
广州局	34	931	1135	171~176	95.5

对广州局列车晚点影响总时间分布,其概率密度形式为

$$
\begin{cases}
P(K_1 = k) = (-9.940\text{E} - 07)k^3 + 1.3\text{E} - 04k^2 \\
\qquad\qquad -0.005k + 0.075, & k = 1, 2, \cdots, 34 \\
\sum P(K_1 > k) = 0.0133, & k > 34
\end{cases}
\tag{6-14}
$$

广州局晚点影响总时间区间的累积概率分布图形如图 6-16 所示。

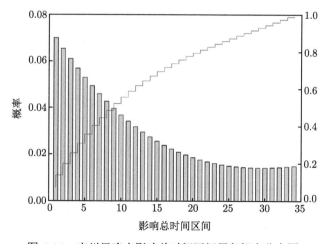

图 6-16 广州局晚点影响总时间区间累积概率分布图

6.3.1.2　武广高铁列车晚点影响总时间分布拟合

本节对武广高铁晚点影响总时间经过清洗之后一共得到 366 个样本量，使用 R 软件分别对备选的 5 种模型进行分布拟合，得到各个备选模型的可决系数 R^2，如表 6-21 所示，其中选取 R^2 最大的备选分布模型作为最优分布模型。

表 6-21　武广高铁晚点影响总时间区间拟合优度

晚点区域	R^2					样本量
	逆模型	二次模型	三次模型	幂模型	指数模型	
武广高铁	0.677	0.767	0.863*	0.652	0.652	366

注：* 表示 R^2 最优的模型。

由表 6-21 可知，三次模型对武广高铁的影响总时间仍有着最优的拟合优度，其 R^2 为 0.863。因此，本节选择三次模型作为影响总时间区间的分布模型，其对应的参数值如表 6-22 所示。

表 6-22　武广高铁晚点影响总时间区间三次模型参数

晚点区域	a	b	c	d
武广高铁	$-1.055\mathrm{E}-06$	$1.3\mathrm{E}-04$	-0.006	0.079

本节绘制出武广高铁的晚点影响总时间区间的概率分布与最优拟合曲线图，如图 6-17 所示。

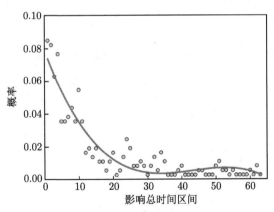

图 6-17　武广高铁晚点影响总时间区间分布图

通过计算可知，满足武广高铁晚点影响总时间区间三次函数分布模型的样本量为 361 个，本节建模使用的样本量为 366 个。因此，三次模型对武广高铁晚点影响总时间区间分布模型的模型解释度为 98.6%。此时，最接近累积概率为 1 的区间为第 63 个区间，对应的影响总时间为 316~320min。表 6-23 为武广高铁晚点影响总时间的模型解释程度的详细说明：其中 T_i 表示模型解释程度对应区间的实际影响总时间。

表 6-23　武广高铁晚点影响总时间区间模型解释程度

晚点区域	K_i	Z_i	S_i	T_i/min	$E_i/\%$
广州局	63	361	366	316~320	98.6

对于武广高铁的影响总时间分布，其概率密度形式为

$$\begin{cases} P(K_2 = k) = (-1.055\mathrm{E} - 06)k^3 + (1.3\mathrm{E} - 04)k^2 \\ \qquad\qquad -0.006k + 0.079, & k = 1, 2, \cdots, 63 \\ \sum P(K_2 > k) = 6.52\mathrm{E} - 04, & k > 63 \end{cases} \tag{6-15}$$

武广高铁晚点影响总时间的累积概率分布图形如图 6-18 所示。

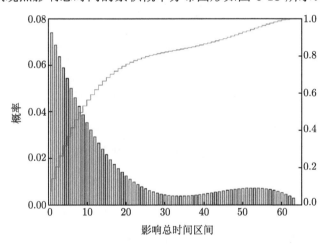

图 6-18　武广高铁晚点影响总时间区间累积分布函数图

6.3.1.3 高铁区段列车晚点影响总时间分布拟合

在对数据进行处理之后，本节得到广州南—韶关区段样本 101 个，韶关—衡阳东区段样本 90 个，衡阳东—长沙南区段样本 80 个，长沙南—赤壁北区段样本 93 个。对武广高铁四个区段进行备选模型曲线拟合，得到各备选模型的拟合优度如表 6-24 所示。

由表 6-24 可知，对于武广高铁的四个区段，三次模型对所有区段的影响总时间区间分布都有着最优的拟合效果。但是，对广州南—韶关、韶关—衡阳东、衡阳东—长沙南三个区段，其拟合优度都相对较小，结合武广区段影响列车数分布模型拟合过程，本节认为拟合优度较低是由于样本量不足造成的。武广高铁各区段对应的三次模型拟合参数如表 6-25 所示。

表 6-24　武广高铁各区段晚点影响总时间区间分布模型拟合优度

晚点区域	R^2					样本量
	逆模型	二次模型	三次模型	幂模型	指数模型	
广州南—韶关	0.266	0.421*	0.421*	0.384	0.361	101
韶关—衡阳东	0.330	0.638	0.660*	0.483	0.363	90
衡阳东—长沙南	0.300	0.591	0.597*	0.446	0.388	80
长沙南—赤壁北	0.861	0.756	0.871*	0.763	0.579	93

注：* 表示 R^2 最优的模型。

表 6-25　武广高铁各区段晚点影响总时间区间三次模型拟合参数

晚点区域	a	b	c	d
广州南—韶关	1.91E−07	2.4E−05	−0.002	0.053
韶关—衡阳东	3.19E−06	2.7E−04	−0.008	0.083
衡阳东—长沙南	3.36E−06	−3.5E−05	−0.003	0.073
长沙南—赤壁北	2.75E−05	0.002	−0.028	0.175

　　本节绘制出武广高铁各区段的晚点影响总时间区间的概率分布及最优拟合曲线图，如图 6-19 所示。

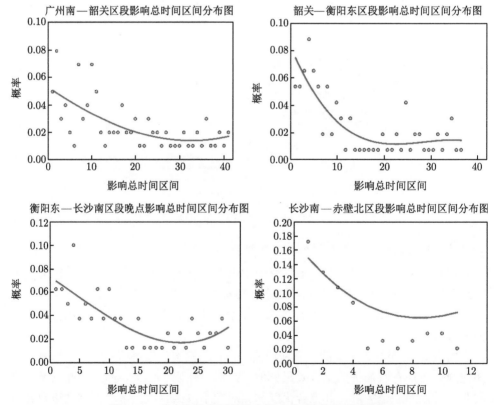

图 6-19　武广高铁各区段晚点影响总时间区间分布图

　　武广高铁各区段的晚点影响总时间区间模型解释程度如表 6-26 所示。

表 6-26 武广高铁各区段晚点影响列车数模型解释程度

晚点区域	K_i	Z_i	S_i	T_i/min	E_i/%
广州南—韶关	42	100	101	211~215	100
韶关—衡阳东	37	90	90	186~190	100
衡阳东—长沙南	30	90	80	151~155	100
长沙南—赤壁北	11	66	93	56~60	71

对广州南—韶关影响总时间区间分布，其概率密度形式为

$$\begin{cases} P(K_3 = k) = (1.91\text{E}-07)k^3 + (2.4\text{E}-05)k^2 - 0.002k + 0.053, & k = 1, 2, \cdots, 42 \\ \sum P(K_3 > k) = 0, & k \geqslant 43 \end{cases}$$

(6-16)

对于韶关—衡阳东影响总时间区间分布，其概率密度形式为

$$\begin{cases} P(K_4 = k) = (3.19\text{E}-06)k^3 + (2.7\text{E}-04)k^2 - 0.008k + 0.083, & k = 1, 2, \cdots, 37 \\ \sum P(K_4 > k) = 0, & k \geqslant 38 \end{cases}$$

(6-17)

对衡阳东—长沙南影响总时间区间分布，其概率密度形式为

$$\begin{cases} P(K_5 = k) = (3.36\text{E}-06)k^3 - (3.5\text{E}-05)k^2 - 0.003k + 0.073, & k = 1, 2, \cdots, 30 \\ \sum P(K_5 > k) = 0, & k \geqslant 31 \end{cases}$$

(6-18)

对长沙南—赤壁北影响总时间区间分布，其概率密度形式为

$$\begin{cases} P(K_6 = k) = (2.75\text{E}-05)k^3 + 0.002k^2 - 0.028k + 0.175, & k = 1, 2, \cdots, 11 \\ \sum P(K_6 > k) = 0.030746, & k \geqslant 12 \end{cases}$$

(6-19)

武广高铁四个区段的晚点影响总时间区间的累积分布函数如图 6-20 所示。

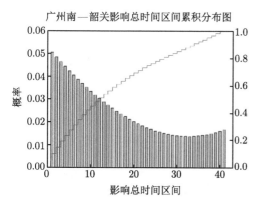
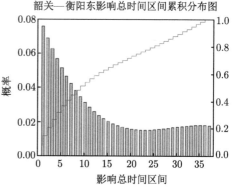

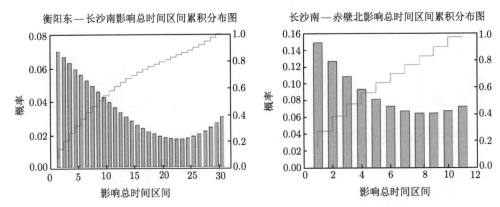

图 6-20　武广高铁各区段的晚点影响总时间区间累积分布图

6.3.2　晚点影响总时间分布模型检验

由于广州局 2016 年的晚点故障记录数据记录较为粗略，不能提取出晚点影响总时间。因此，本节将不能使用 2016 年的数据对拟合的模型进行双样本同分布检验，但是，与影响列车数一样，本节采用模型匹配度的方法对影响总时间区间进行模型精度校验。

6.3.2.1　广州局高铁列车晚点影响总时间分布检验

与影响列车数模型匹配度相似，随着晚点影响总时间区间的增大，其自身对应的概率为一个较小的值，此时使用模型匹配度概念来衡量模型的精度不是十分的合理。因此，本节对广州局晚点影响总时间模型匹配度进行检验时，只选取了前 10 个区间做检验。其检验结果如图 6-21 所示。

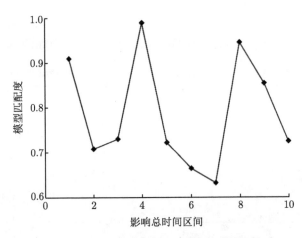

图 6-21　广州局晚点影响总时间区间模型匹配度

由图 6-21 可知，广州局晚点影响总时间区间分布模型的匹配度在区间值小于 10 时都保持在 0.6 以上，这证明三次模型对于影响总时间区间的模型拟合优度有着较好的效果。

6.3.2.2 武广高铁列车晚点影响总时间分布检验

与广州局晚点影响总时间区间相似，武广高铁的晚点影响总时间区间随着晚点区间的增大其模型匹配度受自身概率的影响较大。因此，本节也只对武广高铁晚点影响总时间区间小于 10 的情况做模型精度检验，其检验结果如图 6-22 所示。

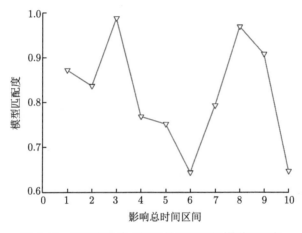

图 6-22　武广高铁晚点影响总时间区间模型匹配度

由图 6-22 可知，武广高铁晚点影响总时间区间分布模型匹配度在区间小于 10 时都保持在 0.6 以上，说明三次模型对于武广高铁的影响总时间区间分布有着较好的拟合优度。

6.3.2.3 高铁区段列车晚点影响总时间分布检验

与广州局与武广高铁晚点影响总时间区间模型匹配度相似，本节对武广高铁各区段的晚点影响总时间区间在数值小于 10 时进行模型匹配度检验，其检验结果如图 6-23 所示。

由图 6-23 可知，武广区段的模型匹配度波动较大，这与本节武广高铁各区段晚点影响总时间区间的拟合函数 R^2 较小有一定的关系，也与每个区段对应的数据量样本不足也有着很大的关系。根据武广高铁各区段晚点影响列车数分布拟合的经验，随着武广高铁各区段晚点影响总时间区间的样本量逐步增大，更加准确的分布模型能够被建立起来，这将是下一步要重点研究的问题。

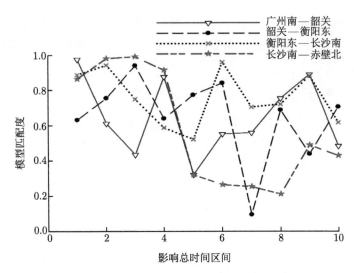

图 6-23　武广高铁各区段晚点影响总时间区间模型匹配度

6.4　高速列车晚点影响预测模型

在本章前两节，基于广州局晚点故障记录数据表建立了影响列车数、影响总时间的分布模型，这些模型反映了高速列车晚点影响的宏观规律，揭示晚点影响的微观机理还需要进行晚点影响的进一步建模，实现晚点影响的预测。然而，晚点故障记录表数据记录粗略，不能挖掘出晚点影响指标的影响特征，这势必导致晚点预测精度不够，且由于样本量不足以支撑在车站层级建立微观的晚点影响指标预测模型。晚点影响指标的分布规律可以作为宏观层面的晚点预警，不能定量地进行晚点程度的预测。因此，为了解决该问题，本书基于列车运行实绩筛选了车站的晚点数据，提取了晚点影响序列，建立了在车站微观层面的晚点影响程度定量预测模型，从而探索高速列车晚点横向传播的微观机理。

6.1 节给出了影响列车数与影响总时间的定义，由于当晚点时间小于 5min 时对列车运行秩序干扰较小，且易于调整，因此本书只考虑了第一列晚点列车晚点时间不小于 5min 的晚点影响序列。本节所使用的车站运行实绩的原始数据的范例如表 6-27 所示。

表 6-27　广州局车站运行实绩数据格式

车次	日期	车站	实际到达	实际出发	图定到达	图定出发	晚点时间
G1306	42100	广州北	15:53	15:53	15:53	15:53	0
G1016	42100	广州北	16:06	16:06	16:00	16:00	6
G1018	42100	广州北	16:11	16:11	16:07	16:07	4
G1404	42100	广州北	16:19	16:19	16:14	16:14	5
G6022	42100	广州北	16:25	16:25	16:26	16:26	−1

如表 6-27 所示：G1016 发生了晚点，其前行列车 G1306 未出现晚点，因此，G1016 次列车为初始晚点列车。G1016 次列车实际到达时间由于和 G1018 次列车的图定到达时间未保持最小的追踪间隔时间 I(5min)，因此认定 G1018 次列车晚点是由 G1016 次列车引起的。同理可以推出 G1404 晚点也是由 G1018 次列车晚点造成的。而对于 G6022 次列车，其图定到达时间与 G1404 实际到达时间保持了最小追踪间隔时间，且未发生晚点，晚点传播在 G1404 处终止，因此该晚点影响列车序列里 G1016 为初始晚点列车，G1018 与 G1404 次列车为连带晚点列车。

在晚点传播的链式过程中，通过对原始数据进行编程预处理得到了一系列的晚点序列，根据序列中晚点列车的顺序有无变化可以将晚点列车序列分为两类：

(a) 晚点传播过程中列车到站顺序未改变；

(b) 晚点传播过程中列车到站顺序发生改变，即列车发生晚点之后经过调度员调整，有越行发生使得列车原有到站运行顺序发生了改变。

第 (b) 种情况下的晚点传播过程中晚点影响程度受到调度人员经验与水平的影响，传播过程较为复杂，需要考虑较多的影响因素，目前阶段本节只对第 (a) 种晚点传播过程进行研究。

本节使用武广高铁广州北站至长沙南站的数据建立了晚点影响模型。2015 年 3 月 24 日至 2016 年 11 月 10 日的历史实绩数据被用于模型构建，其中随机抽取 70% 的样本量作为训练集，剩余 30% 的样本量作为验证集，比选不同机器学习模型，先找出对影响列车数预测模型有着最优效果的算法模型，再基于各个车站建立的具有最优效果的影响列车数预测模型，融合相应时段的运行图结构参数，比选不同机器学习算法，然后建立效果最优的影响总时间预测模型。最后，使用 2018 年 2 月 27 日至 2018 年 7 月 1 日实绩数据分别验证了各个车站建立的影响列车数与影响总时间预测模型在时间上的适用性。

6.4.1 晚点影响列车数预测模型

6.4.1.1 晚点影响列车数预测模型建立

通过对各个车站晚点影响列车序列的提取，发现在晚点影响列车数大于 5 时，其每一个值对应的样本量较小且分布较为离散。因此，本节将数据中晚点影响列车数大于 5 的情况归为一类。最终，本节将晚点影响列车数一共分成 6 类 (影响列车数为 1、2、3、4、5、6 及其以上)。

本节将晚点影响列车数设为 S，并作为模型输出，将影响晚点影响列车数的因素特征集设为 F 并作为输入特征。经过对晚点横向传播过程的解析之后，本节确定 F 由下列特征要素组成：

D：第一列晚点列车的到达晚点时间；

B：第一列晚点列车是否停站，0-1 变量；

T：晚点发生时段；

I：第一列晚点列车与后行第一列列车的计划间隔时间；

A：第一列晚点列车与前行列车是否使用同一条到发线，0-1 变量，如果某一列列车与前行列车使用同一条到发线，则其对应的变量 A 被标记为 1，否则为 0；

N：理想状态下冗余时间充分利用时，恢复第一列晚点列车到达晚点时间将影响的列车数。

需要说明的是，上述各变量的第一列晚点列车是指晚点影响序列中的广义初始晚点列车。

建立 S 与 F 的对应关系：

$$S = \Phi(D, B, T, I, A, N) \tag{6-20}$$

经过对原始数据进行预处理与特征提取，本节最终得到了列车到站时到站顺序未发生变化的晚点影响模型特征数据。数据范例如表 6-28 所示。

表 6-28　晚点时间影响模型特征数据格式范例

D	I	B	T	A	N	S	Y
5	6	否	8:00～9:00	0	2	2	9
6	7	否	16:00～17:00	0	3	3	12
5	8	是	8:00～9:00	1	3	2	7
6	6	否	9:00～10:00	1	5	3	10
6	7	否	17:00～18:00	0	2	2	11

上述各参数都可以在晚点发生时根据实时的运行图提取，如果列车调度员能够根据上述参数预测每列晚点列车将会影响多少列列车以及这些列车将总共影响多少时间，将为调度员制定调度决策以及车站调整行车作业计划提供理论依据。因此，本节希望以历史实绩数据为基础，建立晚点影响预测模型。

影响列车数为一个离散的随机变量，对其预测实质上是一个分类问题。本节使用机器学习分类器表示上述的函数 Φ，通过对比不同分类器，选择出具有最优效果的分类器。

现有机器学习分类模型中的支持向量机 (SVM)、随机森林 (RF)、K 最近邻分类 (KNN)、XGBOOST(eXtreme Gradient Boosting) 算法、Logistics 回归对于分类问题都有着很好的效果。本节将对这五种算法进行比选，使用 2015 年至 2016 年数据中 70%的数据作为训练集，使用剩余 30%作为验证集，选择准确率 (Accuracy)、ROC 曲线以及 AUC 值衡量模型的优劣，通过对比各个算法下模型的指标选择出最优的算法模型。其中准确率 (Accuracy) 定义为

$$\text{Accuracy} = \frac{N_c}{N_a} \tag{6-21}$$

N_c 代表正确分类的样本个数，N_a 表示总样本的个数，准确率 Accuracy 反映了分类器对整个样本的判定能力，即能将正的判定为正，负的判定为负的能力。在建模过程中，本节使用网格搜索方法分别对 5 个算法模型求得了最优的参数，并基于各自最优的参数得到各个算法模型在各个车站的测试集的 Accuracy 值，如表 6-29 所示。

表 6-29　晚点影响列车数备选模型的准确率

车站	随机森林	XGBOOST	SVM	Logistic 回归	KNN
广州北	0.7434	**0.8254***	0.5688	0.7381	0.7910
清远	0.7109	**0.8110***	0.6910	0.5679	0.7935
英德西	0.6533	**0.7200***	0.5733	0.6533	0.7067
韶关	0.6452	**0.6745***	0.6030	0.5363	0.6148
乐昌东	0.7213	**0.7464***	0.7205	0.6427	0.7297
郴州西	0.7069	**0.7727***	0.6739	0.4980	0.7602
耒阳西	0.6863	**0.7084***	0.7012	0.6306	0.7006
衡阳东	0.6251	**0.7007***	0.6291	0.5736	0.6919
衡山西	0.6559	**0.7653***	0.6469	0.6062	0.7360
株洲西	0.6220	**0.7476***	0.6074	0.5955	0.7092
长沙南	0.6929	**0.7137***	0.6639	0.6515	0.6515

注：* 表示各指标最佳值。

综合考虑上述 5 个备选算法模型的准确率，发现 XGBOOST 算法具有最优的效果。本节的影响列车数分类为一个 6 分类问题，XGBOOST 算法在除韶关以外的所有车站的测试集上仍然能保持 0.7 以上的模型精度，说明其对晚点影响列车数模型具有很好的预测能力。

此外，本节对比了不同模型 ROC 曲线和 AUC 值。假定对某一个晚点影响列车数 (值为 a) 进行预测，如果模型预测为 a，那就做正 (Positive) 的判定，如果模型预测不是 a，那就做负 (Negative) 的判定。定义 TP(True Positive) 表示做出 Positive 的判定，且判定结果是正确 (True) 的样本量，False Positive(TP) 表示错误的 (False) 的判定 Positive 样本量，True Negative(TN) 表示正确的 (True) 的判定 Negative 的样本量，False Negative(FN) 表示错误的 (False) 判定 Negative 的样本量。在分类学习器中，为了给测试样本产生一个预测实际值或预测概率，通常是将这个预测值与一个分类阈值进行比较，若该值大于阈值则将其分为正类，否则为反类。因此，可以根据学习器的预测结果，把阈值从 0 逐渐增加到最大，即刚开始是把每个样本作为正例进行预测，随着阈值的增大，分类器预测正样例数越来越少，直到最后没有一个样本是正样例。在这一过程中，每次计算出 TPR(True Positive Rate)= TP/(TP+FN)，代表分类器预测的正类中实际正实例占所有正实例的比例；负正类率 FPR(False Positive Rate)=FP/(FP+TN)，代表分类器预测的正类中实际负实例占所有负实例的比例真负类率；并使用 FPR 为横轴，TPR

为纵轴作图即可得到 ROC 曲线。通常认为可以对比不同算法的 ROC 曲线，若某一个算法的 ROC 曲线能够完全包裹另外一个算法的 ROC 曲线，则可以认为该算法比另一个算法有更好的准确性。但是这种情况较少出现，因此可以计算 ROC 曲线与横纵坐标轴所围成的面积，即 AUC 值，若 AUC 值越大，则认为该算法越准确。本节绘制了广州北至长沙南所有车站的 ROC 曲线并计算了 AUC 值，具体结果如图 6-24 所示。

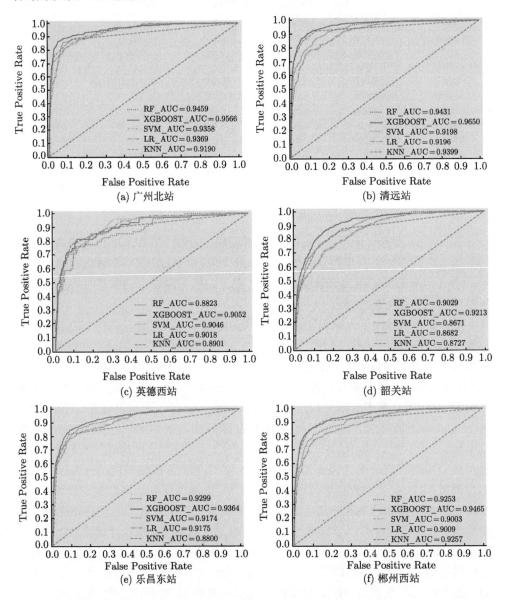

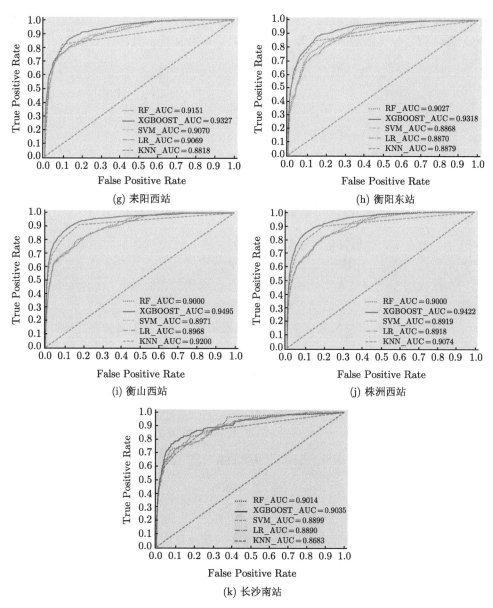

图 6-24 晚点影响列车数备选模型 ROC 曲线与 AUC 值

由图 6-24 可知，在广州北—长沙南的所有车站中，XGBOOST 算法都有着最优的 AUC 值，结合各个车站的 ACCURACY 指标值，有理由相信使用 XGBOOST 算法作为各个车站的晚点影响列车数预测模型是最合理的。

XGBOOST 算法原理介绍如下所示：XGBOOST 算法是一套基于 GBDT 对 Boosting 算法进行改进的、可并行计算的机器学习工具，内部决策树使用的是回归树，有着速度快，效果好、能处理大规模数据等特点。Boosting 是一种将弱分类器转化为强分类器的方法，其函数模型具有可叠加性。具体表示如下：

$$D = \{(x_i, y_i)\} \quad (|D| = n, x_i \in \mathbf{R}^m, y_i \in \mathbf{R})$$

$$\hat{y}_i = \phi(x_i) = \sum_{k=1}^{K} f_k(x_i), \quad f_k \in F \tag{6-22}$$

其中 D 表示数据集合，$\mathbf{R}^m, \mathbf{R}^T$ 分别表示 m 维和 T 维实数集，n 表示样本量。其中每棵树 (每次迭代) 都是一个树模型，可以表示为

$$F = \left\{ f(X) = w_{q(x)} \right\} \quad (q : \mathbf{R}^m \longrightarrow T, w \in \mathbf{R}^T) \tag{6-23}$$

$q(x)$ 表示样本 X 到树模型叶子节点的映射关系，w 是树模型中用来拟合属于各自叶子节点的样本的预测值，T 为叶子的个数，K 为迭代次数。从第二轮起，将上一次迭代的预测值与真实值的残差作为每次迭代的训练输入，最后叶子节点的结果也为残差的预测，最后所有迭代加一起即为所求。

XGBOOST 的目标函数由损失函数与复杂度组成，其中复杂度又由叶子数目与正则项组成，其具体表示为

$$J(\phi) = \sum_i l(\hat{y}_i, y_i) + \sum_k \Omega(f_k)$$

$$\Omega(f) = \gamma T + \frac{1}{2} \lambda \|w\|^2 \tag{6-24}$$

对于每次迭代，可以将一棵树的训练目标函数写成如下形式：

$$J^{(t)} = \sum_{i=1}^{n} l(y_i, \hat{y}_i^{(t-1)} + f_t(x_i)) + \Omega(f_t) \tag{6-25}$$

将第 $t-1$ 次迭代后的预测值，实际值输入，用来拟合残差 $f(x)$。由于我们不知道损失函数的具体形式，因此无法对 $f(x)$ 进行有效估计，因此做如下推导：

首先将目标函数进行泰勒二阶展开：

$$J^{(t)} \simeq \sum_{i=1}^{n} \left[l(y_i, \hat{y}_i^{(t-1)}) + g_i f_t(x_i) + \frac{1}{2} h_i f_t^2(x_i) \right] + \Omega(f_t) \tag{6-26}$$

其中：

$$g_i = \frac{\partial L(y_i, \hat{y}_i^{(t-1)})}{\partial \hat{y}_i^{(t-1)}}, \quad h_i = \frac{\partial^2 L(y_i, \hat{y}_i^{(t-1)})}{\partial \hat{y}_i^{(t-1)}} \tag{6-27}$$

将正则项展开：

$$J^{(t)} \simeq \sum_{i=1}^{n} \left[l(y_i, \hat{y}_i^{(t-1)}) + g_i f_t(x_i) + \frac{1}{2} h_i f_t^2(x_i) \right]$$
$$+ \Omega(f_t) + \gamma T + \frac{1}{2} \lambda \sum_{j=1}^{T} w_j^2 + C \tag{6-28}$$

去掉常数项：

$$\tilde{J}^{(t)} \simeq \sum_{i=1}^{n} \left[g_i f_t(x_i) + \frac{1}{2} h_i f_t^2(x_i) \right] + \gamma T + \frac{1}{2} \lambda \sum_{j=1}^{T} w_j^2$$
$$\tilde{J}^{(t)} \simeq \sum_{j=1}^{T} \left[\left(\sum_{i \in I_j} g_i \right) w_j + \frac{1}{2} \left(\sum_{i \in I_j} h_i \right) w_j \right] + \gamma T + \frac{1}{2} \lambda \sum_{j=1}^{T} w_j^2 \tag{6-29}$$
$$\tilde{J}^{(t)} \simeq \sum_{j=1}^{T} \left[\left(\sum_{i \in I_j} g_i \right) w_j + \frac{1}{2} \left(\sum_{i \in I_j} h_i + \lambda \right) w_j \right] + \gamma T$$
$$w_j = f(x_i), \quad i \in I_j$$

对 w 求偏导可得使目标函数最小的值为

$$w_j^* = - \frac{\sum\limits_{i \in I_j} g_i}{\sum\limits_{i \in I_j} h_i + \lambda} \tag{6-30}$$

代入目标函数可得目标函数的最小值为

$$J^{(t)}(q) = \frac{1}{2} \sum_{j=1}^{T} \frac{\left(\sum\limits_{i \in I_j} g_i \right)^2}{\sum\limits_{i \in I_j} h_i + \lambda} + \lambda T \tag{6-31}$$

本节在使用 XGBOOST 模型建立晚点影响列车数模型之后，确定了各个特征对模型影响的重要度。其图形如图 6-25 所示。

由图 6-25 可知，除英德西站以外，其余车站的晚点时段 (T) 对于晚点影响列车数模型有着最高的重要度，晚点时段隐含了当前时段的行车密度以及列车运行图结构等信息。分析上述各指标的重要度可以对晚点发生时的影响程度判断以及调度决策方案制定时所考虑因素的主次关系提供一定的依据。

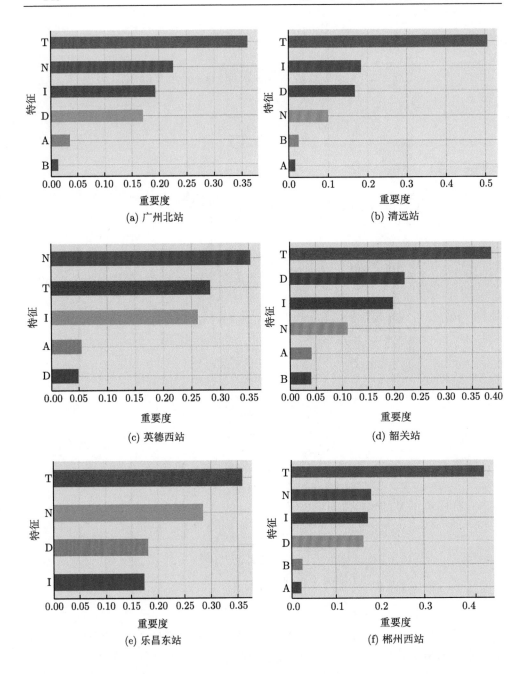

(a) 广州北站

(b) 清远站

(c) 英德西站

(d) 韶关站

(e) 乐昌东站

(f) 郴州西站

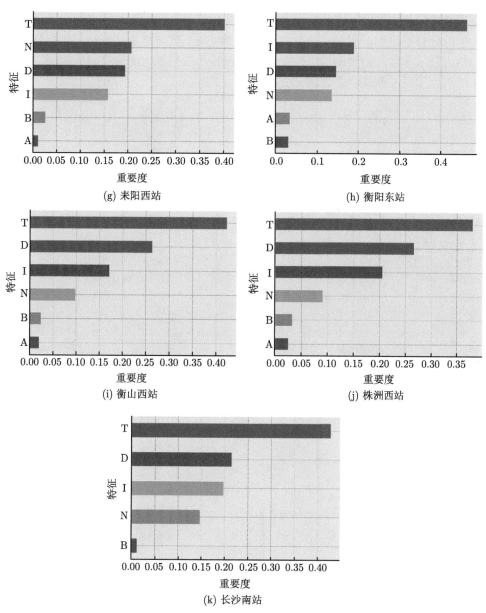

图 6-25 晚点影响列车数模型各特征要素的重要度

热力图可以以不同颜色的显示，表明图像区域中晚点发生后的影响强度，三维柱状图能够以柱状线直观地展现晚点的影响程度，它们都能够一定程度上协助列车调度员进行风险预警。由上述对影响列车数影响特征重要度的分析可知，晚点时段对影响列车数有着重要的影响，在晚点影响序列中，广义初始晚点的信息是能够最先被获取的。因此，本节使用广义初始晚点列车到达晚点时间以及晚点发生时段分别作为横纵坐标，以平均晚点影响列车数与总晚点影响列车数分别作为热力显示和柱状线绘制出广州北至长沙南各个车站热力图和三维柱状图。各车站的热力图与三维柱状图如图 6-26 和图 6-27 所示。

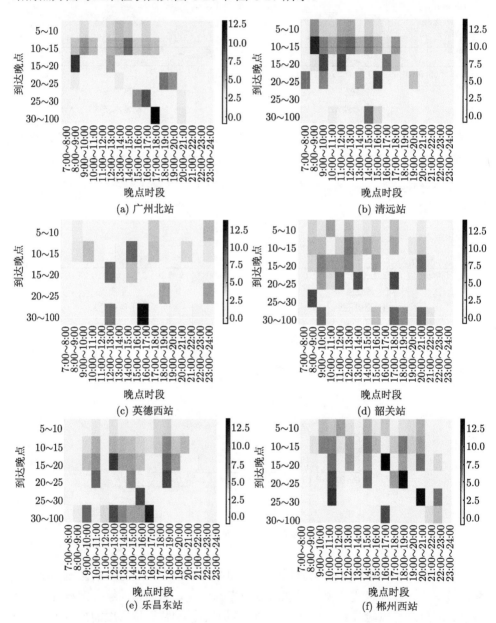

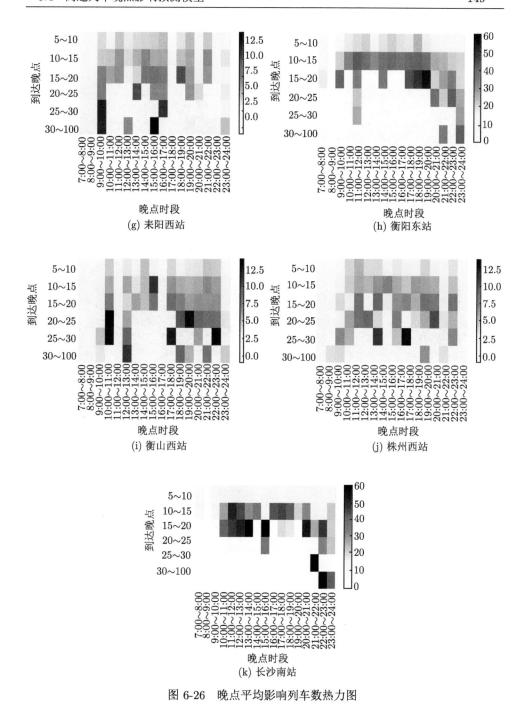

图 6-26　晚点平均影响列车数热力图

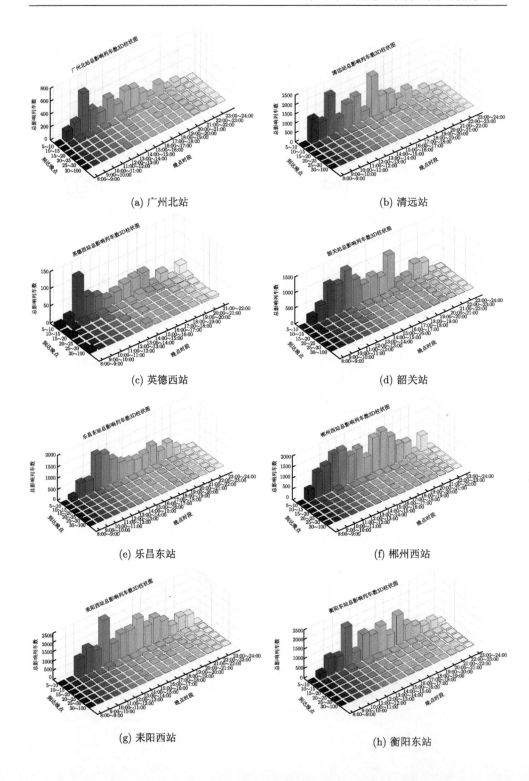

(a) 广州北站

(b) 清远站

(c) 英德西站

(d) 韶关站

(e) 乐昌东站

(f) 郴州西站

(g) 耒阳西站

(h) 衡阳东站

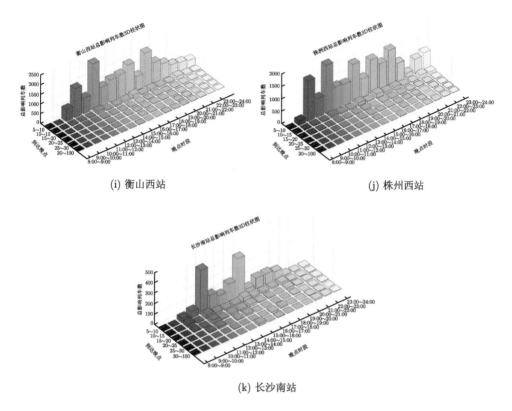

(i) 衡山西站   (j) 株州西站

(k) 长沙南站

图 6-27 晚点总影响列车数三维柱状图

由图 6-27 可知，到达晚点越大时，平均的影响列车数通常越大，而总影响列车数主要集中于到达晚点时间为 5~10min，这说明到达晚点为 5~10min 时频率最密集，但对影响列车数影响较小。

6.4.1.2 晚点影响列车数预测模型检验

由于武广高铁在 2016~2018 年的固定基础设施与运行图结构未发生重大的改变，因此，为了验证本节建立的影响列车数预测模型在时间维度的适用性，本节使用各个车站 2018 年的晚点数据对建立的预测模型进行时间维度上的鲁棒性检验。将各车站 2018 年的数据导入模型，得到影响列车数的预测精度结果如图 6-28 所示。

由图 6-28 可知，武广高铁各个车站建立的影响列车数预测模型，对 2018 年的数据仍然有着很好的模型预测结果，大部分车站的预测准确率都能达到 0.7 以上，即使在耒阳西、衡阳东与株洲西结果未能达到 0.7 以上，其预测精度也能保证在 0.62 以上。因此，有理由相信在晚点发生后，XGBOOST 模型能够较为精确地预测晚点影响列车数。

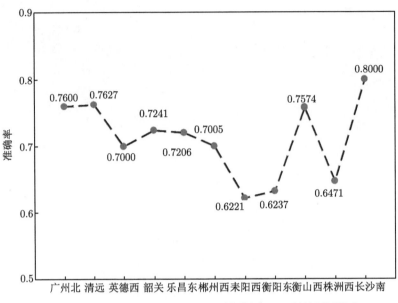

图 6-28　影响列车数的 XGBOOST 模型在 2018 年的预测精度

6.4.2　晚点影响总时间预测模型

6.4.2.1　晚点影响总时间预测模型建立

影响总时间是衡量晚点影响程度严重大小的另一个重要指标，通过预测晚点影响总时间的大小，结合上一节中预测得到的晚点影响列车数，列车调度员可以掌握在晚点发生后可能的晚点影响程度。此外，列车调度员还可以预测当影响列车数已经为 x 时 (x 为大于 1 且小于预测的影响列车数的正整数时)，后续将还会有多少影响列车数以及后续的影响总时间为多少，其逻辑关系如下所示：

假设在一个晚点影响列车序列中，通过模型预测得到的晚点影响总时间的大小为 T_{td}，结合上一节中预测得到的晚点影响列车数 (设为 N)，晚点影响列车序列中的第 i 列车晚点时间为 T_{at}^i，则有如下的判别关系：

IF $i=1$; THEN 预测影响总时间为 T_{td}，晚点影响列车数为 N;

IF $1 < i \leqslant N$; THEN 预测后续的影响总时间为 $T_{td} - \sum\limits_{i=1}^{N} t_{at}^i$，晚点列车数为 $N - i$。

影响总时间是一组连续的数据，对其预测是一个回归问题，现有机器学习算法中有多种算法可以很好地解决回归问题。本节将影响总时间设为 Y 作为模型输出，影响总时间的影响因素特征集设为 F_I，作为模型输入特征，经过分析确定

F_1 的组成因素如下, 由于本节以初始晚点影响为研究示例, 将第一列晚点列车定义为广义初始晚点列车:

D: 广义初始晚点列车的到达晚点时间;

B: 广义初始晚点列车是否停站;

T: 晚点发生时段;

I: 广义初始晚点列车与后行第一列列车的计划间隔时间;

A: 与前行列车是否使用同一条到发线, 0-1 变量;

N: 理想状态下冗余时间充分利用时, 恢复第一列晚点列车到达晚点时间将影响的列车数;

P: 理想状态下冗余时间充分利用时, 恢复第一列晚点列车到达晚点时间将影响的总时间;

S': 通过晚点影响列车数预测模型预测得到的影响列车数

$$Y = \varphi(D, B, T, I, N, A, P, S') \tag{6-32}$$

其中 φ 表示机器学习算法模型, 通过对不同算法模型进行比选, 选择出最合适的机器学习算法模型。现有机器学习分类模型中的随机森林 (Random Forest)、XGBOOST 算法、支持向量回归 (Support Vector Regression)、Lasso 回归 (Lasso Regression) 以及岭回归 (Ridge Regression) 等算法都对于回归问题都有着很好的效果。因此本节将对这五种算法进行比选, 将上一节预测得到的晚点影响列车数列入原始数据, 作为模型输入, 使用武广高铁广州北至长沙南车站 2015 年至 2016 年数据中 70% 的数据作为训练集, 使用剩余 30% 作为验证集。

本节在评价模型优劣时, 平均绝对误差 (MAE)、平均绝对百分比误差 (MAPE) 以及模型预测值与实际值之差绝对值小于 i min (i=1,2,3,4,5) 所占比例 (LESS-TAHN i) 等指标来衡量模型的优劣, MAE 与 MAPE 为

$$\begin{aligned} \text{MAE} &= \frac{1}{N} \sum_{i=1}^{N} |y_i - \hat{y}_i| \\ \text{MAPE} &= \frac{1}{N} \sum_{i=1}^{N} \left| \frac{y_i - \hat{y}_i}{y_i} \right| \end{aligned} \tag{6-33}$$

其中, y_i 表示真实值, $\hat{y}_i$ 表示预测值。通过对比各个模型指标选择出最优的模型。使用网格搜索方法得到各模型的最优参数, 最终得到各模型的 MAE、MAPE、LESSTHAN i 指标如图 6-29 所示。

由图 6-29 可知, 相较于其他算法, SVR 在 MAE、MAPE 和 LESSTHAN i 指标上有着更优异的表现, 因此本节选择 SVR 模型作为晚点影响总时间预测模型。

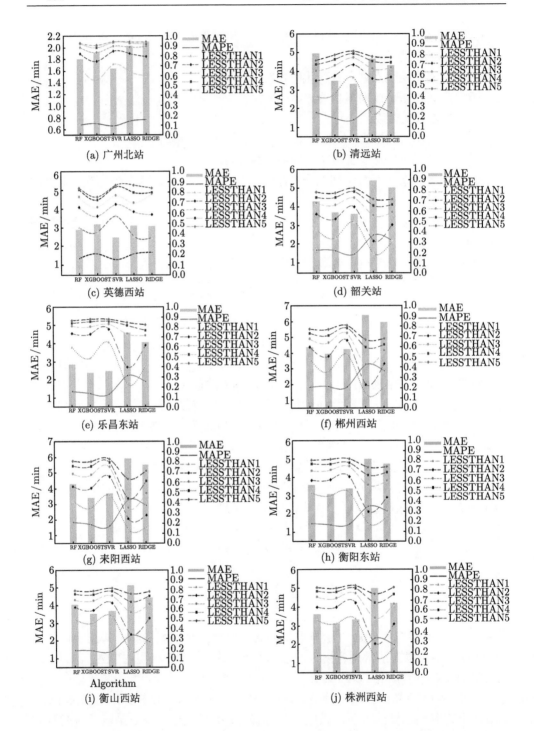

(a) 广州北站

(b) 清远站

(c) 英德西站

(d) 韶关站

(e) 乐昌东站

(f) 郴州西站

(g) 耒阳西站

(h) 衡阳东站

(i) 衡山西站

(j) 株洲西站

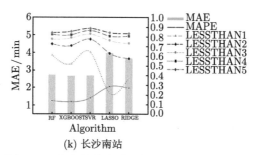

(k) 长沙南站

图 6-29 晚点影响总时间备选模型精度

SVR 是一种从训练数据集中提取支持向量并用于回归函数拟合的机器学习方法。SVR 模型描述如下所示:

对于一个回归问题, 给定训练样本 $\{(\boldsymbol{x}_1, y_1), (\boldsymbol{x}_2, y_2), \cdots, (\boldsymbol{x}_m, y_m)\}, y_i \subset \mathbf{R}$, $x_i = (x_{i1}, x_{i2}, \cdots, x_{id}) \in \mathbf{R}^d$, $i = 1, 2, \cdots, n$ 表示描述第 i 个事件 d 个属性的输入变量向量, $\boldsymbol{X} = \mathbf{R}^d$ 表示用于描述事件的 d 维空间, $y_i \in \mathbf{R}$ 表示第 i 个事件对应的输出变量向量, SVR 所解决的问题是寻找能准确预测高维数据分布的超平面。

对于 y_i 而言, 我们希望可以找到一个函数 $f(\boldsymbol{x})$ 使得 $f(\boldsymbol{x}_i)$ 与 y_i 尽可能接近, 而 SVR 假定模型输出 $f(\boldsymbol{x}_i)$ 与真实值 y_i 之间可以有容许的偏差 ε, 也就是说只要样本的预测值落在 $f(\boldsymbol{x}_i)$ 两侧在 y 轴方向上绝对值之差小于 ε 的间隔带上就表示是预测正确的, 此时相当于以 $f(\boldsymbol{x})$ 为中心, 构建一个宽度为 2ε 的间隔带, 设 $f(\boldsymbol{x}) = \boldsymbol{w}^{\mathrm{T}}\boldsymbol{x} + \boldsymbol{b}$。

因此 SVR 问题可以转化为

$$\min_{\boldsymbol{w}, \boldsymbol{b}} = \frac{1}{2}\|\boldsymbol{w}\|^2 + C\sum_{i=1}^{m} L_s\left(f(\boldsymbol{x}_i) + y_i\right) \tag{6-34}$$

其中 L 代表损失函数

$$L(z) = \begin{cases} 0, & |z| \leqslant \varepsilon \\ |z| - \varepsilon, & \text{其他} \end{cases} \tag{6-35}$$

引入松弛因子, 目标函数变为

$$\min_{\boldsymbol{w}, \boldsymbol{b}, \xi_i, \xi_i^*} = \frac{1}{2}\|\boldsymbol{w}\|^2 + C\sum_{i=1}^{m}(\xi_i + \xi_i^*)$$

$$\text{s.t.} \begin{cases} -\varepsilon - \xi_i^* \leqslant f(\boldsymbol{x}_i) - y_i \leqslant \varepsilon + \xi_i \\ \xi_i^*, \xi_i \geqslant 0, \quad i = 1, 2, \cdots, m \end{cases} \tag{6-36}$$

C 是惩罚因子, ε 是容许的偏差。通过引入拉格朗日乘子, 得到拉格朗日函数:

$$L(w, b, \alpha, \alpha^*, \xi_i, \xi_i^*, u, u^*)$$

$$= \frac{1}{2}\|\boldsymbol{w}\|^2 + C\sum_{i=1}^{m}(\xi_i + \xi_i^*) - \sum_{i=1}^{m}u_i\xi_i - \sum_{i=1}^{m}u_i^*\xi_i^*$$

$$+ \sum_{i=1}^{m}\alpha_i(f(\boldsymbol{x}_i) - y_i - \varepsilon - \xi_i) + \sum_{i=1}^{m}\alpha_i^*(f(\boldsymbol{x}_i) - y_i - \varepsilon - \xi_i^*) \tag{6-37}$$

对四个变量求偏导, 并令其等于 0, 得到

$$\begin{cases} w = \displaystyle\sum_{i=1}^{m}(\alpha_i^* - \alpha_i)\boldsymbol{x}_i \\[2mm] 0 = \displaystyle\sum_{i=1}^{m}(\alpha_i^* - \alpha_i) \\[2mm] C = \alpha_i + u_i \\ C = \alpha_i^* + u_i^* \end{cases} \tag{6-38}$$

然后将式子代入后可得 SVR 的对偶问题如下:

$$\max_{\alpha,\alpha^*}\ \sum_{i=1}^{m}y_i(\alpha_i^* - \alpha_i) - \varepsilon(\alpha_i^* - \alpha_i) - \frac{1}{2}\sum_{i=1}^{m}\sum_{j=1}^{m}(\alpha_i^* - \alpha_i)(\alpha_j^* - \alpha_j)\boldsymbol{x}_i^{\mathrm{T}}\boldsymbol{x}_j$$

$$\text{s.t.}\ \sum_{i=1}^{m}(\alpha_i^* - \alpha_i) = 0, \quad 0 \leqslant \alpha_i^*, \alpha_i \leqslant C$$

$$\tag{6-39}$$

上述过程需要满足库恩-塔克条件 (KKT 条件), 即

$$\begin{cases} \alpha_i(f(\boldsymbol{x}_i) - y_i - \varepsilon - \xi_i) = 0 \\ \alpha_i^*(f(\boldsymbol{x}_i) - y_i - \varepsilon - \xi_i^*) = 0 \\ \alpha_i\alpha_i^* = 0, \xi_i^*\xi_i = 0 \\ (C - \alpha_i)\xi_i = 0, \quad (C - \alpha_i^*)\xi_i^* = 0 \end{cases} \tag{6-40}$$

最终, 得到 SVR 的解为

$$f(\boldsymbol{x}) = \sum_{i=1}^{m}(\alpha_i^* - \alpha_i)\boldsymbol{x}_i^{\mathrm{T}}\boldsymbol{x} + b$$

$$\tag{6-41}$$

$$b = y_i + \varepsilon - \sum_{i=1}^{m}(\alpha_i^* - \alpha_i)\boldsymbol{x}_i^{\mathrm{T}}\boldsymbol{x} + b$$

与影响列车数相似, 本节使用晚点发生时段以及到达晚点时间分别作为横纵坐标, 以晚点平均影响总时间作为热力显示, 以晚点总影响总时间作为柱状线绘制出热力图和三维柱状图如图 6-30 和图 6-31 所示。

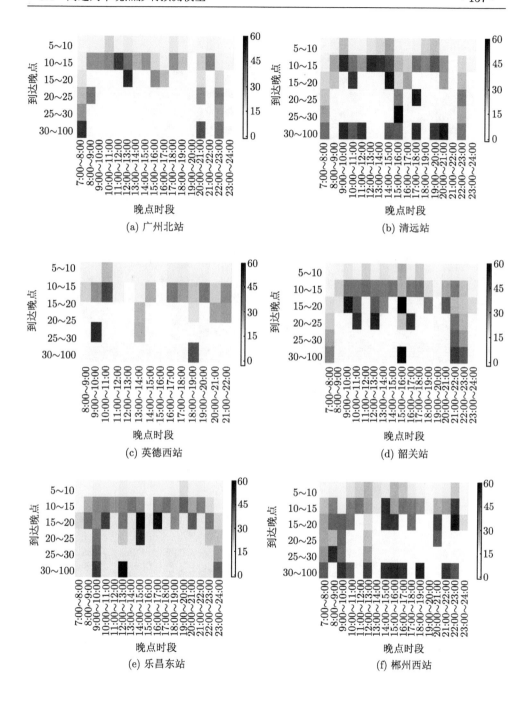

(a) 广州北站

(b) 清远站

(c) 英德西站

(d) 韶关站

(e) 乐昌东站

(f) 郴州西站

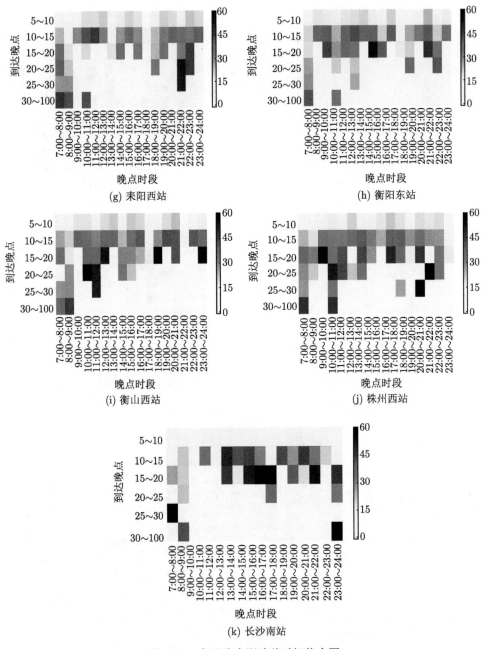

图 6-30　各站晚点影响总时间热力图

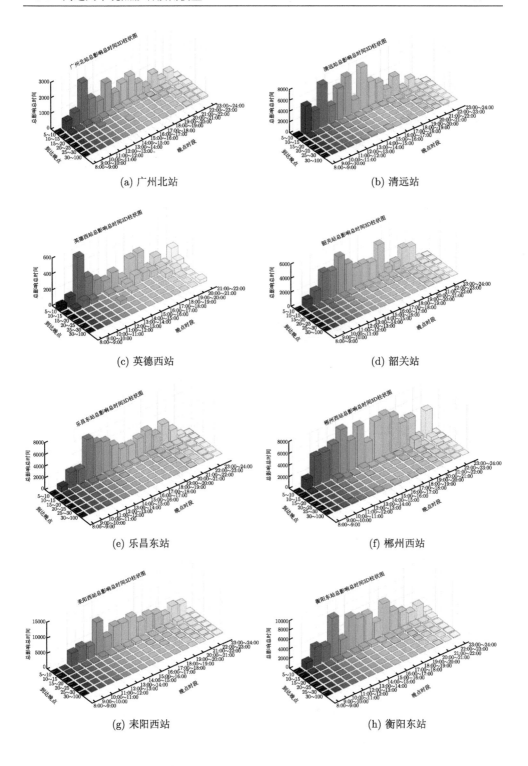

(a) 广州北站

(b) 清远站

(c) 英德西站

(d) 韶关站

(e) 乐昌东站

(f) 郴州西站

(g) 耒阳西站

(h) 衡阳东站

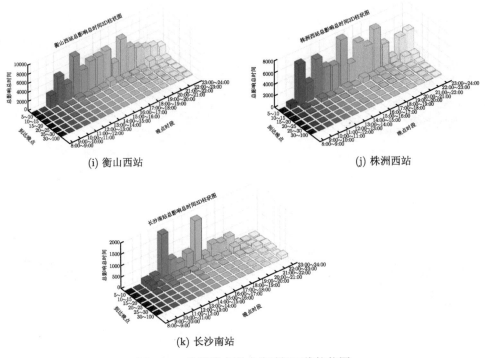

(i) 衡山西站   (j) 株洲西站

(k) 长沙南站

图 6-31 各站晚点影响总时间三维柱状图

图 6-30 与图 6-31 中，到达晚点代表晚点列车到达车站的到达晚点时间，晚点时段是将一天的行车时间 7:00~23:00 按照 1 小时的长度划分而得到的。与影响列车数的热力图和三维柱状图相似，到达晚点越大时，平均的影响总时间通常越大，而总影响总时间主要集中于到达晚点时间为 5~10min 时。说明到达晚点为 5~10min 时频率最密集，而对影响总时间影响较小。

6.4.2.2 晚点影响总时间预测模型检验

与影响列车数检验相似，对建立的晚点影响总时间预测模型，本节使用广州北站—长沙南站各个车站 2018 年的晚点数据进行时间维度上的鲁棒性检验。将武广高铁广州北车站至长沙南车站 2018 年数据导入所建立的晚点影响总时间模型，其预测准确率检验结果显示如图 6-32 所示。

由图 6-32 可知，SVR 在 2018 年检验数据上 MAE 都在为 5min 以下，且 LESSTHAN5 的值达到了都能保持 0.8 以上，说明 SVR 对于武广高铁各车站的晚点影响总时间有着较好的预测效果。因此，有理由相信 SVR 在时间维度上对影响总时间预测模型有着较强的可靠性。

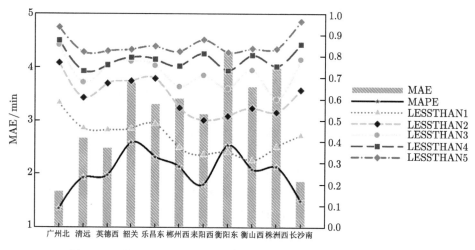

图 6-32　武广高铁各车站晚点影响总时间 2018 年检验数据准确率

6.5　本章小结

本章基于 2014～2015 年广州局管辖范围内的 6 条高速铁路晚点故障记录表中的实绩数据，将影响总时间以 5min 划分区间，使用逆模型、二次模型、三次模型、指数函数、幂函数分别对广州局、武广高铁线、武广高铁区段三个层级进行了晚点影响总时间分布模型拟合，结果显示三次模型对于三个层级的晚点时间有着最优的拟合优度。

基于 2015～2016 年广州北站—长沙南站的运行数据，提取了车站列车晚点影响列车序列，结合晚点时间和晚点发生时运行图结构，对比不同机器学习算法模型，建立了具有最优效果的晚点影响列车数预测模型，并使用 2018 年各个车站的数据进行了时间维度上的预测效果检验，结果显示：XGBOOST 算法在时间维度上对晚点影响列车数预测模型有着最优的效果，且具有很高的预测精度。

基于广州北站—长沙南站提取的晚点影响列车序列与建立的影响列车数预测模型，建立各车站具有最优效果的影响总时间预测模型。使用 2018 年各个车站的数据对模型进行了时间维度上的检验，结果显示：SVR 模型在时间维度对影响总时间模型有着最优的效果，且具有较高的预测精度。

第 7 章　高速列车晚点纵向传播模型

高速列车晚点的纵向传播过程是一个晚点增加和晚点恢复持续相互作用的过程，研究晚点的纵向传播机理实质就是要重点研究列车晚点后在其运行方向剩余行程中晚点的发展特性和晚点恢复的规律。如图 5-14 所示，列车晚点的纵向传播也受到晚点横向传播的影响，即当前列车的晚点状态同时会受到其前行列车晚点的影响。因此，需要在考虑列车间相互依赖关系的基础上研究高速列车晚点的传播过程。

本章将基于广州局的高速列车运行实绩研究列车晚点纵向传播机理。本章分别从只考虑目标列车自身状态和考虑多列车依赖关系两方面进行晚点预测，探究列车晚点纵向传播特征。7.1 节只考虑目标列车的上一运行状态对下一运行状态的影响，建立马尔可夫链描述列车晚点纵向传播过程实现列车晚点预测，7.2 节在 7.1 节的基础上，基于混合贝叶斯理论研究考虑目标列车前两个状态对下一状态的影响时进行列车晚点预测。7.3 节通过运用多层感知器 (MLP) 和长短记忆神经网络 (LSTM) 结合的深度学习方法，更进一步研究在考虑多列车相互影响及多前序状态情况下的高速列车晚点预测问题。马尔可夫晚点预测模型是国内外常采用的研究列车晚点问题的模型，即将列车运行过程看作是一个马尔可夫过程，列车当前的状态只决定于上一状态，是将问题简化的建模。本章提出的混合贝叶斯晚点预测模型发展了马尔可夫过程，考虑了目标列车前序两个状态影响的晚点预测。本章提出的 FCL-Net 晚点预测模型充分模拟调度员的决策过程，运用深度学习方法考虑尽可能多的列车信息，从而更加贴近调度员的列车运行调整实际决策。

7.1　单列车晚点预测的马尔可夫模型

在已有研究中，马尔可夫模型被用来评估列车在后续车站晚点的变化过程，并通过该模型可以预测列车晚点传播过程 [37,129]。马尔可夫模型只考虑目标列车当前状态对下一状态的影响，通过状态转移矩阵计算列车运行状态的连续推理。

7.1.1　马尔可夫晚点传播链构建

马尔可夫链是一个随机模型，主要是用来描述一系列可能的状态，该模型的主要特征是某一时刻的状态只取决于它的前一时刻的状态，而与前一时刻之前发生的状态无关。马尔可夫模型预测是利用概率建立一种随机型时序模型来进行预测的一种方法。它将时间序列看作一个随机过程，通过对事物同状态的初始概率和状态之间转移概率的研究，确定状态变化趋势，以预测事物的未来。马尔可夫法是一种随机时间序列分析法。当一个随机过程在给定当前状态及所有过去状态的情况下，其未来状态的条件概率分布仅依赖于当前状态，与过去状态 (即该过程的历史路径) 是条件独立的，那么此随机过程即具有马尔可夫性质。

如果随机过程 $\{S_t\}$，$t \in T$ 具备该种特殊性质：$S_t = i$，也即某一随机过程在 t 时刻处于状态 i，则在 $t+1$ 时刻处于状态 j 的概率是一个固定值 p_{ij}，即有 $p\{S_{t+1} = j | S_0 = k_0, S_1 = k_1, \cdots, S_{t-1} = k_{t-1}, S_t = i\} = p\{S_{t+1} = j | S_t = i\}$ 对于 $t = 0, 1, \cdots$ 和每一序列 $i, j, k_0, k_1, \cdots, k_{t-1}$ 均成立，则称此随机过程具有马尔可夫属性，是具有马尔可夫属性的随机过程 $\{S_t\}(t = 0, 1, 2, \cdots)$ 被称为马尔可夫链。马尔可夫链的传播是由条件分布概率来表示的，这个概率称为随机过程中的 "转移概率"。

在使用马尔可夫预测车站晚点的传播时，构成传播链的主要元素有：列车当前时刻的晚点状态、列车晚点状态转移矩阵、列车下一时刻的状态。既然某一时刻状态转移的概率只依赖前一个状态，那么只要计算出系统中任意两个状态之间的转移概率就可以确定整个马尔可夫晚点传播链。

设 a_i 为出发车站晚点 i min 的列车数，b_{ij} 为在第一车站晚点 i min、在第二车站晚点 j min 的列车数，状态转移概率为 p_{ij}，由 p_{ij} 构成的矩阵为状态转移矩阵。a_i，b_{ij} 以及 p_{ij} 之间的关系见式 (7-1) ~ (7-3)。

$$p_{ij} = \frac{a_i}{b_{ij}} \tag{7-1}$$

$$a_i = \sum_{j=1} b_{ij} \tag{7-2}$$

$$P = \begin{bmatrix} p_{11} & p_{12} & \cdots & p_{1j} \\ p_{21} & p_{22} & \cdots & p_{2j} \\ \vdots & \vdots & & \vdots \\ p_{i1} & p_{i2} & \cdots & p_{ij} \end{bmatrix} \tag{7-3}$$

对于相邻两个车站，列车从第一个车站出发晚点状态到第二个车站的到达晚点状态的转移、第二个车站到达的晚点状态到第二个车站出发的晚点状态的转移、第二个车站出发的晚点状态到第三个车站到达的晚点状态转移，以此类推。晚点随着时间的变化不停地变化，因此对于相邻的两个车站，上述三种完整的晚点传播矩阵构成了整个晚点传播链。

7.1.2　高速列车晚点预测马尔可夫模型

首先判断所有整理出来的车站数据，找出每列车在各车站的晚点时长，记录所有在某站晚点的列车数，再以此状态为基础记录到达下一个站的晚点状态列车数，后者对于前者的占比就是前一个车站的晚点状态转移到下一个晚点状态的转移概率。

根据一步转移概率和马尔可夫链的传播性质，将列车的初始状态与对应的状态转移概率相乘可以得到列车在未来某站的晚点状态的概率。也就是说在某站的列车的晚点状态 S 转变为下一个车站的晚点状态 S' 可以通过相邻站间的状态转移矩阵相乘求得的晚点状态发生的概率矩阵 T，但是由于马尔可夫的无后效性，每两站之间都会有一个更新状态概率矩阵 T，找到概率最大的晚点状态并将预测结果写成"新的"初始状态矩阵 S (矩阵 S 中，预测的晚点状态对应元素值为 1，其余晚点状态对应的元素值为 0)，由于车站在某站的晚点状态只与前一个站有关，而与之前的所有状态无关，于是不能使用状态概率矩阵直接与状态转移矩阵相乘。例如某站的状态概率矩阵为 $T = [0.1, 0.2, 0.3, 0.4, 0, 0, 0, 0, 0]$，更新以后的状态矩阵为 $S = [0, 0, 0, 1, 0, 0, 0, 0, 0]$，$S$ 继续与后方的转移矩阵相乘，于是定义一个函数来表示这一步。数学表达函数的含义，即

$$S^{(n)} = \Phi(T^{(n)}) \tag{7-4}$$

使用算式表示计算晚点状态的过程为

$$
\begin{aligned}
T^{(0)} &= S^{(0)} \\
S^{(0)} &= \Phi(T^{(0)}) \\
T^{(1)} &= T^{(0)} \cdot P^{(1)} = S^{(0)} \cdot P^{(1)} \\
S^{(1)} &= \Phi(T^{(1)}) \\
T^{(2)} &= S^{(1)} \cdot P^{(2)} = \Phi(T^{(1)}) \cdot P^{(2)} \\
S^{(2)} &= \Phi(T^{(2)}) \\
T^{(3)} &= S^{(2)} \cdot P^{(3)} = \Phi(T^{(2)}) \cdot P^{(3)} \\
&\cdots\cdots \\
T^{(k+1)} &= S^{(k)} \cdot P^{(k+1)} = \Phi(T^{(k)}) \cdot P^{(k+1)} \\
S^{(k+1)} &= \Phi(T^{(k+1)})
\end{aligned} \tag{7-5}
$$

综上最终预测状态为

$$
\begin{aligned}
S^{(n)} &= \Phi(T^{(n)}) = \Phi(\Phi(T^{(n-1)}) \cdot P^{(n)}) = \Phi(\Phi(\Phi(T^{(n-2)}) \cdot P^{(n-1)}) \cdot P^{(n)}) \\
&= \cdots\cdots \\
&= \Phi(\Phi\cdots(\Phi(T^{(1)}) \cdot P^{(2)})\cdots) \cdot P^{(n-2)}) \cdot P^{(n-1)}) \cdot P^{(n)}
\end{aligned} \tag{7-6}
$$

列车在第 n 个车站处于某种晚点状态的概率以及概率最大的晚点状态都能根据上式逐级递推，并根据上一个车站的晚点状态表示出来。

p_{ij} 表示在第 n 个车站的转移矩阵由晚点状态 i 转移至晚点状态 j 的概率，如图 7-1 所示是列车晚点传播的马尔可夫状态转移过程，列车在 A，B，C 三个站的状态，$A_{\rm d}$，$B_{\rm d}$ 和 $C_{\rm d}$ 分别为列车在三个站的出发时刻，$B_{\rm a}$ 和 $C_{\rm a}$ 分别为列车到达 B 站和 C 站的时刻，P_1，P_2 是相邻两车站间的转移矩阵，P_1' 和 P_2' 就是列车到达车站到从车站出发状态的转移矩阵。

状态：$S^{(0)} \longrightarrow S^{(0)} \cdot P_1 \longrightarrow S^{(0)} \cdot P_1 \cdot P_1' \longrightarrow S^{(0)} \cdot P_1 \cdot P_1' \cdot P_2 \longrightarrow S^{(0)} \cdot P_1 \cdot P_1' \cdot P_2 \cdot P_2'$

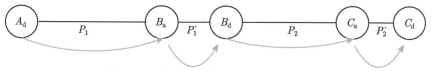

图 7-1 列车晚点传播的马尔可夫状态转移

图 7-1 中列车晚点转移矩阵中的晚点转移概率的表示形式见式 (7-7) 和 (7-8)。

$$P_1 = \begin{bmatrix} p_{11}^1 & p_{12}^1 & \cdots & p_{1j}^1 \\ p_{21}^1 & p_{22}^1 & \cdots & p_{2j}^1 \\ \vdots & \vdots & & \vdots \\ p_{i1}^1 & p_{i2}^1 & \cdots & p_{ij}^1 \end{bmatrix}, \quad P_2 = \begin{bmatrix} p_{11}^2 & p_{12}^2 & \cdots & p_{1j}^2 \\ p_{21}^2 & p_{22}^2 & \cdots & p_{2j}^2 \\ \vdots & \vdots & & \vdots \\ p_{i1}^2 & p_{i2}^2 & \cdots & p_{ij}^2 \end{bmatrix} \tag{7-7}$$

$$P_1' = \begin{bmatrix} p_{11}^{1'} & p_{12}^{1'} & \cdots & p_{1j}^{1'} \\ p_{21}^{1'} & p_{22}^{1'} & \cdots & p_{2j}^{1'} \\ \vdots & \vdots & & \vdots \\ p_{i1}^{1'} & p_{i2}^{1'} & \cdots & p_{ij}^{1'} \end{bmatrix}, \quad P_2' = \begin{bmatrix} p_{11}^{2'} & p_{12}^{2'} & \cdots & p_{1j}^{2'} \\ p_{21}^{2'} & p_{22}^{2'} & \cdots & p_{2j}^{2'} \\ \vdots & \vdots & & \vdots \\ p_{i1}^{2'} & p_{i2}^{2'} & \cdots & p_{ij}^{2'} \end{bmatrix} \tag{7-8}$$

7.1.3 马尔可夫模型预测精度评估

7.1.3.1 数据描述

本节所用的数据为广州局管辖的武广高铁及厦深高铁列车运行实绩。数据记录了每天各次列车的车次、到发通过车站、每次列车在每个车站的图定与实际到发通过时刻等。本节使用的数据包括武广高铁上行方向广州南站至长沙南站共 12 个车站、11 个区间以及厦深高铁上行方向惠东—潮汕站共 9 个车站，8 个区间，从 2015 年 3 月到 2016 年 11 月的列车运行记录。该时段内，武广高铁广州南—
衡阳东区段上行方向开行列车 57796 列，衡阳东—长沙南区段上行方向开行列
车 64547 列，厦深高铁上行方向开行列车 41186 列。所有运行数据以整分钟为
单位记录。为了测试所建立马尔可夫模型的预测精度，本节随机选取数据的 70%
用作马尔可夫模型转移概率矩阵的计算，其余 30% 用于马尔可夫模型预测精度
评估。

7.1.3.2　模型评估

由于马尔可夫模型主要处理离散状态过程，本节所建立的马尔可夫模型视每
一分钟晚点为离散状态。为了评估马尔可夫模型的晚点预测效果，本节进行如下
分析。

首先，分别分析了武广及厦深高铁所有站晚点预测值与观测值对比效果及关
系。其中统计了所有车站晚点预测值与观测值的皮尔逊相关系数以及线性回归系
数。皮尔逊相关系数为表示两变量之间线性关系的统计量，取值范围为 $[-1, 1]$，
见式 (7-9)。相关系数越大，则模型预测效果越好，若预测结果与观测值完全一
致，那么皮尔逊相关系数则为 1。此外，研究了观测值对预测值的解释程度，使用
式 (7-10) 所示的线性回归方程拟合晚点预测值与晚点观测值。武广及厦深高铁各
线路所有站晚点预测值与晚点观测值皮尔逊相关系数及线性回归系数如表 7-1 所
示，预测值与观测值散点分布如图 7-2 所示 (晚点观测值为 x 轴，晚点预测值为
y 轴，其中，线段表示晚点观测值与晚点预测值的线性回归拟合线)。

表 7-1　马尔可夫模型预测晚点值与观测晚点值关系分析

指标	武广线	厦深线
相关系数	0.992	0.991
回归系数	$a = 0.985;\ b = 0.002$	$a = 0.984;\ b = 0.001$

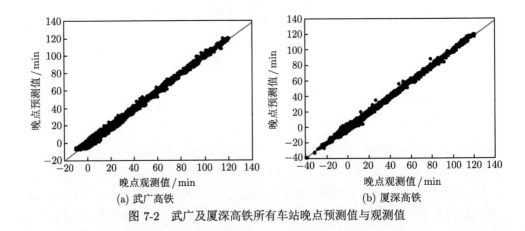

(a) 武广高铁　　　　　　　　　　(b) 厦深高铁

图 7-2　武广及厦深高铁所有车站晚点预测值与观测值

表 7-1 及图 7-2 表明：马尔可夫模型预测值与晚点观测值呈现高度的线性相关性，其皮尔逊相关系数均在 0.99 以上，且回归线模型斜率约等于 1，截距项约等于 0，图 7-2 中回归线基本与图形对角线吻合；马尔可夫模型可以较好地预测列车晚点时间。

$$\varphi(X,Y) = \frac{E[XY] - E[X]E[Y]}{\sqrt{E[X^2] - (E[X])^2}\sqrt{E[Y^2] - (E[Y])^2}} \tag{7-9}$$

$$y = ax + b \tag{7-10}$$

其中，X，Y 表示两随机变量，$\varphi(X,Y)$ 表示其皮尔逊相关系数，$E(X)$ 表示变量 X 的期望，a 为斜率，b 为截距。

其次，分析了各站晚点预测值与观测值的分布情况，如图 7-3 与图 7-4 的箱线图所示。其中，预测值与观测值的箱线图形状 (箱体、最大值、最小值等) 越一致，模型的预测效果越好。图 7-3 与图 7-4 表明马尔可夫模型对武广及厦深高铁各站晚点时间预测值与真实值分布箱线图形状基本一致，模型对各站晚点时间预测效果较好。

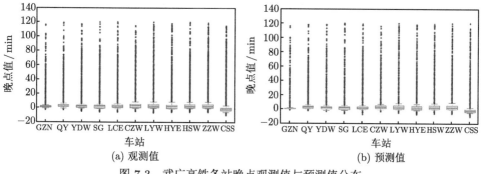

(a) 观测值 （b) 预测值

图 7-3 武广高铁各站晚点观测值与预测值分布

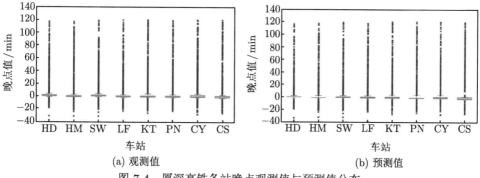

(a) 观测值 （b) 预测值

图 7-4 厦深高铁各站晚点观测值与预测值分布

　　然后，利用常用模型评估指标平均绝对误差 (Means Absolute Error, MAE) 以及均方根误差 (Root Mean Squared Error, RMSE) 对模型预测结果进行定量评估。MAE 及 RMSE 计算如式 (6-34) 与 (7-11) 所示。同理，首先统计了马尔可夫模型对武广及厦深高铁所有车站晚点的预测结果，如表 7-2 所示。表 7-2 结果表明，马尔可夫模型对武广高铁所有站晚点时间预测 MAE 与 RMSE 分别为 0.693min 及 1.050min，马尔可夫模型对厦深高铁所有站预测 MAE 及 RMSE 分别为 0.717min 及 1.084min。由此可以看出，即使列车运行数据以整分钟记录，MM 模型预测绝对误差仍小于 1min。

$$\text{RMSE} = \sqrt{\frac{1}{N}\sum_{i=1}^{N}(\widehat{y}_i - y_i)^2} \tag{7-11}$$

表 7-2　武广及厦深高铁所有站晚点预测误差

高速铁路线路	MAE / min	RMSE / min
武广	0.693	1.050
厦深	0.717	1.084

　　最后，分别计算了马尔可夫模型对各站晚点时间预测误差 MAE 及 RMSE。图 7-5 及图 7-6 所示的模型预测误差表明，马尔可夫模型对武广及厦深高铁各站晚点时间预测 MAE 大多在 1min 以下，部分车站，如武广高铁长沙南 (CSS) 站以及厦深高铁潮阳 (CY) 站由于其前行区间较长，预测 MAE 在 1.5min 左右。

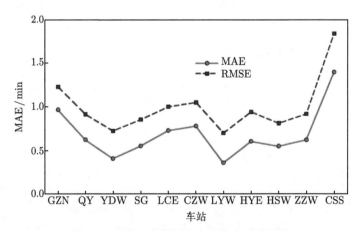

图 7-5　马尔可夫模型武广线晚点预测误差

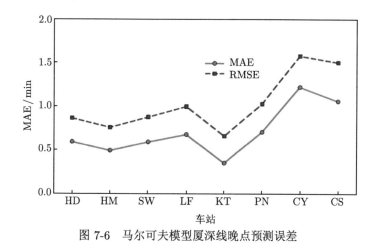

图 7-6　马尔可夫模型厦深线晚点预测误差

7.2　单列车晚点预测的混合贝叶斯网络模型

　　目前，在行车指挥过程中，调度员在进行列车晚点预测时在很大程度上依赖于他们的经验和直觉，缺乏科学合理的理论依据。鉴于铁路网复杂的结构以及在大量 OD 点间列车运行相互依赖的关系，调度员对于列车晚点的预测以及随后的调度决策主要取决于当时的网络运输状态，并且一些调度决策可能会在一定程度上受到地理条件的限制。调度员的调度决策应该有可靠的计算工具作为辅助支持，尤其是在列车运行密度大的网络中，该工具需要解释列车之间的相互依赖关系以及晚点的影响因素。但是，开发该类计算工具需要满足以下两方面。首先，在理论上需要直接解释和编译的模型与方法。其次，在技术上需要收集和整合大量的列车运行数据。随着计算机存储技术与设备的不断发展、贝叶斯理论的不断完善和发展，贝叶斯网络逐渐被用于结合图论和概率论知识来满足上述要求。贝叶斯网络是处理复杂结构的一种代表性工具，它可以结合大量历史数据来判别多个事件之间的关系，并且在给定实时数据的情况下更新不同变量的状态。由于贝叶斯网络融合了不同因素和海量数据，它在事件状态推导方面具有一定的优势。

　　本节提出了启发式、朴素式和混合式三种结构的贝叶斯网络来识别列车晚点传播链中的列车事件相互依赖及晚点累积叠加关系。基于列车运行的历史数据，分析了贝叶斯网络模型用于晚点预测的可行性。混合贝叶斯结构的主要思想是区分列车运行中产生的新晚点与由于之前的晚点传播产生的晚点，首先研究启发式和朴素式贝叶斯网的结构，为本节混合式结构的提出奠定基础。然后，基于标准 k 折交叉验证法训练和评估了所提出的贝叶斯网络。最后，实例研究结果显示：混合贝叶斯网络在各类不同的评价指标下，相较于其他模型都有更好的表现。

7.2.1　方法框架和准备工作

7.2.1.1　贝叶斯网络

假设有 n 个随机变量 $X_1, X_2, \cdots, X_n$ 的有向无环图 (DAG)，图中每个节点 $j(1 \leqslant j \leqslant n)$ 对应着一个变量 X_j，如果存在式 (7-12) 的关系，则该图为贝叶斯网络，表示变量 $X_1, X_2, \cdots, X_n$ 之间的相互依赖关系。

$$P(X_1, X_2, \cdots, X_n) = \prod_{j=1}^{n} P(X_j|\mathrm{parents}(X_j)) \qquad (7\text{-}12)$$

其中 $\mathrm{parents}(X_j)$ 表示节点 X_j 的父节点。父节点是由子节点 X_i 组成的集合，在贝叶斯网络中每个 X_i 均通过弧与节点 j 相连，即 $i \to j$ 的分布 $P(X_j|\mathrm{parents}(X_j))$ 是联合分布函数，可以用概率分类或者回归函数来表示。

贝叶斯网络需要确定两部分，首先是网络图结构，可以通过启发式算法从数据中学习到随机构造及相关推理的规则，也可以基于特定领域的专业知识来设计。基于观察到的变量的动态变化及变量间的相互依赖关系，混合贝叶斯网络结构可以通过特定领域专业知识或者是改进、合并启发式随机结构来建立，在必要时通过添加、删除变量以及改变变量间的连接关系来改进已有结构，从而得到在相关解释性上更好的混合贝叶斯结构。网络参数确定或者是在给定父节点状态下确定子节点状态，可以由条件概率或回归模型定义的状态通过诊断或因果推断方法直接从观察中得到。

7.2.1.2　事件依赖关系表示

本节通过事件驱动模型来表示列车晚点状态之间的依赖关系。该模型将列车时刻表中列车运行、到站停留等过程表示为网络结构图中的交替活动，称为事件-活动图。将列车运行过程分解为一系列相互关联的事件和活动，这是描述列车晚点传播的一种简便方式。列车活动主要包括运行、停留和等待，每一项活动都有一个所需完成最短时间。每个事件，例如列车在车站的出发、到达和通过都表示某一活动的开始或结束。如果有多列列车，出发和到达事件可以同时发生，事件之间通过相应的运行或停留活动进行联系。以一列列车运行为例，根据其计划列车时刻表，该列车全程通过 S 个车站，在 t_s^A 到达车站 $s(s \in S)$，在 t_s^D 从同一车站出发。但在实际运行过程中，由于各种干扰因素的存在，列车可能会偏离时刻表产生实际到达时间 $\hat{t}_s^A$ 和实际出发时间 $\hat{t}_s^D$。图 7-7 表示了两个连续的车站 s 和 s'，括号里的参数表示事件的图定时间和实际时间。到达晚点和出发晚点分别等于实际和图定时间的差值 $(\hat{t}_s^A - t_s^A)^+ = \max(\hat{t}_s^A - t_s^A,\ 0)$ 和 $(\hat{t}_s^D - t_s^D)^+ = \max(\hat{t}_s^D - t_s^D,\ 0)$。同样，列车在车站 s 的实际停站时间定义为 $(\hat{t}_s^D - \hat{t}_s^A)$。对于两个连续的车站 s 和

s', 列车的实际运行时间定义为列车在相邻两站之间的区间运行时间 $(\hat{t}_{s'}^A - \hat{t}_s^D)$。$(t_s^D - t_s^A)$ 和 $(t_{s'}^A - t_s^D)$ 表示计划停站时间和计划区间运行时间。在编制列车运行图时,往往会通过增加额外时间 (冗余时间) 来减少干扰因素的影响,提升运行图的鲁棒性进而提高列车运行的正点率。

图 7-7 相邻车站 s 和 $s' = s + 1$ 间列车运行方案的一般表示方法

箭头上方参数为图定和实际到达时间;箭头下方参数为图定和实际出发时间

为了描述列车的晚点传播链,本节将列车的到达/出发事件表示为贝叶斯网络中的节点。除此之外,贝叶斯网络中的每条弧均表示相应的列车活动。节点的数量对应于列车计划的到达/出发事件的数量。所有组成部分均通过彼此之间相互关联事件和活动进行连接,使得模型可以充分表示不同事件和活动之间的逻辑关系。模型的主要思想是基于其父节点的状态 (前序事件的实际位置或晚点情况) 来预测每列车的运行和停站时间,即父节点为子节点的解释变量。

7.2.2 贝叶斯网络模型的训练与验证

7.2.2.1 数据集描述

本节数据来自武广高铁的列车运行实绩记录。如图 5-7 所示,武广高铁全线 18 个站点中广州局管理 15 个站点,自南向北依次为广州南 (GZS)、广州北 (GZN)、清远 (QY)、英德西 (YDW)、韶关 (SG)、乐昌东 (LCE)、郴州西 (CZW)、耒阳西 (LYW)、衡阳东 (HYE)、衡山西 (HSW)、株洲西 (ZZW)、长沙南 (CSS)、汨罗东 (MLE)、岳阳东 (YYE)、赤壁北 (CBN),其余部分由武汉铁路局有限公司管理。本节列车运行数据来自广州局数据库,时间从 2015 年 2 月至 2015 年 11 月,其中包括指定线路站点之间的 378510 次到达和出发事件,不包括列车提前到达和出发的记录。本节使用 75% 的数据进行训练并比较候选的贝叶斯网络结构,剩余的 25% 的数据用于测试模型并评估其预测性能。

本节的研究重点为列车出发和到达晚点。对列车车站到达和出发晚点的频率分布统计 (图 7-8) 表明列车到达和出发晚点遵循相同的分布,同时,图 7-9 表明列车在车站的出发晚点和到达晚点呈现高相关性的线性关系,列车在不同车站的到达和出发晚点的相关性至少达到 94%。

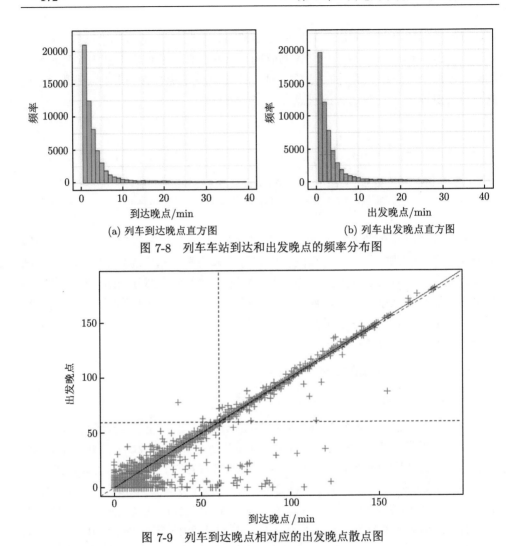

(a) 列车到达晚点直方图　　　　　　　　(b) 列车出发晚点直方图

图 7-8　列车车站到达和出发晚点的频率分布图

图 7-9　列车到达晚点相对应的出发晚点散点图

7.2.2.2　模型训练与验证

在本节的研究中，使用了 R-project 中 "bnlearn" 包训练和验证了三种不同的贝叶斯网结构。使用最大似然估计方法进行了参数估计并且建立了父变量和子变量之间的关系。

第一种网络结构定义为启发式结构 HC，是一种利用爬山法从经验数据中启发式学习的网络结构。该方法从一个节点数目为 n、没有弧的 DAG 开始，按顺序在节点间逐次添加弧。基于网络分数评估在任何节点间添加、反转或移除弧的优先度，在每一步中选择网络分数最高的动作 (添加、删除或复原) 执行，一直迭代至无法获得更高分数时停止。图 7-10 显示了用爬山法获得的贝叶斯网络结构，其中 a 表示到达，d 表示出发，如 "aGZN" 表示广州北的到达事件，而 "dGZN" 表示广州北的出发事件。

第二种网络结构定义为线性结构 (PL)，有 n 个节点，每个节点依据其对应事件在列车时刻表中出现的顺序依次相连。对于该结构中的起点广州北 (GZN) 和终点赤壁北 (CBN)，事件以固定的序列 $j \to j+1$ 发生，其中 $j = 1, 2, 3, \cdots, n$，n 为列车运行过程中事件总数。换言之，影响每个节点 j 的因素仅是其前一个节点 $j-1$，其中 $j-1 \to j$ 代表列车最近的活动；在概率推理过程中，这意味着列车在每个车站的到达 (出发) 时间分布是其最近的出发 (到达) 时间分布的函数，本线性结构的本质是 7.1 节所讨论的马尔可夫结构。

第三种网络结构定义为混合贝叶斯网络结构 (HB)，是在启发式爬山法和线性结构的基础上，利用关于车站序列和连续列车运行之间关系的专业知识以及专家判断进行细化而得到的。具体来说，分析图 7-10 所示的网络结构，发现网络中每个到达 (出发) 节点均与其上一个节点的出发 (到达) 事件直接相连，即 $j-1 \to j$，这与线性模型中的事件序列是非常相似的。在混合贝叶斯网络结构 (HB) 中，大多数到达 (出发) 事件均与其之前的到达 (出发) 事件相关联，即 $j-1 \to j+1$。即一列车到达或从车站出发时，列车当前的晚点状态是基于其前两个状态传播的，这比马尔可夫过程多考虑了一个状态。除此之外，它有可能在最近的运行过程中再次产生二次晚点。如图 7-10 所示，大多数列车的到达 (出发) 事件与它其后的到达 (出发) 事件相关联。此外，启发式结构某些节点有两个以上的父节点，因此，在混合结构中，每个列车事件同时与其前两个事件相关联，如列车在 s' 站的到达时间同时与其在 s 站的到达和出发事件相关。

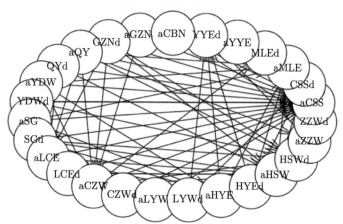

图 7-10 通过启发式爬山法获得的贝叶斯网络结构图

图 7-11 是 OD 为 GZN 和 CBN 的混合贝叶斯结构的示意图。在该结构中，事件以 $j \to k$，$j \to k+1$ 和 $k \to k+1$ 的固定顺序发生，其中 $k = j+1, j =$

$1, 2, 3, \cdots, n-1, n$ 为列车运行过程中事件的总数。换言之，除了第一个和最后一个节点外，所有节点均以其最近的两个节点为条件。其中 $j \to k$ 表示新产生的晚点，而 $j \to k+1$ 则表示之前的晚点传播。经过概率推理，列车在每一车站的到达 (出发) 时间分布是由两部分函数组成的，分别为列车之前一次事件的晚点分布和列车最近一次事件的晚点分布。更准确地说，前一部分映射了晚点累积 (传播)，后一部分则代表了产生新的晚点的可能性。

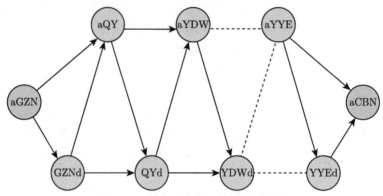

图 7-11　混合贝叶斯网络结构示意图

　　为了估计参数和避免过拟合，本节利用 k 折交叉验证法对贝叶斯网络结构进行了训练与评估。使用标准 10 折交叉验证法重复运行 10 次后，比较所提出的贝叶斯网络模型的性能结果，如图 7-12 所示。其中，每个贝叶斯网络结构的对数似然损失值 (平均预测误差) 以箱线图显示。每个贝叶斯网络结构的损失函数值的比较结果表明，PL 结构性能不如 HB 结构。值得注意的是，混合结构的须线顶端

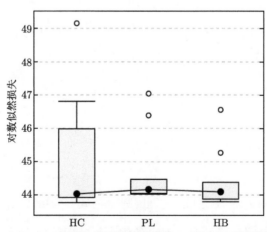

图 7-12　HC、PL 和混合贝叶斯网络结构 10 折交叉验证结果箱线图

图中连线的点为中位数

值和离群点均小于 HC 和 PL 结构, 证明 HB 结构具有较高的鲁棒性, 而 HC 结构的鲁棒性则为三者中最差的。综上, 混合结构的对数似然损失约为 44, 标准差为 1.23。于是选择混合结构作为预测模型对实际数据进行评估。

7.2.3 模型效果评估

为了使用混合贝叶斯模型对实际数据进行预测, 本节进行了如下分析: 首先比较了列车在车站的实际 (预测) 到达 (出发) 晚点分布, 其结果如图 7-13 和图 7-14 所示; 其次, 给出了列车到达 (出发) 晚点的观测值及预测值的散点图, 如图 7-15 所示。结果表明, 列车到达 (出发) 晚点的预测值与观测值具有较好的匹配结果。特别是在四分位数范围内。此外, 大多数预测值都接近于所描绘的到达和出发事件的对角线, 这表示预测值十分接近实际观测值。

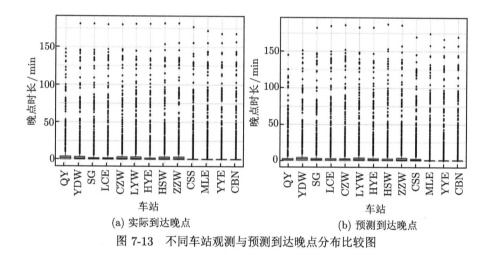

(a) 实际到达晚点   (b) 预测到达晚点

图 7-13 不同车站观测与预测到达晚点分布比较图

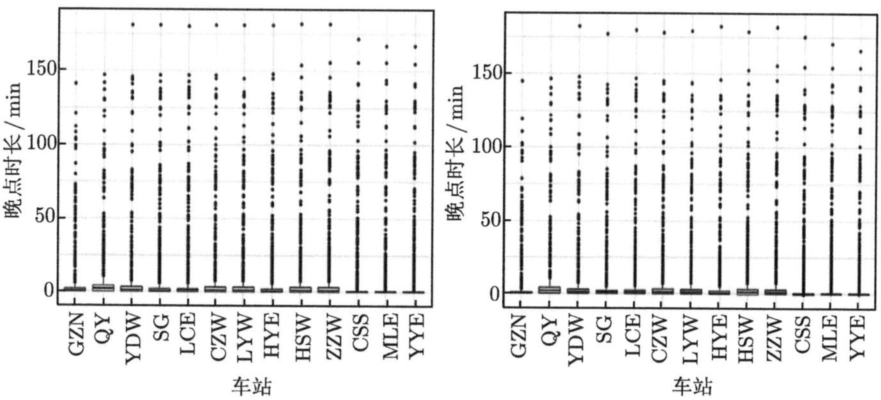

(a) 实际出发晚点   (b) 预测出发晚点

图 7-14 不同车站观测与预测出发晚点分布比较图

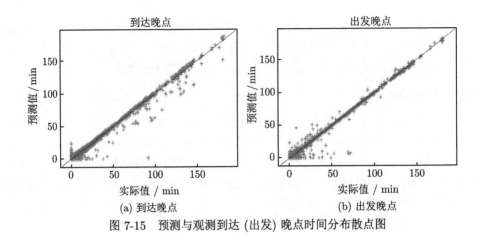

图 7-15 预测与观测到达 (出发) 晚点时间分布散点图

最后,运用表示预测误差的三个标准:MAE、RMSE 和 ME,可计算每个车站到达和出发事件的预测误差,其计算公式分别如式 (7-13)、(7-11) 以及 (7-14)所示。

$$\text{MAE} = \frac{1}{n}\sum_{i=1}^{n} |p_i^s - o_i^s| \tag{7-13}$$

$$\text{ME} = \frac{1}{n}\sum_{i=1}^{n} (p_i^s - o_i^s) \tag{7-14}$$

其中 p_i^s 和 o_i^s 分别表示车站 s 的第 i 个出发 (到达) 事件的晚点预测值和实际值,n 为事件总数。这些指标量化了预测值与实际值的平均偏差,指标越接近 0,模型效果越好。所有车站预测的到达 (出发) 晚点的三个指标如图 7-16 所示,可

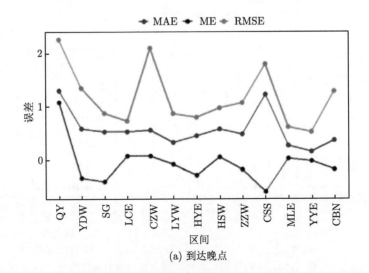

(a) 到达晚点

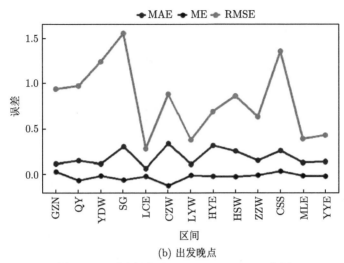

(b) 出发晚点

图 7-16　不同车站 MAE、ME、RMSE 值图

以发现预测误差很低。例如，所有事件的平均绝对预测误差约为 30 秒，而最大预测绝对误差小于 90 秒。此外，预测到达和出发晚点的 RMSE 值小于 2 min 且大于 MAE 值，表明存在一些异常值预测误差。总体来说，此结果表明模型具有较好的预测能力。

由 7.2.2 节可知，10 折交叉验证法的 10 次运行平均损失约为 44%。即用 HB 模型进行预测，只有 56% 的预测结果与实际结果匹配。造成这一结果的主要原因是观测晚点时间值为离散的。为了解决这一问题，本节采用离散化的方式将连续变量利用离散 (分类) 模型评估指标进行评估。通过离散化，可以定量和定性地衡量模型的可预测性。本节设定的预测间隔时间为 3min(因为按照相关规定，晚点时间小于 4min 将不统计为列车晚点)，随着间隔宽度的增加，预测精度会增加，每个预测值都有更高的概率落在相应的区间内。然而，间隔宽度太大也会导致所建立的预测模型与随机预测方案相类似。于是分别将晚点事件的实际值和预测值分别按 3min 间隔离散化。在此基础上将预测区间与实际观察区间进行比较，使用混淆 (误差) 矩阵测量进行二元分类，如表 7-3 所示。

表 7-3　实际值和预测值的混淆矩阵示意图

实际值	预测值	
	True Positive (TP)	Fales Negative (FN)
	Fales Positive (FP)	True Negative (TN)

表 7-3 中，TP 为 True Positive (真正, TP)，被模型预测为正的正样本，True Negative (真负, TN)，被模型预测为负的负样本，False Positive (假正, FP)，被模型预测为正的负样本，False Negative (假负, FN)，被模型预测为负的正样本。混

淆矩阵中可通过不同的性能指标来对预测效果进行评估,例如准确度 (Accuracy)、灵敏度 (Sensitivity) 和特异性 (Specificity),其计算方法如下:

$$\text{Accuracy} = \frac{\text{TP} + \text{TN}}{\text{TP} + \text{FP} + \text{TN} + \text{FN}}$$

$$\text{Sensitivity} = \frac{\text{TP}}{\text{TP} + \text{FP}} \tag{7-15}$$

$$\text{Specificity} = \frac{\text{TN}}{\text{FP} + \text{TN}}$$

用以上公式重新定义适用于本节的性能指标,准确度、灵敏度和特异性的结果如图 7-17 所示。准确度表示模型的整体预测效果,即贝叶斯网络模型是否满足最低预测要求。就结果看来,预测总体准确率达到 80% 以上,而无信息率为 58%。对于本节提出的模型,要求模型的整体准确率高于模型的无信息率。灵敏度 (真阳性率) 是阳性样本被正确分类的比例,在本节实例中是被正确分类的样本所占的百分比。由结果来看,所有车站的平均灵敏度超过 60%。最后,特异性 (真阴性) 衡量提出的贝叶斯网络模型是否可以有效地避免错误的预测的能力。由于 Kappa 统计数据表示真实值与预测值之间的准确度的一致性,这比简单地使用准确性指标作为标准更优,于是选择 Kappa 统计数据来替代无信息率。Kappa 统计值通常取值为 −1 到 1 之间,Kappa 统计量的绝对值为 1 表示完全一致,绝对值为 0 表示完全不一致。Kappa 统计量大于 30% 被认为是可以接受的。对于本节提出的贝叶斯网络模型,其 Kappa 统计值为 69%,因此其预测效果是显著的。

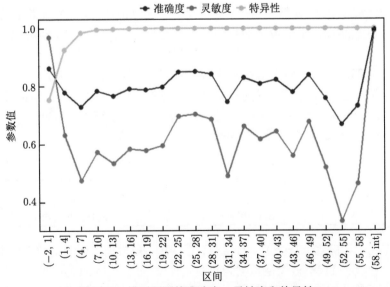

图 7-17　模型预测的准确度、灵敏度和特异性

预测实例如图 7-18 所示，该图显示了列车计划运行线 (灰色)，列车预测运行线 (橙色) 和列车实际运行线 (绿色)。从该图的前半部分可以看出列车预测线路基本符合列车实际运行线路，但是从 CZW 站后，预测误差开始增大。这是由于误差积累造成的，在实际运行过程中可以很容易地解决，因为预测可以使用实时数据进行更新 (如: 前一站到站时间、相应列车在到发线上的位置和调整后的时刻表)。

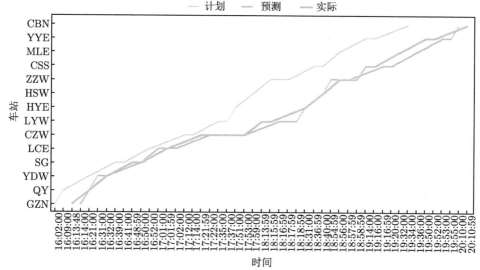

图 7-18 列车计划、预测和实际运行线路的时距图

最后，考虑预测模型的计算时间，即模型的计算效率。总的来说，用于训练和测试模型的计算时间不超过 10min，计算时间并不长，说明了所建立的预测模型是合理高效的。

7.3 考虑多列车依赖关系的晚点预测深度学习模型

7.3.1 问题描述

在高速铁路系统内，由于设备的联锁、列车在车站的越行等因素，相邻列车间存在明显的相互作用关系。当高速铁路系统发生故障时，列车将会晚点运行，前行列车将会占用后行列车的进路，如图 7-19(a) 所示。调度员为了避免列车冲突的产生将会调整后行列车，导致后行列车的连带晚点，这正是第 6 章所讨论的晚点横向传播的作用。由此过程可知，列车的晚点一般同时受到横向传播与纵向传播共同作用。在研究列车晚点纵向传播时，需考虑晚点横向传播的影响。

图 7-19(b) 为考虑任意包含 N 个车站的高速铁路线路晚点预测示意图，将其车站顺序编号为 s_1, s_2, $\cdots$, s_N，其中 s_1 表示该线路起点站，s_N 表示该线

路终点站。假设以从 S_1 到 S_N 站的 K 列连续运行的列车为研究对象，将这 K 列车根据它们的实际运行顺序标记为 $1, 2, \cdots, K$。假设列车 K 刚好到达 S_P 站，$S_P \in \{S_1, S_2, \cdots, S_N\}$，需要通过输入列车的已知信息对列车 K 在后续车站 $(S_{P+1}, S_{P+2}, \cdots, S_N)$ 的到达晚点时间进行预测。若做一步预测，那么预测目标是列车 K 在 S_{P+1} 站的到达晚点时间，表示为 $y_{K,P+1}$；若需要做多步预测，那么预测目标是列车 K 在 S_{P+Q} 站的到达晚点时间，表示为 $y_{K,P+Q}$，其中 $Q > 1$。考虑列车 K 的前行列车会对其运行产生一定的影响，因此将多列车在多个站的历史信息作为输入来实现目标晚点时间预测。其中，从每列车提取的运行信息包括其在前 Z 个站或区间的历史运行信息。每列车的晚点时间影响因素包含基础设备信息、图定时刻表以及实际时刻表相关要素，各变量定义如下：

A. 基础设施相关变量

(a) L，表示各站之间各个区段的长度向量。$L = \{l_{P-Z+1}, \cdots, l_{P-1}, l_P\}$，其中 l_n 表示车站 S_n 和 S_{n+1} 的距离，连续变量，单位：km。

(b) M，表示各站的轨道数目。$M = \{m_{P-Z+2}, \cdots, m_P, m_{P+1}\}$，其中 m_n 表示 S_n 站的轨道数目，离散变量。

B. 天气相关变量

(a) C_i，表示列车 i 在各个区间运行时的实际地表温度。$C_i = \{c_{i,P-Z-1}, \cdots, c_{i,P-1}, c_{i,P}\}$，其中 $c_{i,n}$ 表示列车 i 在 S_n 站到 S_{n+1} 站间运行时的地表温度，其中 $i = I - H + 1, I - H + 2, \cdots, I$。连续变量，单位：摄氏度 (℃)。

(b) V_i，表示列车 i 在各个区间运行时该区间每十分钟的平均风速。$V_i = \{v_{i,P-Z-1}, \cdots, v_{i,P-1}, v_{i,P}\}$，其中 $v_{i,n}$ 表示列车 i 在 S_n 站到 S_{n+1} 站间运行时的平均风速，其中 $i = I - H + 1, I - H + 2, \cdots, I$。连续变量，单位：m/s。

(c) A_i，表示列车 i 在各个区间运行时该区间前一小时的降雨量。$A_i = \{a_{i,P-Z-1}, \cdots, a_{i,P-1}, a_{i,P}\}$，其中 $v_{i,n}$ 表示列车 i 在 S_n 站到 S_{n+1} 站间运行时的区间前一小时的降雨量，其中 $i = I - H + 1, I - H + 2, \cdots, I$。连续变量，单位：mm/h。

C. 列车运行相关变量

(a) T_i，表示列车 i 在各个区间实际运行时间的向量。$T_i = \{t_{i,P-Z+1}, \cdots, t_{i,P-1}, t_{i,P}\}$，其中 $t_{i,n}$ 表示列车 i 在 S_{n-1} 站到 S_n 站的实际运行时间，其中 $i = I - H + 1, I - H + 2, \cdots, I$。连续变量，单位：min。

(b) W_i，表示列车 i 在各车站实际停站时间的向量。$W_i = \{w_{i,P-Z+1}, \cdots, w_{i,P-1}, w_{i,P}\}$，其中 $w_{i,n}$ 表示列车 i 在车站 S_n 的实际停站时间，其中 $i = I - H + 1, I - H + 2, \cdots, I$。连续变量，单位：min。

(c) R_i，表示列车 i 和列车 $i+1$ 的实际间隔时间的向量。$R_i = \{r_{i,P-Z+1}, \cdots, r_{i,P-1}, r_{i,P}\}$，其中 $r_{i,n}$ 表示在车站 S_n 列车 i 和列车 $i+1$ 的实际间隔时间，其中

$i = I - H + 1, I - H + 2, \cdots, I$。连续变量，单位：min。

(d) D_i，表示列车 i 在车站出发晚点时间的向量。$D_i = \{d_{i,P-Z+1}, \cdots, d_{i,P-1}, d_{i,P}\}$，其中 $d_{i,n}$ 表示列车 i 在 S_n 站的出发晚点时间，其中 $i = I - H + 1, I - H + 2, \cdots, I$。连续变量，单位：min。

(e) Y_i，表示列车 i 在车站到达晚点时间的向量。$Y_i = \{y_{i,P-Z+1}, \cdots, y_{i,P-1}, y_{i,P}\}$，其中 $y_{i,n}$ 表示列车 i 在 S_n 站的到达晚点时间，其中 $i = I - H + 1, I - H + 2, \cdots, I$。连续变量，单位：min。

(f) T_i'，表示列车 i 在区间的图定运行时间的向量。$T_i' = \{t_{i,P-Z+1}', \cdots, t_{i,P-1}', t_{i,P}'\}$，其中 $t_{i,n}'$ 表示列车 i 在 S_n 到 S_{n+1} 站之间的图定运行时间，其中 $i = I - H + 1, I - H + 2, \cdots, I$。连续变量，单位：min。

(g) W_i'，表示列车 i 在车站的图定停站时间的向量。$W_i' = \{w_{i,P-Z+1}', \cdots, w_{i,P-1}', w_{i,P}'\}$，其中 $w_{i,n}'$ 表示列车 i 在 S_n 站的图定停站时间，其中 $i = I - H + 1, I - H + 2, \cdots, I$。连续变量，单位：min。

(h) R_i'，表示列车 i 和列车 $i+1$ 的图定间隔时间的向量。$R_i' = \{r_{i,P-Z+1}', \cdots, r_{i,P-1}', r_{i,P}'\}$，其中 $r_{i,n}'$ 表示在 S_n 站列车 i 和列车 $i+1$ 的图定间隔时间，其中 $i = I - H + 1, I - H + 2, \cdots, I$。单位：min。

(i) S_i'，表示在每相邻两车站间列车 i 的图定停站次数的向量。$S_i' = \{s_{i,P-Z+1}', \cdots, s_{i,P-1}', s_{i,P}'\}$，其中 $s_{i,n}'$ 表示列车 i 在 S_n 到 S_{n+1} 站的停站次数，其中 $i = I - H + 1, I - H + 2, \cdots, I$。离散变量。

由于不同列车有不同的停站方案，列车每停站一次都会在区间有额外的起停车附加时间。此外，不同的列车在同一区间也可能有不同的冗余时间。因此，不同列车在同一区间的运行时间存在较大的差异。在 Q 步预测中，模型中应考虑目标列车从当前站至预测站的图定运行时间、图定停站时间以及停站次数等信息以使模型正确识别各列车在各区段的冗余时间值。例如，图 7-19(c) 表示两步预测问题，其中虚线表示当前时间轴，S_P 站仍然为当前站 (目标列车刚到达车站)，预测目标是列车在 S_{P+2} 站的晚点时间值。列车 1 在 S_{P+1} 站不停车从 S_P 到达 S_{P+2}，而列车 2 在 S_{P+1} 站有一次停站。根据上述变量的定义，变量 T_I', W_I' 以及 S_I' 只包括 S_{P-Z+1} 到 S_P 站的列车运行信息。若这两列车具有相同的最大允许速度，并且从 S_P 到 S_{P+2} 具有相同的计划运行时间，这导致模型无法识别列车 1 在 S_P 到 S_{P+2} 区间具有更多的冗余时间值 (具有更大晚点恢复的可能)，从而影响模型的性能。因此，在 Q 步预测中，对这三个向量进行修正，使这三个变量均包含列车从 S_P 到 S_{P+2} 的信息。具体地说，T_K', W_K' 和 S_i' 的前 $Z-1$ 个元素与一步预测相同，但它们的最后一个元素分别是 S_P 到 S_{P+2} 的图定运行时间，S_P 和 S_{P+1} 的图定停站时间，以及列车在 S_P, S_{P+1} 和 S_{P+2} 的停站次数，即在 Q 步预测中，这三个向量的最后一个元素总是包括 S_P 至 S_{P+Q} 区间的列车运行信息。另外，对于向量 M，其最后一个元素也相应修改为 S_{P+Q} 站的到发线数。

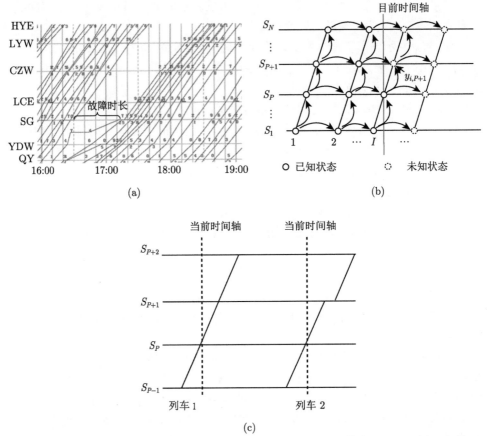

图 7-19　列车运行图：(a) 列车运行干扰实例；(b) 晚点预测问题描述；(c) 两列车运行情况

为了简化变量表达，引入了两个新的变量来表示前面介绍的具有不同类型的变量，这两个变量为 $NF = \{L, M, C_i, V_i, F_i\}$，其表示非运行相关因素变量，$OF_i = \{T_i, W_i, R_i, D_i, Y_i, T'_i, W'_i, R'_i, S'_i\}$，其表示列车运行相关因素变量。其中，$OF_i$ 向量是由列车 i 的运行相关因素向量首尾相连形成，如式 (7-16) 所示。

$$OF_i = [t_{i,P-Z+1}, t_{i,P-Z+2}, \cdots, t_{i,p}, w_{i,P-Z+1}, w_{i,P-Z+2}, \cdots,$$
$$w_{i,P}, \cdots, s'_{i,P-Z+1}, s'_{i,P-Z+2}, \cdots, s'_{i,P}]^{\mathrm{T}'} \tag{7-16}$$

其中，i 是列车序号；P 是列车刚刚到达车站的编号；Z 是输入数据对应的车站和区间数量；上标 T 表示矩阵转置。每列车的运行相关因素 (OF_i) 被视为语言模型的句子的一个词，以识别列车之间的相互作用。

7.3.2 FCL-Net 模型概述

本节提出的晚点预测模型 (FCL-Net) 包含两种常用的神经网络结构，即多层感知器 (Multilayer Perceptron, MLP) 或称全连接神经网络 (FCNN) 和长短记忆神经网络 (Long Short-term Memory, LSTM)。本节主要介绍 FCL-Net 模型的结构以及 MLP 和 LSTM 模型的主要原理。

如前文所述，列车运行同时受到时间序列因素和非时间序列因素的影响。但由于如下原因，将静态因素 (设备相关因素) 输入到 LSTM 中将会降低模型效率：① 基础设施相关因素为静态特征，因素之间不包含列车相互作用关系；② 虽然天气因素是时间序列因素，但其与列车运行无关系，未包含任何与列车运行相关的信息；③ 更多的因素输入 LSTM 会增加模型的训练时间。对于相同的数据，即使 LSTM 和 MLP 具有相同的层数和神经元，LSTM 的训练时间通常也比训练 MLP 的时间长。因此，为了有效地处理这两种类型的因素，本节提出了两种神经网络模型的混合模型作为列车晚点时间预测模型。其一是长短记忆神经网络 (LSTM)[130]，它已在序列处理方面广泛应用；其二是全连接的神经网络或多层感知器 (MLP)，其可以高效地处理静态数据 (截面数据)。图 7-20 所示为所提出的

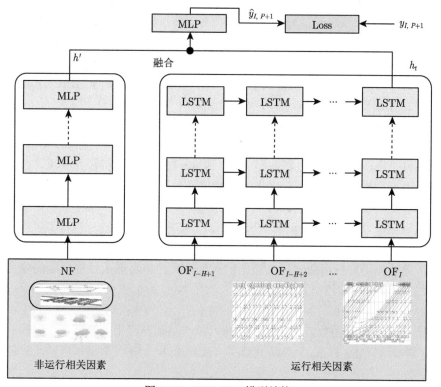

图 7-20 FCL-Net 模型结构

模型的结构，其中 MLP 以及 LSTM 结构均可以包含多个具有不同数量神经元的隐藏层以提高学习能力。确定的 10 个列车晚点影响因素中，列车运行相关因素 (OF) 被输入 LSTM 部分，非时间序列因素 (NF) 被输入 MLP 部分。其中，时间序列因素首先被转化为序列。为了使模型识别列车间的相互作用，需要将每列车的时间序列因素都作为序列的一个元素。序列的转化由如图 7-21 所示的方法得到。假设转化后的序列长度为 H，即每次预测输入 H 列车的历史信息以识别其间的相互作用关系。

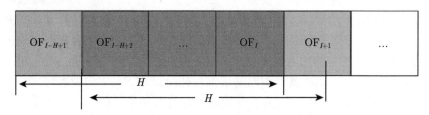

图 7-21　列车时间序列因素映射为序列

如图 7-20 所示，LSTM 单元被输入列车晚点时间序列因素，以捕获列车间相互作用关系，而 MLP 神经层被用来解释基础设施相关因素的影响。在 LSTM 结构中，除最后一层外的隐藏层均使用 "多对多" 的结构来存储过去的信息对当前列车运行的影响，而最后一层为 "多对一" 的结构，将所有学习到的信息映射为多维向量。LSTM 将 K 列列车视为一个序列，每列列车被视为一个时间步长。

为了训练 FCL-Net，采用模型融合技术来连接 LSTM 和 MLP 层的输出张量。如果 MLP 层和 LSTM 层的输出维度分别为 (N, N_{MLP}) 和 (N, N_{LSTM})，其中 N 为训练样本数，N_{MLP} 和 N_{LSTM} 则分别由 MLP 和 LSTM 架构的最后一层的神经元数决定，融合后的张量维度为 $(N, N_{MLP} + N_{LSTM})$。然后，融合后的张量传入另一个 MLP 层以更新前面 MLP 及 LSTM 部分的神经元权重。最后，输出结果传入一单 MLP 神经元以将输出转化为一维张量，即列车晚点时间。

本节使用误差反向传播算法训练 FCL-Net 模型。模型首先将输入信息从输入层传至输出层以获得模型输出，并对比输出与观测的列车晚点以计算其差异 (误差)；然后将产生的误差从输出层反向传到输入层以更新各神经元权重和误差[131]。最后，通过使用目标函数来评估模型的预测效果，该目标函数将预测的晚点与观察到的实际晚点进行比较以计算损失。FCL-Net 的损失函数选用平均绝对误差 (Mean Absolute Error, MAE)，如式 (7-13) 所示。在本节的模型中，MLP 神经元使用 ReLU 激活函数，以映射列车晚点和与基础设施相关的因素之间的非线性关系。本节建立的 FCL-Net 模型基于 Tensorflow 后端[132] 选用 Keras 包[133]完成。

$$\text{ReLU}(x) = \begin{cases} x, & x \geqslant 0 \\ 0, & x < 0 \end{cases} \tag{7-17}$$

在 MLP 中，神经元在相邻隐藏层之间完全连接，信息流从输入层依次传送至输出层[134]，如图 7-22(a) 所示。在 MLP 中，输入向量被视为静态特征，并且在没有任何给定顺序的情况下被传送到神经元中，这使得 MLP 神经元仅可识别自变量和因变量之间的关系。

然而，LSTM 单元的输入为"序列"数据，这使其具有处理顺序输入序列，如时间序列数据[135] 的独特能力。LSTM 模型可以根据序列之间的依赖性来预测序列后续发展模式[130]。考虑一个序列 (时间序列) 输入 $X = (x_0, x_1, \cdots, x_t)$。在 LSTM 单元中，序列 X 按顺序输入 LSTM 单元。LSTM 在时间步 t 的隐藏状态 (h_t) 是基于当前输入 x_t 和先前隐藏状态 h_{t-1} 的信息获得的，如图 7-22(b) 所示。这使得 LSTM 模型能够记住前几个元素对后者的影响。

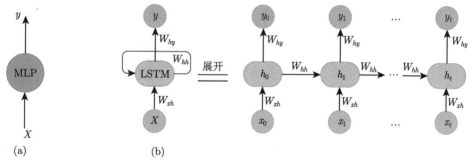

图 7-22 模型结构：(a) MLP 神经元和 (b) LSTM 单元的展开形式

LSTM 识别序列中依赖性的能力在于其自控制的门机制，如图 7-23 所示。LSTM 模型最重要的元素是其存储单元状态 c_t，它从第一步到最后一步始终存在，其就像一个作为保存有用数据信息的储存器。通过自控门机制写入、提取和清除单元状态。每个时间步都有新的数据被输入到模型中。如果输入门 i_t 被激活，学习到的信息将被写入到单元状态中。此外，如果遗忘门 f_t 打开，单元状态 c_{t-1}(学习到的过去信息) 就会被遗忘。单元状态 c_t 是否用作输出 h_t(如果它是最后一步的输出则表示为 y_t) 最终是由输出门 O_t 决定的。该过程由式 (7-18) $\sim$ (7-22) 表示。

$$i_t = \sigma(W_{xi}x_t + W_{hi}h_{t-1} + W_{ci} \otimes c_{t-1} + b_i) \tag{7-18}$$

$$f_t = \sigma(W_{xf}x_t + W_{hf}h_{t-1} + W_{cf} \otimes c_{t-1} + b_f) \tag{7-19}$$

$$c_t = f_t \otimes c_{t-1} + i_t \otimes \varphi(W_{xc}x_t + W_{hc}h_{t-1} + b_c) \tag{7-20}$$

$$O_t = \sigma\left(W_{xo}x_t + W_{ho}h_{t-1} + W_{co} \otimes c_t + b_O\right) \qquad (7\text{-}21)$$

$$h_t = o_t \otimes \varphi\left(c_t\right) \qquad (7\text{-}22)$$

其中，$\otimes$ 表示两个矢量的逐元素相乘；$\sigma\left(x\right)$ 是 LSTM 单元的阈值函数 (sigmoid 函数)，其值在 0 到 1 之间，指示存储、利用和丢弃多少信息；$\varphi\left(x\right)$ 是将 LSTM 的输出值转换到 −1 和 1 之间的 tanh 函数。

$$\sigma\left(x\right) = \text{sigmoid}\left(x\right) = \frac{1}{1 + e^{-x}}, \quad x \in (-\infty, \infty) \qquad (7\text{-}23)$$

$$\varphi\left(x\right) = \tanh\left(x\right) = \frac{1 - e^{-2x}}{1 + e^{-2x}}, \quad x \in (-\infty, \infty) \qquad (7\text{-}24)$$

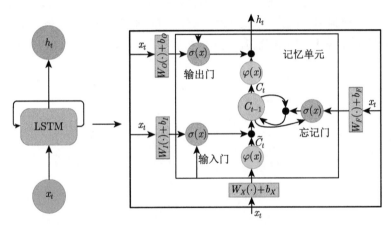

图 7-23　LSTM 神经元结构图

7.3.3　深度学习模型训练

7.3.3.1　数据描述及分析

　　本节的模型利用武汉—广州 (武广) 及厦门—深圳 (厦深) 高速铁路列车运行数据进行训练和测试。在对数据进行预处理之后，从列车运行数据中提取了 7.3.1 节中确定的 10 个变量的值。使用的数据预处理方法包括：① 利用相邻记录的加权方法填写缺失数据；② 替代异常值 (如负的区间运行时间、负的停站时间值等)；③ 对数据进行标准化以消除量纲的影响。对于 7.3.1 节中选定的列车晚点影响因素，M 和 R_i' 是整数，其中在武广高铁上，$m_n \in \{2,4,6,7,10,12\}$；在厦深高铁上，$m_n \in \{2,4,6,10\}$；$r_{i,n}'$ 在两条线上取值相同，用于一步预测时，$r_{i,n}' \in \{0,1,2\}$，用于 Q 步预测时，$r_{i,n}' \in \{0,1,\cdots,Q+1\}$。各连续变量的统计分析如表 7-4 所示，其中负的实际间隔指列车顺序的变化，负的晚点意味着提前到达。

表 7-4 武广及厦深高铁各连续变量描述统计结果

变量	武广高铁				厦深高铁			
	Min	Mean	Max	SD	Min	Mean	Max	SD
$C/°C$	−12.20	22.24	40.20	8.31	1.30	25.27	37.60	5.81
$V/\mathrm{m \cdot s^{-1}}$	0.00	2.69	21.40	2.03	0.00	2.61	19.00	1.35
F/mm	0.00	0.27	71.60	1.68	0.00	0.25	60.00	1.67
L/min	37.00	57.21	84.00	5.50	25.00	31.21	35.00	3.20
T/min	6.00	14.71	157.00	4.21	6.00	12.35	173.00	2.23
R/min	3.00	10.48	203.00	7.70	3.00	15.43	324.00	18.95
W/min	0.00	0.87	165.00	2.11	0.00	1.13	201.00	1.98
T'/min	7.00	14.26	45.00	3.81	8.00	12.76	35.00	1.97
R'/min	−92.00	10.39	46.00	6.24	−92.00	12.43	38.00	6.78
W'/min	0.00	0.87	60.00	1.60	0.00	0.93	13.00	1.13
D/min	−48.00	3.19	191.00	9.52	−41.00	1.20	321.00	12.63
Y'/min	−56.00	3.19	191.00	9.41	−41.00	0.99	320.00	12.58

注: SD 代表标准差。

为了能够从输入数据中识别列车之间交互关系, 本节使用来自五个车站和区段的五列车运行数据 (7.1 节中 $Z=5$, $H=5$) 来预测列车未来的晚点。对于上行部分车站输入数据不足五个车站和区间的情况 (如武广高速铁路上的 GSN, QY, YDW, 和 SG, 厦深高铁上的 HD, HM, SW, 和 LF), 使用各变量众数填充缺失的影响因子向量, 以保证它们具有相同的向量长度。将各条线路每个站获得的晚点预测样本合在一起作为整条线路晚点预测的样本。因此, 在武广及厦深高速铁路上分别获得了 651、264 和 323584 条样本记录用于晚点预测建模。在将每 H 列连续列车转换为列车组 (序列) 之后 (转换方式见图 6-5), 将数据随机分成三组数据集: ① 模型训练集: 包含所有运营日的 55% 的数据, 其中包括武广高速铁路上数据 358400 条, 以及厦深高速铁路上的数据 178176 条; ② 模型验证集: 包含所有运营日的 20% 的数据, 其中包括武广高速铁路上数据 129024 条, 以及厦深高速铁路上的数据 63488 条; ③ 其余 25% 数据用于模型测试, 其中包括武广高速铁路上的 163840 条记录, 以及厦深高速铁路上的 81920 条记录。

7.3.3.2 模型参数校准

上文所述的 FCL-Net 模型在结构设置和模型参数方面可以有较多的取值情况, 不同的取值可能对不同的数据造成不同的拟合效果与预测精度。因此, 本节基于提取的列车晚点预测数据对模型主要参数进行优化, 以便模型在列车晚点预测问题上取得较好的预测效果。在对模型进行训练时, 采用了深度学习 Keras 包[133] 中的 ReduceLROnPlateau 技术, 以避免在任意连续 5 个训练步骤后损失函数不减少而降低全局学习率的情况。为了避免模型陷入局部最优, 采用了两种常用的深度学习开源技术: ① 小批量法, 本节训练及测试模型使用的批量数据大小为 2048, 其等于日均列车数; ② Adam 优化器[136], 该方法根据训练过程更新局部学习率；③ 使用广泛使用的 ReLU 函数作为模型的 FCNN 层激活函数 (表 7-5)。

表 7-5　FCL-Net 模型参数

模型结构	FCL-Net (见图 7-15 和图 7-19)
优化器	Adam
初始学习率	1×10^{-3}
激活函数	ReLU
学习率降低	50%
训练步数	150
每批次样本量	2048

　　首先，实验优化的是神经网络的隐藏层数和每层神经元数量。由于这两个参数是相互影响的 (一个参数的变化会导致另一个参数的变化)，已有研究通常在考虑数据大小和维数的情况下手动设置一个参数，而对另一个参数进行优化研究，以获得良好的拟合模型。因此，本节拟使用手动设定每层神经元数以优化隐藏层的方法优化模型拟合优度。考虑到 7.3.1 节中确定的列车运行相关变量和非列车运行相关变量的数量 (分别为 9 和 5)，在每个 LSTM 层中手动设置 128 个神经元，在每个 MLP 层中设置 64 个神经元，以分别研究 LSTM 和 MLP 的隐藏层数量。实验首先训练仅有一层 LSTM 和 MLP 层的模型，并通过试错法添加层 (每添加一层隐藏层记录模型最终训练损失函数，然后观察模型损失函数情况决定是否继续添加隐藏层)。首先保持 LSTM 层数为 1，依次添加 LSTM 层，选出最好的 LSTM 层之后再依次添加 MLP 层以获得 MLP 的最优隐藏层数。图 7-24 显示了模型性能 (验证损失函数值) 和 LSTM 以及 MLP 隐藏层数之间的关系。结果表明，当隐藏层太少时，神经网络结构将不能完全识别列车的相互依赖性等信息，而当隐藏层太多时，模型训练时间明显增加，验证损失函数却不减小，甚至导致模型过拟合。基于图 7-24 所示结果，本节拟在提出的 FCL-Net 模型中使用

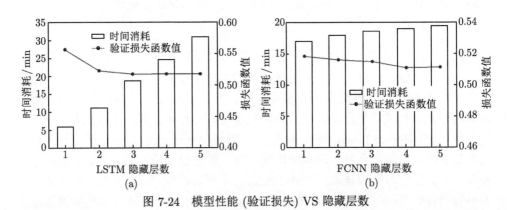

图 7-24　模型性能 (验证损失) VS 隐藏层数

3 层 LSTM 层，每层具有 128 个神经元，4 层 MLP 层，每层具有 64 个神经元。

图 7-24 同时也显示了模型结构对计算效率 (训练时间) 的影响。结果表明模型的训练时间受 LSTM 层数的影响较大，这主要是 LSTM 需要从序列的第一个元素依次处理序列的到最后一个元素造成的。

7.3.4 模型性能评估

7.3.4.1 一步预测模型性能

为了评估所提出模型的性能，本节选择了在已有文献中最常见的四种晚点时间预测机器学习模型作为基准模型与所提出的模型进行对比。这 4 种模型包括多层感知器 (MLP)、支持向量机 (SVM)、深度极限学习机 (DELM) 和随机森林 (RF)。这些晚点预测模型的基本原理和参数如下：

(a) 多层感知器 (MLP) 是一种由至少一层全连接的隐藏层组成的前馈神经网络 [134]。通过将预测误差从输出层反向传播到隐藏层再至输入层来训练模型，模型每迭代一次，神经元权重都会被更新 [131]。选择文献 [137] 中使用的 MLP 作为基准模型，但基于本节的列车运行实绩数据优化其参数。本节使用的 MLP 模型在 scikit-learn 包 [138] 中建立。利用优化 FCL-Net 模型隐藏层和神经元数量的方法对 MLP 模型的隐藏层和神经元数量进行优化。MLP 模型中神经元数量被设置为 128，并添加隐藏层以获得拟合良好的模型。此外，还优化了 MLP 模型的激活函数，其激活函数从 { identity，logistic，tanh，relu } 中选择。最后，本节选择了 5 个隐藏层，每层有 128 个神经元，神经元激活函数为 relu 的 MLP 模型作为基准模型。

(b) 支持向量机 (SVM) 模型也是一种典型的有监督的机器学习技术。SVM 主要通过在多维空间中构建超平面或超平面集来解决分类或回归问题 [139]。由于本节中晚点时间被视为连续值，所用的 SVM 模型为回归模型，即支持向量回归 SVR。SVR 基于输入数据计算预测值并设置阈值 ε，以评估预测值和真实值之间的差异容忍度，只有当它们的差异超过阈值时才计算损失。SVR 相对于 MLP 的主要优点是 SVR 不需要设定模型结构，它可以避免局部最优。SVR 模型在文献 [80, 81] 中被提出并用于列车晚点时间预测。本节使用的 SVR 模型也是在 scikit-learn 包 [138] 中建立。本节优化了 SVR 模型的核函数，惩罚函数系数和损失函数的正则化系数 [138]。核函数选自 { linear, rbf, sigmoid, poly }，惩罚函数系数选自 { 0.01,0.1,0.5,1,2,5,10,100 }，损失函数选自 epsilon-insensitive loss 和 squared-epsilon-insensitive loss，参数详细信息见文献 [138]。最后，本节中使用的 SVR 核函数为线性核函数，惩罚函数系数为 2，损失函数为 epsilon-insensitive loss。

(c) 浅层极限学习机 (SELM) 最初是基于单隐藏层感知器提出的 [140]。在 SELM 中，权重和偏差是随机设置的，而不是使用反向传播算法进行更新。深

度极限学习机 (DELM) 是具有多个隐藏层的 SELM。DELM 最重要的优点是其随机参数训练需要较少的时间 [140]。文献 [30] 提出的 DELM 模型已被证明优于 Kecman 等 [141] 使用的时间事件图模型。本节中的 DELM 使用 hpelm 包建立 [142]，优化了 DELM 模型的隐藏层，每层神经元的数量以及神经元的类型 (相当于 MLP 模型的激活函数)。同样利用优化 FCL-Net 模型的方法优化隐藏层和神经元数量; 神经元的类型从 { linear, sigmoid, tanh, rbf_l1, rbf_l2, rbf_linf } 中选择，参数详细信息见文献 [142]。最终，本节选择的 DELM 隐藏层为 3 层，每层 512 个神经元，神经元的类型为 rbf_l2。

　　(d) 随机森林 (RF)。RF 是一种基于决策树的集成学习算法 [143]。RF 模型定义已在 4.2.2 节进行了详细介绍，这里不再阐述。近年来，RF 模型在列车晚点预测中得到了广泛应用。本研究使用 scikit-learn 包建立 RF 模型，并优化了 RF 模型决策树的数量和每个树的深度 (分裂数)。决策树的数量从 50，100，150，200，250，500 和 1000 中选择，每棵树的深度从 3，6，9，12，15，18，21 和 24 中选择。最后，使用了 150 个决策树，每个决策树深度为 12。

　　为了定量评估模型预测效果，采用平均绝对误差 (MAE) 和平均绝对百分误差 (MAPE) 两个常用的回归模型预测效果度量指标对模型预测误差进行评估。MAE 和 MAPE 计算公式如 (7-13) 和 (7-25) 所示。较长的晚点通常会对列车运行产生较大影响，因此，本节将列车晚点时间分为短晚点时长和长晚点时长分别对模型进行评估。其中，短晚点为晚点时长在区间 [4min, 30min] 的样本，长晚点是晚点时长落入区间 (30min, max] 的样本，小于 4min 的晚点统计为正点。分别利用短晚点和长晚点样本计算各预测模型 MAE 和 MAPE 以评估预测模型在不同程度晚点时间上的精度。在以下分析中，在短晚点上计算的 MAE 和 MAPE 由 "MAE#" 和 "MAPE#" 表示，而在长晚点上计算的 MAE 和 MAPE 由 "MAE##" 和 "MAPE##" 表示。

$$\mathrm{MAPE} = \frac{1}{N} \sum_{j=1}^{n} \left| \frac{\widehat{y}_j - y_j}{y_j} \right| \times 100\% \tag{7-25}$$

其中，N 为样本大小，$\widehat{y}_j$ 为预测晚点，y_j 为实际晚点。

　　分别将各模型应用于武广高铁 GZN 到 CSS 各站以及厦深高铁 HD 到 CS 各站列车晚点时间预测。如第 3 章的列车运行特性分析可知，这两条高铁线路具有不同的列车运行特征，其可以充分展示所提出模型的通用性。

　　为了了解各模型预测精度，首先分别计算了各模型在整条线路所有车站的预测 MAE 和 MAPE。表 7-6 为各模型对各线路所有车站晚点的综合预测效果。从表 7-6 中可以观察到，就 MAE 和 MAPE 而言，FCL-Net 模型在短晚点样本和长晚点样本上均有最好的表现，FCL-Net 比其他基准模型更适合用于高速铁路列车晚点时间预测。

同时为了对各模型的训练效率进行评估，还记录了每个模型的训练时间，如表 7-6 的最后一列所示。各模型训练时间结果表明，简单的基于统计的 BN 和 MM 模型比机器学习模型具有更少的训练时间消耗。但是，模型精度一般与效率成反比，精度较高的模型一般要求较长的训练时间。表 7-6 表明，FCL-Net 模型使用武广和厦深高速铁路数据的训练时间达到 88.652 min 和 35.949 min(模型训练在 AMD Ryzen R7 2700 CPU 上完成)。

表 7-6　W—G 和 X—S 高铁列车晚点预测模型的整体性能

高铁线	模型	$MAE^{\#}$/min	$MAPE^{\#}$/%	$MAE^{\#\#}$/min	$MAPE^{\#\#}$/%	耗时/min
武广	FCL-Net	0.673	8.339	2.113	3.823	88.652
	MLP	0.807	10.144	2.278	4.140	43.240
	RF	0.872	11.038	2.163	4.046	17.670
	DELM	0.798	10.261	2.104	3.914	8.471
	SVR	0.872	11.038	2.163	4.046	4.315
厦深	FCL-Net	1.007	10.874	3.203	4.389	35.949
	MLP	1.378	15.063	3.226	4.714	21.492
	RF	1.409	15.828	3.122	4.740	7.201
	DELM	1.158	12.871	3.044	4.460	6.436
	SVR	1.201	13.262	3.250	4.808	2.483

注：模型后跟 "*" 表示基准模型的最好结果；度量指标后一个 "#" 表示短晚点预测精度度量指标，两个 "#" 表示长晚点预测精度度量指标。

然后分别分析了模型对武广及厦深高铁各车站晚点的预测精度。从图 7-25 到图 7-28 可以看出，除了在 GZN 和 HM 站的长晚点样本之外，FCL-Net 模型在短和长晚点预测的 MAE 和 MAPE 值明显小于其他基准模型。模型在 GZN 和 HM 站预测效果不佳的原因可能是这两个站接近这两条线路上行方向的始发站，模型的输入只包含其前一个站的列车运行信息。FCL-Net 模型需要从较多的历史信息中学习到列车之间的相互作用关系，这意味着 FCL-Net 模型的优势没有得到充分利用。此外，如第 3 章统计分析所示，GZN 站的晚点发生频率非常低，晚点频率低则说明列车之间的相互作用相对较少，这意味着 FCL-Net 模型可以捕捉的列车间相互作用关系也较少。尽管 MLP 和 SVR 在特定站点上的性能可以优于 FCL-Net 模型 (如在 GZN 站的长晚点样本上，MLP 模型优于 FCL-Net)。但从总体来说，这不会影响 FCL-Net 模型在晚点预测中的优势，因为模型性能评估需要同时考虑模型在两条高速铁路线以及每个站的预测精度。

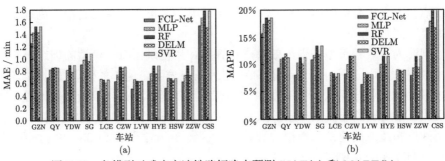

图 7-25　各模型对武广高速铁路短晚点预测 MAE(a) 和 MAPE(b)

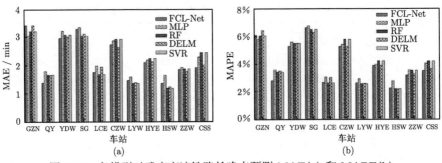

图 7-26　各模型对武广高速铁路长晚点预测 MAE(a) 和 MAPE(b)

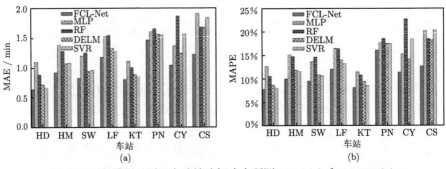

图 7-27　各模型对厦深高速铁路短晚点预测 MAE(a) 和 MAPE(b)

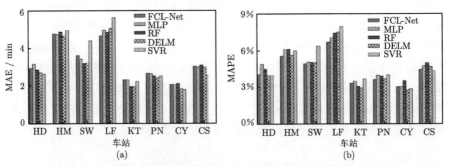

图 7-28　各模型对厦深高速铁路长晚点预测 MAE(a) 和 MAPE(b)

此外,还分析了模型对两条高速铁路几个重要站点的晚点预测结果。如第 2 章的数据分析所示,武广高速铁路各站晚点严重程度有所差异,其中 CZW 和 LYW 站平均晚点时间最长,列车正点率也最低。此外,武广高速铁路上的 HYE 和 CSS 站是周转站,其与其他线路相交。因此,应进一步分析这些晚点较严重的车站以及与其他线路连接的车站的晚点预测效果。由于厦深高速铁路的晚点时间分布没有任何明显的趋势,而且这条线路上除了始发站深圳北 (SZN) 外没有其他周转站,因此选择 SW、PN、CY 和 CS 站作为这条线路上的重要站,因为列车在这些车站有较高的停站频率,而晚点列车有较高的停站频率会增加车站乘客总等待时间,这是调度人员在调整晚点列车时要尽量减少的重要目标之一。此外,还特别展示了 FCL-Net 相比于基准模型的预测精度提升百分比情况,如表 7-7 所示。

表 7-7　FCL-Net 模型在整条线路和重要站点上的改进 (与所有基准模型相比)

高铁线路	车站	MAE#	MAPE#	MAE##	MAPE##
W—G(武广)	CZW	25.0%	27.4%	9.3%	8.9%
	LYW	21.6%	25.0%	11.0%	10.3%
	HYE	23.1%	23.8%	12.1%	12.6%
	CSS	8.0%	10.5%	27.6%	23.0%
X—S(厦深)	SW	23.6%	24.4%	22.2%	24.1%
	PN	12.2%	12.0%	12.7%	17.9%
	CY	28.3%	37.8%	11.1%	14.7%
	CS	37.6%	33.4%	6.5%	7.8%

注：平均值表示高铁线路上所有站点的 FCL-Net 模型的平均改进。

表 7-7 表明提出的晚点预测模型 (FCL-Net) 的 MAE 和 MAPE 指标在武广高速铁路长、短晚点上均提高了 8.0% 以上;在厦深高速铁路长、短晚点上均提高了 6.5% 以上;FCL-Net 模型精度相比于传统机器学习模型在各重要车站提升超过 20%。

最后,本节还使用了分类模型评价指标来评估模型在增晚和恢复 (晚点增加和减少) 方面预测的性能。增晚意味着列车受到第二次干扰,恢复意味着调度员使用运行图缓冲时间使列车晚点得以恢复。虽然由于干扰的随机性以及缓冲时间利用的不确定性,预测增晚/恢复是晚点预测中最困难的任务之一,但对于调度员来说却至关重要。本节将与前一站的晚点时长相比晚点时间增加或减少超过 1min 的列车视为增晚与恢复列车,而其他情况则视为系统偏差。因此,该离散化操作将回归模型评估问题转变为分类模型评估问题,其可以使用 ROC 曲线和 ROC 曲线下面积 (AUC) 指标来评估模型性能。ROC 曲线用于选择达到最高真正类率 (TPR) 和最低负正类率 (FPR) 的临界点。画 ROC 曲线以 FPR 为 x 轴,以 TPR 为 y 轴。TPR 和 FPR 的定义如表 7-3 和式 (7-26)、式 (7-27) 所示,式中各参数含义见 7.2.3 节。

$$TPR = \frac{TP}{TP + FN} \tag{7-26}$$

$$FPR = \frac{FP}{TN + FP} \tag{7-27}$$

图 7-29 表示每个模型的 ROC 曲线和 AUC，其中对角虚线表示随机预测。曲线与 x 轴以及右边与 y 轴平行的线包围的区域面积越大，表示模型性能越好。该图表明 FCL-Net 模型在武广高铁和厦深高速铁路的 AUC 值分别为 0.894 和 0.764，它们的 ROC 曲线包围了基准模型的 ROC 曲线，这意味着 FCL-Net 模型在列车增晚/恢复预测上同样取得了最好的效果。这也进一步证实了 FCL-Net 模型在晚点预测问题上取得了更好的效果。

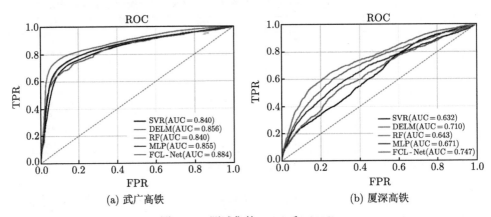

(a) 武广高铁   (b) 厦深高铁

图 7-29   测试集的 ROC 和 AUC

7.3.4.2   多步预测模型性能

同时研究了模型的 Q 步预测效果。Q 步预测的目标为 $y_{I,P+Q}$ $(Q > 1)$。如前一节所述，武广高速铁路重要站包括 CZW、LYW、HYE 和 CSS 站，厦深高速铁路的重要车站包括 SW、PN、CY 和 CS 站。分别分析了模型在武广及厦深高速铁路重点研究站的 $Q = 2$ 和 $Q = 3$ 的预测结果。与一步预测输入数据相同，仍然使用 5 列车在 5 个站和区间 $(H = 5，Z = 5)$ 的数据作为模型的输入。FCL-Net 模型的参数与一步预测模型的参数相同。武广及厦深高速铁路重要车站的两步和三步预测的 MAE 和 MAPE 结果如表 7-8 至表 7-11 所示。可以看出，就 MAE 和 MAPE 而言，FCL-Net 在两条高速铁路线路上的短晚点和长晚点预测效果同样明显优于其他基准模型。

表 7-8 武广高铁重要站点模型的两步预测误差

指标	车站	FCL-Net	MLP	RF	DELM	SVR
MAE#/min	CZW	0.881	1.143	1.205	1.086	1.295
	LYW	1.120	1.352	1.388	1.399	1.556
	HYE	0.991	1.177	1.210	1.180	1.159
	CSS	2.510	2.608	2.792	2.490	2.793
MAPE#/%	CZW	10.627	14.687	15.225	13.680	16.559
	LYW	13.191	16.527	17.020	17.298	19.355
	HYE	11.614	14.046	14.406	14.194	13.640
	CSS	24.951	26.764	29.086	25.380	28.883
MAE##/min	CZW	4.589	4.879	4.392	5.050	5.235
	LYW	6.364	6.476	6.214	6.421	6.562
	HYE	5.805	5.850	6.094	5.896	6.052
	CSS	5.106	4.915	5.427	5.015	5.258
MAPE##/%	CZW	8.751	9.397	8.582	9.733	9.989
	LYW	11.017	11.512	10.921	11.282	11.868
	HYE	9.233	9.352	9.973	9.526	9.720
	CSS	8.418	8.204	8.895	8.327	8.811

注：一个"#"表示短期晚点，两个"#"表示长期晚点。

表 7-9 武广高铁重要站点模型的三步预测误差

指标	车站	FCL-Net	MLP	RF	DELM	SVR
MAE#/min	CZW	1.452	1.743	1.816	1.671	1.865
	LYW	1.274	1.621	1.663	1.539	1.634
	HYE	1.576	1.874	1.807	1.807	1.923
	CSS	2.975	3.467	3.457	3.071	3.414
MAPE#/%	CZW	16.846	20.710	22.020	19.960	22.612
	LYW	14.596	19.676	20.151	18.529	19.427
	HYE	17.726	21.683	20.669	20.903	22.102
	CSS	29.603	35.440	34.866	30.940	34.580
MAE##/min	CZW	10.222	10.355	9.588	10.095	10.497
	LYW	7.630	8.346	7.292	7.958	8.315
	HYE	10.724	10.896	10.132	10.506	11.002
	CSS	6.137	6.813	6.570	6.101	7.182
MAPE##/%	CZW	18.743	18.946	17.817	18.592	19.056
	LYW	13.702	14.812	13.309	14.513	14.991
	HYE	18.024	18.251	16.942	17.799	18.478
	CSS	10.361	11.682	11.433	10.560	12.188

注：一个"#"表示短期晚点，两个"#"表示长期晚点。

表 7-10　厦深高铁重要站点模型的两步预测误差

指标	车站	FCL-Net	MLP	RF	DELM	SVR
MAE#/min	SW	1.566	2.988	2.212	1.755	1.751
	PN	1.804	2.135	2.152	1.854	2.129
	CY	2.338	2.642	3.215	2.508	2.972
	CS	2.468	2.823	3.261	2.328	2.781
MAPE#/%	SW	15.516	28.932	21.261	18.367	17.849
	PN	20.240	23.537	23.983	20.950	24.046
	CY	25.694	29.791	37.106	28.151	33.716
	CS	24.062	28.313	34.583	23.962	29.300
MAE##/min	SW	9.818	19.147	8.856	9.939	9.444
	PN	3.950	4.505	4.681	5.024	6.823
	CY	4.423	5.057	4.166	5.228	5.300
	CS	6.393	5.657	5.067	5.451	4.996
MAPE##/%	SW	13.722	25.186	12.914	14.105	13.778
	PN	5.348	6.399	6.860	7.291	9.858
	CY	6.407	7.493	6.903	7.663	8.187
	CS	8.815	8.477	7.847	8.098	7.927

注：一个 "#" 表示短期晚点，两个 "#" 表示长期晚点。

表 7-11　厦深高铁重要站点模型的三步预测误差

指标	车站	FCL-Net	MLP	RF	DELM	SVR
MAE#/min	SW	1.784	3.666	2.500	2.043	1.938
	PN	2.504	3.197	3.177	2.802	3.083
	CY	2.566	3.090	3.658	2.884	3.277
	CS	3.616	4.135	4.938	3.665	4.243
MAPE#/%	SW	17.854	37.025	26.184	21.326	19.828
	PN	27.370	34.786	35.598	31.041	34.365
	CY	27.751	32.927	41.206	32.088	36.339
	CS	33.456	39.397	50.575	35.047	42.096
MAE##/min	SW	10.042	13.879	11.260	11.681	10.354
	PN	8.710	8.512	8.478	9.521	11.795
	CY	6.441	6.344	5.737	6.688	7.870
	CS	8.153	7.417	7.088	7.606	7.689
MAPE##/%	SW	14.721	19.224	17.194	16.422	15.304
	PN	13.822	13.180	13.470	14.772	17.933
	CY	9.035	9.969	9.360	10.333	12.413
	CS	11.997	11.850	11.734	12.208	12.368

注：一个 "#" 表示短期晚点，两个 "#" 表示长期晚点。

7.4 本 章 小 结

本章首先利用马尔可夫模型考虑目标列车最近晚点状态实现列车晚点预测。基于列车运行数据计算了马尔可夫状态转移矩阵，并通过状态转移矩阵对测试数据集中列车晚点进行预测。利用武广及厦深高铁各站数据对马尔可夫模型预测精度测试表明，马尔可夫模型对两条高速铁路晚点预测值与观测值的皮尔逊相关系数高达 0.99 以上，且平均 MAE 分别为 0.693min 和 0.717min。

然后，采用贝叶斯推理构建了考虑目标列车前序两个状态影响下的列车运行晚点的预测模型，用于体现列车晚点的纵向传播过程。基于列车运行历史数据，使用 K 折交叉验证法对三种贝叶斯结构进行训练和测试。结果表明相对于其他模型，混合式贝叶斯网络结构具有更好的预测效果。通过数据验证，混合贝叶斯网络结构的性能指标更好。实际上，混合贝叶斯网络模型具有较好的准确性、灵敏性和实用性，并且其在 60min 内的预测准确度达到 80%。

为了研究多列车之间的相互依赖关系，即在考虑列车晚点横向传播情况下的晚点纵向传播规律，本章进一步提出了一种基于深度学习的列车晚点预测模型 (FCL-Net)，该模型结合了多层感知器 (MLP) 和长短记忆神经网络 (LSTM) 两种特定的神经网络结构以分别考虑晚点预测影响因素的时间序列和非时间序列因素。利用我国武广及厦深高铁列车运行实绩数据测试了该模型的预测精度、扩展性和效率，并选择了多层感知器、支持向量机、深度极限学习机、贝叶斯网络和马尔可夫模型等基准模型与之进行了对比，本章提出的 FCL-Net 模型的预测效果最优，其结果表明列车间相互作用对晚点预测结果影响较大。本结论符合调度员的调度决策实际情况，即调度员在制定调度策略、进行列车运行调整时是需要全面考虑列车运行态势的，需要根据以往前行多列车在一定运行环境下的运行情况，并以此为经验决定当前及后续列车的运行策略，同时，调度员考虑一个调整策略对后面多列车的影响。

第 8 章　高速列车晚点恢复模型

在列车晚点后，调度员要根据运营形势及运输需求，基于自身的调度经验及调度规则，制定合理的列车运行调整策略，常采用的策略包括压缩区间运行时分、压缩列车停站时间和改变行车间隔等。不同运输态势下、不同的列车运行调整策略，将对应于不同的运行图运用效率，产生不同的列车晚点恢复效果。调度员的调度决策过程往往难以量化和模型化，在决策过程中并不能明确不同调度策略的作用机理，难以得到程式化的调度指挥过程。本章首先基于列车运行实绩数据研究列车晚点恢复能力，建立晚点时间恢复的宏观预测模型。然后，研究不同列车运行调整策略晚点恢复效果，通过列车运行实绩研究不同调度策略下的晚点恢复分布规律，为铁路行车组织相关人员提供操作依据，同时建立不同列车运行调整策略的晚点恢复模型，以分析不同调度策略下晚点恢复的影响因素及其影响程度，良好的模型预测结果为调度策略调整提供理论支持。对晚点时长和计划冗余时间与晚点恢复之间的相关性进行分析，进而基于相关关系对晚点恢复进行 K 均值聚类，为进一步探索晚点恢复机理，采用逐步回归法对多元变量进行影响特征选择，确认影响特征后基于梯度回归树算法建立晚点恢复模型，并计算各影响特征对晚点恢复的影响程度。

8.1　高速列车晚点恢复的随机森林预测模型

8.1.1　晚点恢复问题描述

本章所研究的晚点恢复时间是指高速列车初始晚点的时长与列车到达终到站或从分界站交出时车站到达晚点时间的差值，它等于晚点列车晚点后在其剩余运行里程中所利用的所有恢复时间之和。在晚点发生后，该晚点能否恢复、恢复能力有多强，是铁路部门及旅客非常关注的问题，直接影响到了后续的列车运行组织和旅客的出行计划安排。

在实际运行中，调度员一般依据调度规则及经验，运用冗余时间恢复列车晚点。图 8-1 中 3 条折线分别表示从列车运行实绩中获取的 3 列车的晚点恢复过程，这 3 列车均在广州北站发生了晚点，折线上的各数据分别为列车在各站的到达晚点时间，单位为分钟 (min)。以列车 G6014 为例，该列车在广州北站晚点了 20min、在清远—英德西区间恢复 1min、在英德西—韶关区间恢复 1min、在郴州西—耒阳西区间恢复 5min、在株洲西—长沙南区间恢复 4min。总的来说，G6014 列车在全程利用了 11min 冗余时间来恢复晚点，其他列车的晚点恢复过程与 G6014 类似。图 8-1 所示的案例表明，区间及车站冗余时间的存在使得列车晚点恢复成为可能。因此，本章主要对列车晚点恢复进行建模，以探明列车晚点时间沿空间轴恢复的过程。

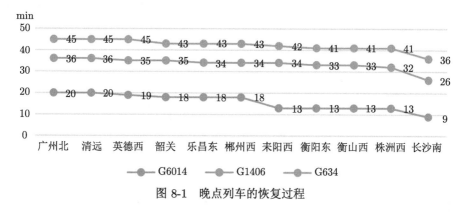

图 8-1 晚点列车的恢复过程

为了探明列车晚点恢复机理，本章只研究晚点发生后，在列车后续运行中不再受到二次或多次干扰导致晚点增加的列车。基于武广高铁列车运行实绩数据建立晚点恢复模型来描述高速列车晚点的恢复过程，并最终用于晚点恢复的预测，从而揭示高速铁路列车晚点沿空间轴传播及恢复的机理。

8.1.2 晚点恢复影响因素确定

列车的晚点程度将直接影响其传播的距离及其对列车运行的影响程度，对晚点恢复的要求也各不相同，如 20min 的晚点与 10min 的晚点相比，若要恢复正点，20min 的晚点需要利用更多的冗余时间。晚点时间越长，对路网列车运行产生的影响一般越大，对晚点恢复的要求也越高。因此，本节首先考虑将列车的晚点时间 (PD) 作为晚点恢复模型的第一个自变量。

列车在运行全过程是一个非常复杂的过程，由于受限于更为详细的实际闭塞分区占用及解锁以及车站进路等数据的采集，本节考虑到在列车运行图基本结构不变的情况下各列车的进路及到发线使用、闭塞分区占用和解锁过程均基本不变，转而通过分析高速列车在运行时刻、作业时间上的历史表现来近似体现上述作业过程，并作为晚点恢复预测的相关输入参数及条件。

列车运行图中预留的车站和区间冗余时间是调度员进行列车运行调整和使列车晚点恢复的资源，能够在一定程度上吸收由于列车运行过程中受到随机因素干扰而导致的晚点。基于高速铁路列车运行实绩数据，统计了各车站、区间的晚点恢复情况如表 8-1 和表 8-2 所示。

表 8-1　各站晚点恢复情况

车站	到达晚点列车数	恢复列车数	恢复率/%
广州北	837	347	41.46
清远	2059	1061	51.53
英德西	1430	622	43.50
韶关	4959	2239	45.15
郴州西	8781	3498	39.84
耒阳西	2456	1079	43.93
衡阳东	5755	1605	27.89
衡山西	1996	985	49.35
株洲西	3563	1064	29.86
长沙南	2714	1696	62.49
汨罗东	962	668	69.44
岳阳东	1854	1410	76.05
赤壁北	210	31	14.76
所有车站平均	—	—	43.39

表 8-2　各区间晚点恢复情况

区间	出发晚点列车数	恢复列车数	恢复率/%
广州北—清远	9705	10	0.10
清远—英德西	13194	8473	64.22
英德西—韶关	10308	6898	66.92
韶关—郴州西	7609	1047	13.76
郴州西—耒阳西	11868	1698	14.31
耒阳西—衡阳东	11834	7011	59.24
衡阳东—衡山西	9688	168	1.73
衡山西—株洲西	12810	5617	43.85
株洲西—长沙南	11327	10956	96.72
长沙南—汨罗东	1897	71	3.74
汨罗东—岳阳东	3194	1470	46.02
岳阳东—赤壁北	2311	1464	63.35
所有区间平均	—	—	42.44

　　表 8-1 和表 8-2 数据显示：平均有 43.39% 的到达晚点列车在车站冗余时间作用下能得到一定程度的晚点恢复，而平均有 42.44% 的出发晚点列车能够在其下一个区间冗余时间作用下得到一定程度的晚点恢复。更进一步，计算得到了列车在车站/区间的计划平均停留时间、实际平均停留时间对比，如第 3 章图 3-17 所示。

　　从图 3-17 可以看出：① 列车晚点可以在区间以及车站得以恢复 (列车在区间/车站的实际平均运行/停站时间小于图定运行/停站时间)；② 株洲西—长沙南区间的冗余时间利用率远远大于其他区间，平均利用冗余时间达到了 3min。因此，列车晚点后经停各站的总停站冗余时间 (TD) 和所经过区间的总区间冗余时间 (RB) 将是影响晚点恢复的关键因素，把 TD 与 RB 也作为本晚点恢复模型的自变量。其中，由于车站冗余时间受客流量的影响，对于相同列车相同停站时间，不同时段可用冗余时间也不同。因此，以列车图定停站时间代表车站冗余时间作为自变量。TD 及 RB 的计算公式如下：

$$\mathrm{TD}_k = \sum_{i \in S_{车站}} T_{k,i} \tag{8-1}$$

$$\mathrm{RB}_k = \sum_{j \in S_{区间}} \left(t_{k,j} - t_{k,j}^{\min} \right) \tag{8-2}$$

$$\mathrm{PD}_k = t_{k,D} \tag{8-3}$$

式中：TD_k 为第 k 列车晚点后经停各站的总停站时间，RB_k 为第 k 列车晚点后经过区间的总区间冗余时间，PD_k 为第 k 列车的广义初始晚点时间 (第一次晚点时间值)；$S_{车站}$ 为列车晚点后经过的车站集合，$S_{区间}$ 为列车晚点后经过的区间集合；$T_{k,i}$ 为第 k 列车在第 i 车站的停站时间，$t_{k,j}$ 为第 k 列车在第 j 区间的图定运行时间，$t_{k,j}^{\min}$ 为第 k 列车在第 j 区间的最小运行时间 (由所有列车实际最小运行时间统计得到)；$t_{k,D}$ 为第 k 列车在初次晚点站的晚点时间。

最终，选择 PD、TD、RB 作为恢复模型的自变量，晚点恢复时间 (RT) 作为模型的因变量，建立高速列车晚点恢复模型。由于过小的广义初始晚点时间可能在晚点发生的车站或者临近区间直接被冗余时间吸收，晚点持续过程较短，且我国高铁正点率统计时将晚点时间不大于 4min 的列车视为正点列车，因此提取了广义初次晚点时间大于 4min 的列车作为研究对象，并且删除在晚点运行过程中受到二次或多次干扰导致列车晚点增加的列车，对数据进行降噪等预处理操作后，剩余用于建模的数据样本为 3074。表 8-3 所示为用于建模的高速列车运行实绩数据示例，以 2015 年 4 月 8 日的 G1134 列车为例，该列车在长沙南站发生 14min 的晚点，其在后续运行里程中的总停站时间为 5min、区间总冗余时间为 2min、其未经过株洲西—长沙南区间，该列车到达赤壁北站时恢复时间为 6min。

表 8-3　建模数据示例

车次	日期	晚点站	终到站/交出站	TD/min	RB/min	PD/min	RT/min
G1134	2004/08/15	长沙南	赤壁北	5	2	14	6
G66	2005/24/15	长沙南	赤壁北	2	2	5	5
G1104	2001/06/16	长沙南	赤壁北	4	3	67	3
G1110	2005/05/15	郴州西	岳阳东	4	13	4	4
G1304	2005/09/15	郴州西	长沙南	8	9	11	7

为了对建模数据有更直观的了解，首先分析了各连续变量的分布情况。所用数据样本按照模型自变量和因变量的分布如图 8-2 所示。图 8-2 结果表明提取的各变量值都不服从传统统计模型变量的高斯分布假设，自变量 PD、TD 以及因变量 RT 都是明显的右偏分布，而 RB 为左偏分布。

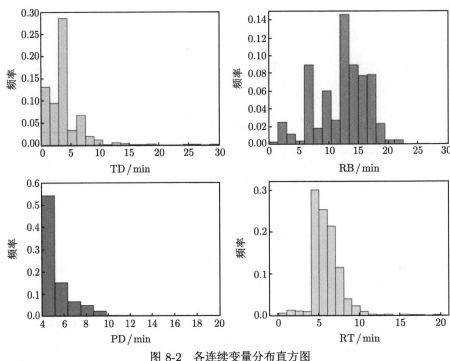

图 8-2　各连续变量分布直方图

　　图 8-3 为各连续变量的散点矩阵图，表 8-4 为各变量偏相关系数表，从图 8-3 的散点分布以及回归线条以及表 8-4 的偏相关系数都可以看出，因变量 (RT) 与各自变量 PD、TD、RB 都有着比较难以确定的复杂关系；同时各自变量之间可能存在较强的线性关系，如 TD 与 RB 之间。以上各变量分布情况以及变量之间的关系情况表明因变量与各自变量之间的关系较为复杂，若建立传统的统计学模型 (如多元线性模型) 将不能完整地描述变量之间的复杂关系，模型用于列车晚点恢复时间的预测精度将会较低。因此，本节考虑利用能够解决复杂关系的机器学习模型来建立列车晚点恢复模型。

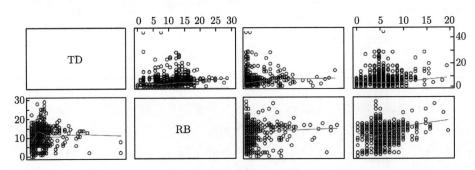

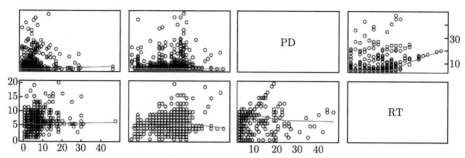

图 8-3 各连续变量关系图

表 8-4 各变量偏相关系数

变量	PD	TD	RB	RT
PD	0.11	0.01	1.00	0.15
TD	1.00	0.04	0.11	0.09
RB	0.04	1.00	0.01	0.28
RT	0.09	0.28	0.15	1.00

8.1.3 列车晚点恢复预测模型

8.1.3.1 随机森林概述

随机森林是一个由多个树分类器 $\{h(x, \beta_k), k = 1, \cdots\}$ 构成的现代机器学习算法，可以处理大量且多维度的复杂数据，并且对变量间的共线性不敏感，被誉为当前较好的数据挖掘算法之一。其模型由多棵树组成，其中每一棵树是采用 CART(Classification and Regression Tree) 算法构建的没有剪枝的决策树，用于构建每一棵树的训练数据子集采用自助采样方法 (Bootstrap Sampling)，如图 8-4 所

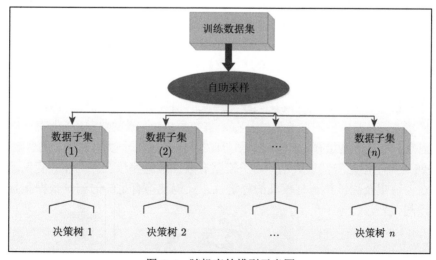

图 8-4 随机森林模型示意图

示。x 是输入变量，β_k 是独立同分布的随机向量，其决定了单棵树的生长过程。随机森林可用于分类与回归，本节基于高速列车运行实绩建立晚点恢复的回归模型，探明影响恢复过程的各因素与恢复时间的关系。

随机森林可以理解为由多棵决策树组成的森林，每个训练样本需要经过每棵树进行预测，然后根据所有决策树的预测结果最后来决定整个森林的预测结果。森林中每一棵树都是二叉树，其生成遵循自上而下的递分原则，即从根节点开始依次对训练集进行划分。在二叉树中，根节点包含全部的训练集数据，按照节点不纯最小原则，分裂为左节点和右节点，它们分别包含训练集的一个子集，按照同样的原则，节点继续分裂，直到满足分支停止规则而停止生长。

8.1.3.2   晚点恢复预测模型参数选择

随机森林是典型的采用 Bagging 技术的多分类模型，对于森林里的每一棵树采用自助法 (Bootstrap) 随机抽样技术，从总样本集 N 中有放回地重复随机抽取一定量的训练集生成训练集合，然后根据自助样本集生成 k 个决策树组成森林，未被抽到的样本集称为 "袋外数据"(Out-of-Bag OOB) 作为测试集用于模型的测试[143]。训练集的样本量直接影响了模型的稳定性和拟合效果，而测试集的测试效果直接反映了模型的预测精度，在构建模型之前需要确定合理的训练集和测试集样本量。为此，本节首先研究了训练集及测试集样本量对模型精度的影响，分别用不同的数据量来构建模型，每个比例数据量下分别运行 100 次，得到数据量与模型稳定性及拟合效果的关系图如图 8-5 所示，图中横轴为训练集样本占总样本的比例，纵轴为模型损失函数，本节选用均方误差函数 (Mean Squared Error, MSE) 损失函数，其计算公式如式 (8-4) 所示。模型在训练集上损失函数值分布越集中表明模型对训练集拟合效果越稳定。模型在测试集上损失函数值分布越集中表明模型用于预测越稳定。图 8-5 表明：当每次抽取的训练集样本较少时，模型拟合误差分布较分散，模型对训练数据集拟合效果较差；同时，由于训练集较少时测试集较多，因此，测试集残差分布较为稳定；随着选取训练集样本量的增加，模型在训练集上稳定性明显提高，且训练集误差都有减小的趋势；但随着模型选取的训练集达到 80%，模型测试集预测结果的损失函数值分布较分散，模型的预测效果较差。预测模型的主要目的是在未来数据集上 (测试数据集) 上有良好的性能，因此，本节最终选择用 70% 数据 (2152 列车) 量用于模型建立，剩余 30% 样本 (922 列车) 作为测试集数据，用于模型有效性检验和预测。这样既能保证模型同时在训练集及测试集上有较高的稳定性，又能使得有足够的测试数据集且有较小的预测误差。

$$\mathrm{MSE} = \frac{\sum_{k=1}^{N}(\widehat{y}_k - y_k)^2}{N} \tag{8-4}$$

式中，N 为样本数，y_k 为列车晚点恢复时间真实值，$\hat{y}_k$ 为列车晚点恢复时间预测值。

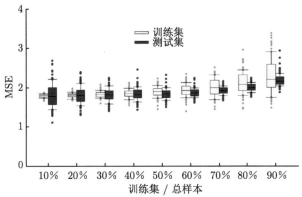

图 8-5 训练集与测试集样本量对模型性能影响

随机森林模型的预测精度主要决定于其自身两个主要参数。

(a) 微观参数：每一棵树的计算精度，受到每棵树节点数和每个节点的预选变量数的影响，其决定了单棵树的生长情况，即单棵树的拟合效果与预测能力，需要找到合理的预选变量个数，使模型损失函数最小。

(b) 宏观参数：森林的规模，即随机森林里决策树的数量。森林的规模越大，模型的拟合及预测结果越稳定，但计算机运行时间也越长。

本节利用 R 语言编程建立随机森林模型，并对模型的两个参数进行优化。

A. 微观参数确定

本模型参与建立随机森林模型的自变量有 4 个，即 TD、RB、PD 和 ZC。为了确定节点处应随机选取的变量数，分别计算出节点处所选变量数为 1、2、3、4 时对应的模型损失函数。如图 8-6 所示，当每个节点的预选变量数为 2 时，模型的平均拟合误差最小。

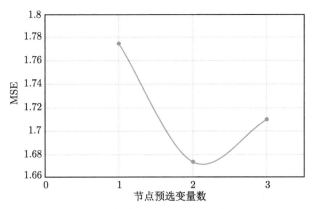

图 8-6 预选变量数与模型误差的关系

B. 宏观参数确定

为了确定合理的森林规模, 研究了森林规模在 50 到 500 区间 (50 为间隔) 对应的模型误差, 如图 8-7 所示。随机森林模型中树规模较小时模型拟合误差较大, 当森林树规模到达 400 后, 模型拟合误差较小且较稳定。因此, 最终确定随机森林模型树规模为 400。

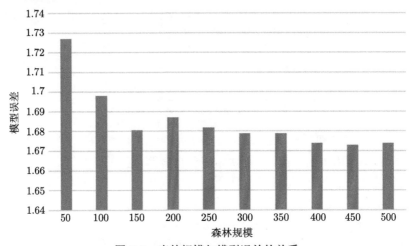

图 8-7　森林规模与模型误差的关系

每棵树的分类强度越大, 即树枝越茂盛, 则模型整体的分类性能越好, 图 8-8 为随机森林里每棵树的节点数分布, 由图可知每棵树的节点数主要落在区间 [220,280], 足见树的结构较复杂, 模型回归拟合能力较强。

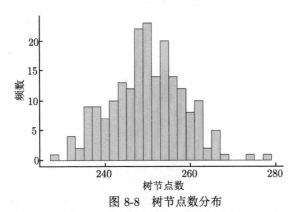

图 8-8　树节点数分布

因此, 最终确定森林规模为 400, 节点处随机预选变量为 2, 模型达到误差最小为 1.673。

随机森林通常没有固定的函数模型表达式, R 软件 "randomforest" 包建立的随机森林模型能够自动输出模型自变量的重要度系数如表 8-5 所示, 提供了判断各个变量对于建立模型重要性的信息。从表 8-5 可以看出：自变量 TD 系数最大，说明其对随机森林回归模型的贡献最大，其次是 PD、RB，0-1 变量 (ZC) 对模型的影响最小。

表 8-5 变量重要度系数表

自变量	PD	TD	RB
重要度系数	77.7	72.7	85.3

8.1.3.3 晚点恢复预测模型评估

虽然随机森林模型建立过程中利用袋外数据进行测试，为了进一步验证模型的预测能力，本文利用余下的 30%(922 列车) 的数据进行模型的预测能力验证。利用前文得到的最优模型对测试数据集进行预测。首先分析了模型对测试数据集的预测残差。模型预测残差如图 8-9 所示，模型残差关于 $y = 0$ 呈对称分布，且大多数残差值趋近于 0，说明模型对测试集数据的拟合效果较好。

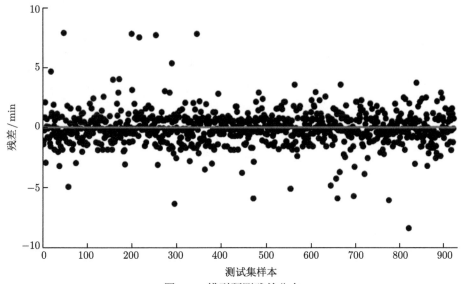

图 8-9 模型预测残差分布

为了更进一步评估随机森林模型的效果，分别建立了代表传统统计建模方法的多元线性回归模型以及其他现代流行的机器学习算法——多层感知神经网络以及支持向量机模型，上述模型仍将 PD、TD、RB 和 ZC 作为自变量，RT 作为因变量，训练集和测试集不变。此外，选用平均绝对误差 MAE 以及均方根误差 (Root Mean Squared Error, RMSE) 作为模型定量评估指标，MAE 以及 RMSE 计算公式如式 (7-16) 及 (8-5) 所示。各模型预测 MAE 以 RMSE 指标值如表 8-6 所示。表 8-6 结果表明：神经网络模型以及支持向量机模型预测能力与随机森林模型比较接近，它们都明显优于多元线性模型，但随机森林模型是列车晚点时间恢复值预测效果最佳的模型。

$$\mathrm{RMSE} = \sqrt{\frac{1}{N} \sum_{k=1}^{N} (\widehat{y}_k - y_k)^2} \tag{8-5}$$

表 8-6   各模型预测误差值

模型	MAE / min	RMSE / min
随机森林	0.970	1.462
多层感知神经网络	1.037	1.485
支持向量机	1.036	1.636
多元线性	1.228	1.743

最后，为了更系统地评估模型性能，计算了各模型在允许误差范围内的预测准确率。允许误差以 1min 为单位，统计每增加 1min 允许误差各模型的预测准确率，直至所有模型将全部样本预测准确。其中，准确率为预测正确样本量占总样本比例。各模型在允许误差下正确率如图 8-10 所示。图 8-10 表明所有模型预测绝对误差都在 10min 以内。随机森林模型允许误差曲线下面积最大，且包含其他模型允许误差曲线，说明随机森林模型在各允许误差下以及整体的预测精度都最高。

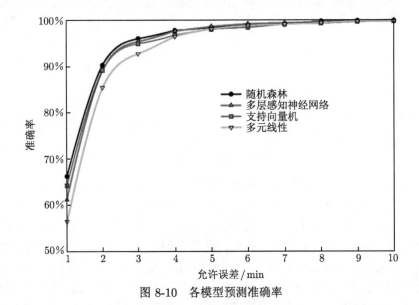

图 8-10   各模型预测准确率

8.2 高速列车运行调整策略的晚点恢复聚类

高速列车在运行中会遇到大量随机干扰从而导致列车晚点。列车晚点后，调度员要根据运营形势及运输需求制定合理的列车运行调整策略。如果能够明确不同列车运行调整策略可能的晚点恢复效果，将有助于揭示列车晚点恢复的机理，为调度员提供调度策略选择的辅助，对于降低调度员的决策工作负荷具有重要意义。

列车运行调整策略主要有三类：压缩车站停站时间、压缩区间运行时间、变更列车运行次序，但由于高速列车变更列车运行次序会导致大量通过能力的损失，故高速铁路很少用变更列车运行策略的策略。因此，本节重点研究前两类列车运行调整策略的晚点恢复效果并对其效果分类。首先，基于高速列车的运行实绩，以真实的列车运行数据为建模基础，通过对晚点恢复进行数理统计和相关性分析，再选用 K 均值算法对不同调整策略的晚点恢复列车进行聚类，聚类结果良好。对高速列车运行调整策略效果的聚类可以为调度员调度过程中根据列车运行态势采用合理的调度策略提供依据，辅助调度员的调度决策。

本章所取数据为武广高铁 2015 年 7 月 1 日至 2016 年 6 月 30 日广州北站—赤壁北站上行方向共计 40888 次列车计划运行数据和实际运行数据。

8.2.1 不同运行调整策略的晚点恢复分布特征

8.2.1.1 压缩列车停站时间策略的晚点恢复分布

采用参数估计方法分析列车运行调整策略的晚点列车恢复情况，探索其分布规律。将各车站采用压缩列车停站时间策略的晚点列车恢复数据整理出来，并绘制箱线图和频率直方图，如图 8-11 所示。各车站压缩列车停站时间的晚点恢复

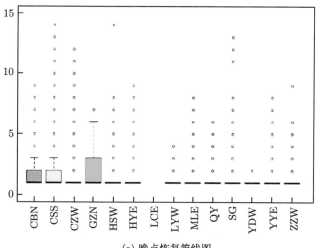

(a) 晚点恢复箱线图

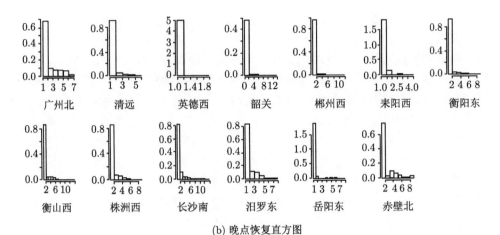

(b) 晚点恢复直方图

图 8-11　车站晚点恢复分布箱线图和直方图

时长基本分布在 5min 以内，大量数据在 2min 以内聚集。频率直方图的分布形态严重右偏。将各区间采取了压缩列车运行时间策略的晚点列车恢复数据整理出来，并绘制箱线图和频率直方图，如图 8-12 所示。各区间晚点恢复时长基本分布在 10min 以内，大量数据在 5min 以内聚集。

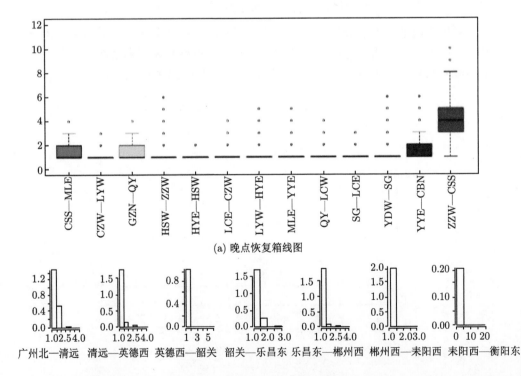

(a) 晚点恢复箱线图

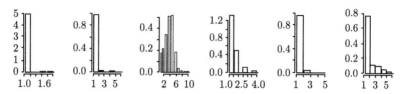

衡阳东—衡山西 衡山西—株洲西 株洲西—长沙南 长沙南—汨罗东 汨罗东—岳阳东 岳阳东—赤壁北

(b) 晚点恢复直方图

图 8-12　区间晚点恢复分布箱线图和直方图

8.2.1.2　晚点恢复时空分布特征

以时间为横轴，车站和区间为纵轴，晚点恢复总时间作为填充，绘制晚点恢复时间时空分布热力图，如图 8-13 所示，其中，图 8-13(a) 是车站时空分布热力图，图 8-13(b) 是区间时空分布热力图。

观察时空分布热力图可以发现：

(1) 车站晚点恢复总时间远远小于区间晚点恢复总时间；

(2) 各车站中，韶关站、郴州西站、衡阳东站、株洲西站和长沙南站的晚点恢复总时间较大，且集中在 08:00~20:00；

(3) 各区间中，株洲西—长沙南的晚点恢复总时间最大，清远—英德西、英德西—韶关、耒阳西—衡阳东和衡山西—株洲西 4 个区间次之，且集中在 08:00~20:00。

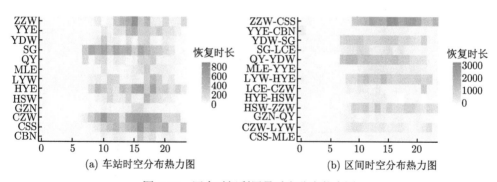

(a) 车站时空分布热力图　　　　　(b) 区间时空分布热力图

图 8-13　冗余时间利用量时空分布热力图

8.2.2　列车运行调整策略的晚点恢复聚类

不同列车运行调整策略下，不同程度的晚点列车通过利用列车运行图中既定的计划冗余时间，使得晚点得以不同程度的恢复。晚点时长、计划冗余时间布局都会影响晚点恢复的效果。为探究三者之间的关系，本节首先分析不同列车运行调整策略的晚点列车晚点时长、计划冗余时间与晚点恢复时长之间的相关关系，然后采用 K 均值聚类算法将晚点列车分类。

8.2.2.1　参数的相关性分析

列车在运行过程中发生的晚点变化量，与列车当下晚点时长以及所在位置的计划冗余时间有关。本节选用 Pearson 相关系数来定量描述这三个变量之间的关系。

(a) 车站晚点、计划停站冗余时间与晚点恢复的相关性分析

晚点时长、计划停站冗余时间、晚点恢复时间三者的相关系数如表 8-7 所示。

表 8-7　车站晚点、计划停站冗余时间与晚点恢复的相关系数表

参数	晚点时长	计划停站冗余时间	晚点恢复时间
晚点时长	1	0.58	0.64
计划停站冗余时间	0.58	1	0.87
晚点恢复时间	0.64	0.87	1

在 0.05 的显著水平下，晚点时长、车站计划停站冗余时间与晚点恢复时间三个变量两两之间的相关系数检验值 p 均小于 0.05，因此通过显著性检验。三个参数的相关关系如图 8-14 所示。可见，计划停站冗余时间的设置规律与晚点时长规律一致，且晚点时长与晚点恢复时间、计划停站冗余时间与晚点恢复时间都呈正相关。

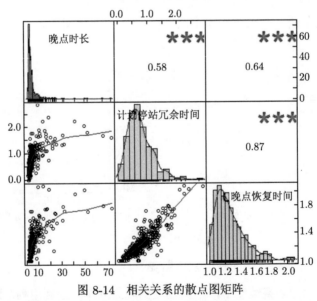

图 8-14　相关关系的散点图矩阵

图 8-14 显示，晚点恢复时间是单峰的曲线，晚点时长和计划停站冗余时间都在一定程度上出现了偏斜。晚点恢复时间随着晚点时间的增加而增加，随着计划停站冗余时间的增加而增加。

(b) 区间晚点、计划运行冗余时间与晚点恢复的相关性分析

区间晚点列车的晚点时长、计划运行冗余时间、晚点恢复时间的相关系数如表 8-8 所示：

表 8-8 区间晚点、计划运行冗余时间与晚点恢复的相关系数表

参数	晚点时长	计划运行冗余时间	晚点恢复时间
晚点时长	1	0.50	0.52
计划运行冗余时间	0.50	1	0.89
晚点恢复时间	0.52	0.89	1

对表 8-8 中的相关系数进行显著性检验可得，在 0.05 的显著水平下，区间晚点列车的晚点时长、区间计划运行冗余时间与晚点恢复时间三个变量两两之间的相关系数检验值均符合 $p < 0.05$，因此通过显著性检验。三个参数的相关关系如图 8-15 所示。可见区间晚点列车的计划冗余时间设置规律与晚点时长分布规律一致，且晚点时长与晚点恢复时间、计划运行冗余时间与晚点恢复时间均呈正相关关系。

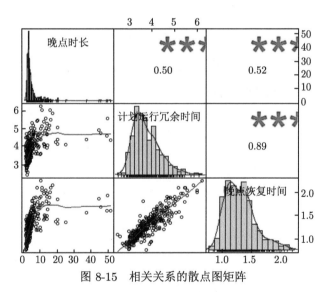

图 8-15 相关关系的散点图矩阵

图 8-15 显示，区间晚点恢复时间是双峰曲线，晚点时长和计划运行冗余时间都在一定程度上出现了偏斜。晚点恢复时间随着晚点时间的增加而增加，随着计划运行冗余时间的增加而增加。

8.2.2.2 基于 K 均值的晚点恢复聚类

(a) 压缩列车停站时间策略的晚点恢复聚类

聚类指标为：车站晚点列车的晚点时长、当前车站的计划冗余时间和晚点恢复时间。

首先, 根据数据的分散程度, 选择聚类数目。如图 8-16 为压缩列车停站时间策略的晚点恢复时间聚类图, 其中, 图 8-16(a) 表示聚类数目的确定, 随着簇数变化, 簇内平方和的变化率在降低, 特别当 $K=4$ 时, 曲线下降趋势变得平缓, 因此选择聚类数目 $K=4$。图 8-16(b) 则是按照簇内距离最短原理, 数据的分类结果图。

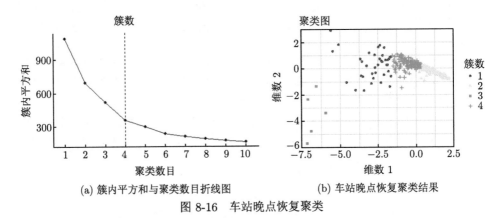

(a) 簇内平方和与聚类数目折线图   (b) 车站晚点恢复聚类结果

图 8-16 车站晚点恢复聚类

根据聚类结果, 不同类别的晚点恢复时长分布情况如图 8-17 所示。具体聚类结果和评价指标轮廓系数如表 8-9 所示。

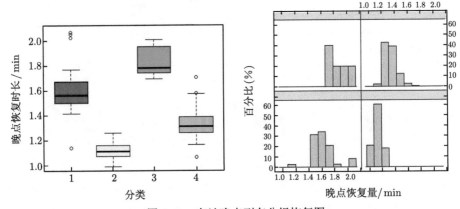

图 8-17 车站晚点列车分组恢复图

表 8-9 缩短列车停站时间的聚类结果表

类别	晚点时长/min	冗余时间/min	晚点恢复时间/min	轮廓系数 S_i
1	(3, 35)	(1.1, 2.8)	(1.4, 1.8)	0.23
2	(1, 5)	(0.0, 1.0)	(1.0, 1.3)	0.57
3	(35, 70)	(1.6, 2.2)	(1.7, 2.0)	0.56
4	(2, 20)	(0.5, 1.4)	(1.2, 1.6)	0.39

由图 8-17 和表 8-9 可得，轮廓系数分布在 (0,1) 内，且各簇内的数据分布集中，簇间数据分界清晰。总体来说，聚类质量良好。

(b) 压缩列车运行时间策略的晚点恢复聚类

聚类指标为：区间晚点列车的晚点时长、当前区间的计划冗余时间和晚点恢复时间。

首先，根据数据的分散程度，选择聚类数目。如图 8-18(a) 所示，随着簇数变化，簇内平方和的变化率在降低，特别当 $K = 4$ 时，曲线下降趋势变得平缓，因此选择聚类数目 $K=4$。选定聚类数目后，根据簇内距离最短原理，将数据分类，如图 8-18(b) 所示。

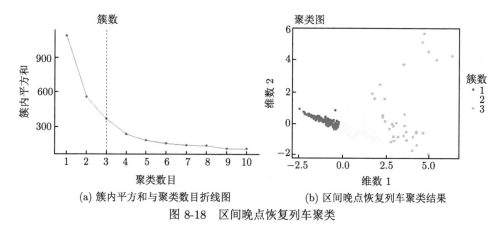

(a) 簇内平方和与聚类数目折线图　　　　(b) 区间晚点恢复列车聚类结果

图 8-18　区间晚点恢复列车聚类

根据聚类结果，区间不同类别的晚点恢复时长分布情况如图 8-19 所示。聚类结果见表 8-10。

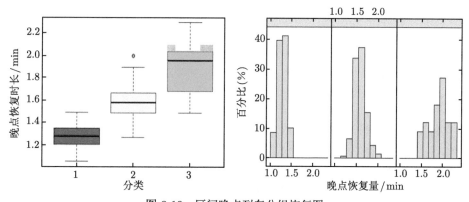

图 8-19　区间晚点列车分组恢复图

表 8-10   缩短列车运行时间的聚类结果表

类别	晚点时长/min	冗余时间/min	晚点恢复时间/min	轮廓系数 S_i
1	(1, 9)	(2.2,4.0)	(1.0, 1.5)	0.58
2	(1, 15)	(3.5,5.5)	(1.2, 2.0)	0.38
3	(7, 50)	(4.2,6.5)	(1.4, 2.5)	0.17

由表 8-10 可得，轮廓系数分布在 (0,1) 之间。虽然簇的域界有重合，但重合区域的值很少，如图 8-19 所示，各簇内约 80% 的数据分布集中，簇间数据分界清晰。总体来说，聚类质量良好。除此之外，每个分类的晚点恢复频数分布均为 "中间高峰，两侧降低" 的形态，不过不同分类的宽窄和高低不同。如在类别 1 中，当晚点时长均值在 1~9 min、计划冗余时间均值在 2.2~4.0 min 之间时，采取压缩列车运行时间的列车运行调整策略的情况下，其晚点恢复时长均值在 1.0~1.5 min 之间，其恢复时长均值在计划冗余时间均值的 37.5%~45.5% 之间。这样的结论可以辅助调度人员选择和调整调度策略。

8.3   不同列车运行调整策略的晚点恢复效果模型

基于高速列车的运行实绩，以客观真实的数据为建模基础，以晚点恢复时间为行车调整策略效果的标定参数，从数据中挖掘调度员的决策过程及规律，运用梯度提升回归树 (GBRT) 机器学习模型建立了压缩区间运行时分、压缩列车停站时间两类最常用高速列车不同运行调整策略下的晚点恢复模型。首先从列车实际运行数据中提取出不同调度策略下影响晚点恢复的特征因素，接着采用逐步回归方法对多元变量根据影响程度选择特征参数，然后运用梯度提升回归树算法，结合训练数据学习结果，最终建立采用压缩区间运行时分、压缩列车停站时间两类不同策略时的高速列车晚点恢复模型。模型中包含了不同调度策略的晚点恢复系统中影响特征因素、各因素之间的相互关系以及其对晚点恢复的影响程度。

8.3.1   模型准备

8.3.1.1   参数定义

本节数据主要由计划列车运行图和实际列车运行图，包含列车计划到达和出发时刻、列车实际到达和出发时刻。通过统计分析和数据建模对不同调度策略的晚点恢复机理进行阐述。

首先，定义运行图中的要素如表 8-11 所示。

表 8-11 运行图要素定义表

变量	符号
列车集合	$L = \{l_1, l_2, l_3, \cdots, l_n\}$
车站集合	$S = \{s_1, s_2, s_3, \cdots, s_i\}$
列车 n 在各车站的计划到达时刻	$\mathrm{PAT} = \{\mathrm{pat}_1^n, \mathrm{pat}_2^n, \mathrm{pat}_3^n, \cdots, \mathrm{pat}_i^n\}$
列车 n 在各车站的计划出发时刻	$\mathrm{PLT} = \{\mathrm{plt}_1^n, \mathrm{plt}_2^n, \mathrm{plt}_3^n, \cdots, \mathrm{plt}_i^n\}$
列车 n 在各车站的实际到达时刻	$\mathrm{AAT} = \{\mathrm{at}_1^n, \mathrm{at}_2^n, \mathrm{at}_3^n, \cdots, \mathrm{at}_i^n\}$
列车 n 在各车站的实际出发时刻	$\mathrm{ALT} = \{\mathrm{lt}_1^n, \mathrm{lt}_2^n, \mathrm{lt}_3^n, \cdots, \mathrm{lt}_i^n\}$
列车 n 在各车站的到达晚点时间	$\mathrm{DAT} = \{\mathrm{dat}_1^n, \mathrm{dat}_2^n, \mathrm{dat}_3^n, \cdots, \mathrm{dat}_i^n\}$
列车 n 在各车站的出发晚点时间	$\mathrm{DLT} = \{\mathrm{dlt}_1^n, \mathrm{dlt}_2^n, \mathrm{dlt}_3^n, \cdots, \mathrm{dlt}_i^n\}$
计划冗余时间	$\mathrm{BT} = \{\mathrm{bt}_1^n, \mathrm{bt}_2^n, \mathrm{bt}_3^n, \cdots, \mathrm{bt}_i^n\}$
晚点列车	$\mathrm{DL} = \{\mathrm{dl}_1, \mathrm{dl}_2, \mathrm{dl}_3, \cdots, \mathrm{dl}_m\},$ $\mathrm{DAT}_i^n > 0$ 和 $\mathrm{DLT}_i^n > 0$
列车 n 在各站的晚点恢复量	$\mathrm{RT} = \{\mathrm{rt}_1^n, \mathrm{rt}_2^n, \mathrm{rt}_3^n, \cdots, \mathrm{rt}_i^n\}$, $\mathrm{RT} > 0$
当前列车与前行列车间的行车间隔	$\mathrm{NT} = \{\mathrm{nt}_1, \mathrm{nt}_2, \mathrm{nt}_3, \cdots, \mathrm{nt}_k\}$

$$\begin{cases} \mathrm{DAT} = \mathrm{at}_i^n - \mathrm{pat}_i^n：到达晚点，即区间晚点 \\ \mathrm{DLT} = \mathrm{lt}_i^n - \mathrm{plt}_i^n：出发晚点，即车站晚点 \end{cases} \tag{8-6}$$

$$\begin{cases} \mathrm{BAT} = \mathrm{pat}_{i+1}^n - \mathrm{plt}_i^n - t_{\min}：区间计划冗余时间 \\ \mathrm{BLT} = \mathrm{plt}_i^n - \mathrm{pat}_i^n - t_{\min}：车站计划冗余时间 \end{cases} \tag{8-7}$$

$$\begin{cases} \mathrm{RAT} = \mathrm{dlt}_i^n - \mathrm{dat}_{i+1}^n \ (\mathrm{dlt}_i^n > \mathrm{dat}_{i+1}^n)：区间晚点恢复时间 \\ \mathrm{RLT} = \mathrm{dat}_i^n - \mathrm{dlt}_i^n \ (\mathrm{dat}_i^n > \mathrm{dlt}_i^n)：车站晚点恢复时间 \end{cases} \tag{8-8}$$

$$\begin{cases} \mathrm{NAT} = \mathrm{pat}_i^{n+1} - \mathrm{pat}_i^n：到达间隔 \\ \mathrm{NLT} = \mathrm{plt}_i^{n+1} - \mathrm{plt}_i^n：出发间隔 \end{cases} \tag{8-9}$$

注意式 (8-7) 中 $t_{\min}$ 变量表示列车在车站 (区间) 的最短作业时间。
最终分别得到车站和区间的晚点恢复矩阵 $[C]$ 和 $[Q]$：

$$[C] = \begin{array}{cccccc} \mathrm{RLT} & \mathrm{DLT} & \mathrm{BLT} & \mathrm{NLT} & 晚点时间 & 车站 \\ \left[\begin{array}{cccccc} \mathrm{rlt}_1^n & \mathrm{lt}_1^n & \mathrm{blt}_1^n & \mathrm{nlt}_1^n & t_1^n & s_1 \\ \mathrm{rlt}_2^n & \mathrm{lt}_2^n & \mathrm{blt}_2^n & \mathrm{nlt}_2^n & t_2^n & s_2 \\ \mathrm{rlt}_3^n & \mathrm{lt}_3^n & \mathrm{blt}_3^n & \mathrm{nlt}_3^n & t_3^n & s_3 \\ \vdots & \vdots & \vdots & \vdots & \vdots & \vdots \\ \mathrm{rlt}_{i-1}^n & \mathrm{lt}_{i-1}^n & \mathrm{blt}_{i-1}^n & \mathrm{nlt}_{i-1}^n & t_{i-1}^n & s_{i-1} \\ \mathrm{rlt}_i^n & \mathrm{lt}_i^n & \mathrm{blt}_i^n & \mathrm{nlt}_i^n & t_i^n & s_i \end{array}\right] \end{array} \tag{8-10}$$

$$[Q] = \begin{bmatrix} \text{RAT} & \text{DAT} & \text{BAT} & \text{NAT} & \text{晚点时间} & \text{区间} \\ \text{rat}_1^n & \text{at}_1^n & \text{bat}_1^n & \text{nat}_1^n & t_1^n & q_1 \\ \text{rat}_2^n & \text{at}_2^n & \text{bat}_2^n & \text{nat}_2^n & t_2^n & q_2 \\ \text{rat}_3^n & \text{at}_3^n & \text{bat}_3^n & \text{nat}_3^n & t_3^n & q_3 \\ \vdots & \vdots & \vdots & \vdots & \vdots & \vdots \\ \text{rat}_{j-1}^n & \text{at}_{j-1}^n & \text{bat}_{j-1}^n & \text{nat}_{j-1}^n & t_{j-1}^n & q_{j-1} \\ \text{rat}_j^n & \text{at}_j^n & \text{bat}_j^n & \text{nat}_j^n & t_j^n & q_j \end{bmatrix} \tag{8-11}$$

注：矩阵 $[C]$ 中，RLT、DLT、BLT、NLT、晚点时间、车站分别表示列车在车站的晚点恢复时间、晚点时间、计划冗余时间、行车间隔、晚点发生时间和具体车站；矩阵 $[Q]$ 中，RAT、DAT、BAT、NAT、晚点时间、区间分别表示列车在区间的晚点恢复时间、晚点时间、计划冗余时间、行车间隔、晚点发生时间和具体区间。数据格式如表 8-12 所示。

表 8-12　数据格式表

车次	恢复时间/min	晚点时间/min	计划冗余时间/min	行车间隔/min	时刻	地点
G542	2	5	4	8	2016-6-18 11:16	CZW
G1104	3	3	5	3	2015-10-1 9:45	HYE
G1134	1	2	2	10	2016-1-30 20:16	CSS
G280	1	1	5	6	2015-11-3 8:44	QY—YDW
G6110	1	5	9	7	2016-5-28 16:57	CZW—LYW
G432	2	2	14	41	2015-12-12 22:19	CSS—MLE

将表 8-12 中的所有数据以调整策略不同分为压缩停站时间的恢复策略和压缩区间运行时间的恢复策略两类，分别提取数据集，各有数据 26877 条和 61963 条。

将六个变量分别记为 RT、DT、BT、NT、T、S。为研究变量间的相关关系，对变量中的 T 变量中的时间数据转换为数值型数据，例如，将 "2015-11-3 8:44" 按照时刻转换为数值 8.73；同时，由于列车经过车站和区间有时间顺序，因此对车站和区间依次编号，记为变量 S，特别地，编号越大表示车站和区间越往后，具体编号如表 8-13 所示。

表 8-13　车站和区间编号表

车站	编号	区间	编号
GZN	1	GZN—QY	1.5
QY	2	QY—YDW	2.5
YDW	3	YDW—SG	3.5
SG	4	SG—LCE	4.5
LCE	5	LCE—CZW	5.5
CZW	6	CZW—LYW	6.5

续表

车站	编号	区间	编号
LYW	7	LYW—HYE	7.5
HYE	8	HYE—HSW	8.5
HSW	9	HSW—ZZW	9.5
ZZW	10	ZZW—CSS	10.5
CSS	11	CSS—MLE	11.5
MLE	12	MLE—YYE	12.5
YYE	13	YYE—CBN	13.5
CBN	14	—	—

8.3.1.2 参数相关性分析

采用皮尔逊相关系数对六个变量进行相关性分析，以分析变量间的相关关系，如表 8-14。

表 8-14　压缩停站时间的恢复变量相关系数表

	RT	DT	BT	NT	T	S
RT	1	0.1171	0.5855	−0.1867	−0.0187	−0.1946
DT	0.1171	1	0.0604	0.1066	0.0192	0.1243
BT	0.5855	0.0604	1	−0.1691	0.0549	−0.1698
NT	−0.1867	0.1066	−0.1691	1	0.0450	0.3478
T	−0.0187	0.0192	0.0549	0.0450	1	0.2920
S	−0.1946	0.1243	−0.1698	0.3478	0.2920	1

由表 8-14 可得，压缩停站时间的恢复数据中，RT 与 BT 之间存在很强的正相关关系，与 DT 之间的正相关关系稍弱；并且，RT 与 NT、T 和 S 之间的关系为负相关关系。

计算压缩区间运行时间的恢复数据中六个变量的皮尔逊相关系数，结果如表 8-15 所示。

表 8-15　压缩区间运行时间的恢复变量相关系数表

	RT	DT	BT	NT	T	S
RT	1	0.1355	0.3129	−0.0237	0.1214	0.4149
DT	0.1355	1	0.0826	0.0302	0.0918	0.1401
BT	0.3129	0.0826	1	0.0531	0.2491	0.3641
NT	−0.0237	0.0302	0.0531	1	0.2056	−0.0109
T	0.1214	0.0918	0.2491	0.2056	1	0.2313
S	0.4149	0.1401	0.3641	−0.0109	0.2313	1

表 8-15 中压缩列车区间运行时间的恢复数据中，RT、DT、BT、T 和 S 之间均存在正相关关系，且 RT 与 BT 和 S 之间的正相关性较强，与 DT 和 T 之间的正相关性较弱；同时，RT 与 NT 之间为负相关关系。

为证明样本数据足够代表总体数据的特征，对表 8-14 和表 8-15 中的相关系数进行显著性检验。检验结果如表 8-16 和表 8-17 所示。

表 8-16　压缩停站时间的恢复变量相关系数显著性检验结果

	RT	DT	BT	NT	T	S
RT	0.00	0.00	0.00	0.00	0.49	0.00
DT	0.00	0.00	0.00	0.00	0.49	0.00
BT	0.00	0.00	0.00	0.00	0.00	0.00
NT	0.00	0.00	0.00	0.00	0.02	0.00
T	0.26	0.24	0.00	0.01	0.00	0.00
S	0.00	0.00	0.00	0.00	0.00	0.00

表 8-16 中可以看到，压缩列车停站时间的恢复数据中，RT、DT 与 T 之间的检验结果 $(p > 0.05)$，因此可得，RT 与 T 之间的相关系数并不显著的为 0，无法拒绝 RT 与 T 之间的相关度为 0 的原假设。

表 8-17　压缩区间运行时间的恢复变量相关系数显著性检验结果

	RT	DT	BT	NT	T	S
RT	0.00	0.00	0.00	0.00	0.00	0.00
DT	0.00	0.00	0.00	0.00	0.00	0.00
BT	0.00	0.00	0.00	0.00	0.00	0.00
NT	0.00	0.00	0.00	0.00	0.00	0.01
T	0.00	0.00	0.00	0.00	0.00	0.00
S	0.00	0.00	0.00	0.01	0.00	0.00

表 8-17 中可以看到，压缩列车区间运行时间的恢复数据中，RT、DT、BT、NT、T 与 S 之间的检验结果 $(p < 0.05)$，因此可得 RT、DT、BT、NT、T 与 S 之间的相关系数均显著的不为 0，因此可以拒绝相关度为 0 的原假设。

8.3.2　基于逐步回归的多元变量特征选择

相关关系分析表明了压缩列车停站时间的恢复数据和压缩列车区间运行时间的恢复数据中 RT、DT、BT、NT、T、S 六个变量之间的相关关系的性质和强弱程度。为进一步量化晚点恢复的影响因素，建立晚点恢复数学模型，需要对以上除 RT 以外的五个变量进行过滤选优，剔除不相关和冗余特征变量，选出真正相关的具有区分度的简化特征变量，这样不仅可以减少模型运行时间，并且能提高模型精度。特征选择的方法有很多种，包括直接法、单变量特征选择和多变量特征选择。由于晚点恢复的影响因素众多，因此本节采用多变量特征选择中的逐步回归算法来选择影响晚点恢复的特征变量。

多变量特征选择是指一次性对多个变量进行组合选优，逐步回归是多元回归选择变量的一种方法，即依次引入对因变量影响最显著的自变量，并对模型中原有的自变量显著程度进行检验，剔除不显著的变量，使得最终的模型中包括所有对因变量显著的自变量特征。

8.3.2.1 压缩列车停站时间的晚点恢复特征选择

首先，对压缩列车停站时间的恢复数据中 RT 与 DT、BT、NT、T、S 五个变量的回归模型进行特征选择。

第一步，DT、BT、NT、T、S 五个变量分别与 RT 建立回归模型，计算 F 统计量，并选出 F 检验最显著的一个变量，并将其选入回归模型，计算结果如表 8-18 所示。

表 8-18 压缩列车停站时间的回归模型显著性结果统计表 (1)

回归模型	F 统计量	显著性 p 值
RT $\sim$ DT	51.39	9.104×10^{-13}
RT $\sim$ BT	1928	$< 2.2 \times 10^{-16}$
RT $\sim$ NT	133.5	$< 2.2 \times 10^{-16}$
RT $\sim T$	1.29	0.256
RT $\sim S$	145.4	$< 2.2 \times 10^{-16}$

在五个 F 统计量中，BT 对应的 F 统计量最大，为 1928，且显著性 p 值小于 0.01，因此选择 BT 进入回归模型。

第二步，在剩下的 DT、NT、T、S 四个变量中，选择第二个变量 S 进入回归模型，计算结果如表 8-19 所示。

表 8-19 压缩列车停站时间的回归模型显著性结果统计表 (2)

回归模型	F 统计量	显著性 p 值
RT $\sim$ BT + DT	992.6	$< 2.2 \times 10^{-16}$
RT $\sim$ BT + NT	997.9	$< 2.2 \times 10^{-16}$
RT $\sim$ BT + T	974.7	$< 2.2 \times 10^{-16}$
RT $\sim$ BT + S	1004	$< 2.2 \times 10^{-16}$

在表 8-19 中的四个 F 统计量中，最大的是变量 S，为 1004，且其显著性 p 值小于 0.01，因此将变量 S 引入回归模型。与此同时，回归模型 RT $\sim$ BT + S 中，BT 的显著性 p 值小于 2.2×10^{-16}，均小于 001，因此说明模型中这两个变量均可保留。

第三步，在 DT、NT、T 三个变量中，选择第三个变量 DT 进入回归模型，计算结果如表 8-20 所示。

表 8-20 压缩列车停站时间的回归模型显著性结果统计表 (3)

回归模型	F 统计量	显著性 p 值
RT $\sim$ BT + S + DT	696.6	$< 2.2 \times 10^{-16}$
RT $\sim$ BT + S + NT	680.1	$< 2.2 \times 10^{-16}$
RT $\sim$ BT + S + T	670.7	$< 2.2 \times 10^{-16}$

在表 8-20 中的三个 F 统计量中，最大的是变量 DT，为 696.6，且其显著性 p 值小于 0.01，因此将变量 DT 引入回归模型。此时，回归模型 RT $\sim$ DT + BT + S 中，DT 的显著性 p 值为 3.5×10^{-13}，BT 的显著性 p 值小于 2.2×10^{-16}，S 的显著性 p 值为 7.53×10^{-10}，均小于 0.01，因此说明模型中这三个变量均可保留。

第四步，在剩下的 NT、T 两个变量中，选择第四个变量 NT 进入回归模型，计算结果如表 8-21 所示。

表 8-21　压缩列车停站时间的回归模型显著性结果统计表 (4)

回归模型	F 统计量	显著性 p 值
RT $\sim$ DT + BT + NT + S	533	$< 2.2 \times 10^{-16}$
RT $\sim$ DT + BT + T + S	523.2	$< 2.2 \times 10^{-16}$

在表 8-21 中的 F 统计量中，最大的是变量 NT，为 533，且其显著性 p 值小于 0.01，因此将变量 NT 引入回归模型。此时，在回归模型 RT $\sim$ DT + BT + NT + S 中，DT 的显著性 p 值为 1.53×10^{-14}，BT 的显著性 p 值小于 2.2×10^{-16}，NT 的显著性 p 值为 1.82×10^{-7}，S 的显著性 p 值为 5.70×10^{-10}，均小于 0.01，因此说明模型中这四个变量均可保留。

第五步，对剩下的变量 T 进行显著性检验，判断能否进入回归模型，计算结果如表 8-22 所示。

表 8-22　压缩列车停站时间的回归模型显著性结果统计表 (5)

回归模型	F 统计量	显著性 p 值
RT $\sim$ DT + BT + NT + T + S	427.3	$< 2.2 \times 10^{-16}$

在表 8-22 中，T 的 F 统计量为 427.3，且其显著性 p 值小于 0.01。此时，在回归模型 RT $\sim$ DT + BT + NT + T + S 中，DT 的显著性 p 值为 2.12×10^{-14}，BT 的显著性 p 值小于 2.2×10^{-16}，S 的显著性 p 值为 8.01×10^{-8}，NT 的显著性 p 值为 1.18×10^{-7}，T 的显著性 p 值为 0.0777。其中，T 的显著性 p 值大于 0.01，因此将模型中 T 变量剔除。

综上分析，在压缩列车停站时间的恢复数据中，最终确定影响晚点恢复的变量特征为 RT $\sim$ DT + BT + NT + S。

8.3.2.2　压缩列车运行时间的晚点恢复特征选择

与前一小节的计算步骤一致，运用逐步回归方法对压缩列车区间运行时间的晚点恢复数据的变量进行特征选择。

第一步，DT、BT、NT、T、S 五个变量分别与 RT 建立回归模型，计算 F 统计量，并选出 F 检验最显著的一个变量，并将其选入回归模型，计算结果如

表 8-23 所示。

表 8-23　压缩列车运行时间的回归模型显著性结果统计表 (1)

回归模型	F 统计量	显著性 p 值
RT $\sim$ DT	1135	$< 2.2 \times 10^{-16}$
RT $\sim$ BT	6587	$< 2.2 \times 10^{-16}$
RT $\sim$ NT	34.13	5.188×10^{-9}
RT $\sim T$	908.8	$< 2.2 \times 10^{-16}$
RT $\sim S$	12630	$< 2.2 \times 10^{-16}$

在五个 F 统计量中，S 对应的 F 统计量最大，为 12630，且显著性 p 值小于 0.01，因此选择 S 进入回归模型。

第二步，在剩下的 DT、BT、NT、T 四个变量中，选择第二个变量 S 进入回归模型，计算结果如表 8-24 所示。

表 8-24　压缩列车运行时间的回归模型显著性结果统计表 (2)

回归模型	F 统计量	显著性 p 值
RT $\sim$ DT $+ S$	6586	$< 2.2 \times 10^{-16}$
RT $\sim$ BT $+ S$	7701	$< 2.2 \times 10^{-16}$
RT $\sim$ NT $+ S$	6330	$< 2.2 \times 10^{-16}$
RT $\sim T + S$	6344	$< 2.2 \times 10^{-16}$

在表 8-24 中的四个 F 统计量中，最大的是变量 BT，为 7701，且其显著性 p 值小于 0.01，因此将变量 BT 引入回归模型。此时，回归模型 RT $\sim$ BT $+ S$ 中，BT 的显著性 p 值小于 2.2×10^{-16}，S 的显著性 p 值小于 2.2×10^{-16}，均小于 001，因此说明模型中这两个变量均可保留。

第三步，在 DT、NT、T 三个变量中，选择第三个变量 BT 进入回归模型，计算结果如表 8-25 所示。

表 8-25　压缩列车运行时间的回归模型显著性结果统计表 (3)

回归模型	F 统计量	显著性 p 值
RT $\sim$ BT $+ S +$ DT	5300	$< 2.2 \times 10^{-16}$
RT $\sim$ BT $+ S +$ NT	5162	$< 2.2 \times 10^{-16}$
RT $\sim$ BT $+ S + T$	5125	$< 2.2 \times 10^{-16}$

在表 8-25 中的三个 F 统计量中，最大的是变量 DT，为 5300，且其显著性 p 值小于 0.01，因此将变量 DT 引入回归模型。此时，回归模型 RT $\sim$ DT $+$ BT $+ S$ 中，BT 的显著性 p 值小于 2.2×10^{-16}，S 的显著性 p 值小于 2.2×10^{-16}，均小于 0.01，因此说明模型中这三个变量均可保留。

第四步，在剩下的 NT 和 T 两个变量中，选择第四个变量 DT 进入回归模型，计算结果如表 8-26 所示。

表 8-26 压缩列车运行时间的回归模型显著性结果统计表 (4)

回归模型	F 统计量	显著性 p 值
$RT \sim DT + BT + S + NT$	4000	$< 2.2 \times 10^{-16}$
$RT \sim DT + BT + S + T$	3978	$< 2.2 \times 10^{-16}$

在表 8-26 中的两个 F 统计量中，最大的是变量 NT，为 4000，且其显著性 p 值小于 0.01，因此将变量 NT 引入回归模型。此时，在回归模型 $RT \sim DT + BT + NT + S$ 中，DT 的显著性 p 值小于 2.2×10^{-16}，BT 的显著性 p 值小于 2.2×10^{-16}，NT 的显著性 p 值小于 2.2×10^{-16}，S 的显著性 p 值小于 2.2×10^{-16}，均小于 0.01，因此说明模型中这四个变量均可保留。

第五步，对剩下的变量 T 进行显著性检验，判断能否进入回归模型，计算结果如表 8-27 所示。

表 8-27 压缩列车运行时间的回归模型显著性结果统计表 (5)

回归模型	F 统计量	显著性 p 值
$RT \sim DT + BT + NT + S + T$	3200	$< 2.2 \times 10^{-16}$

在表 8-27 中，T 的 F 统计量为 3200，且其显著性 p 值小于 0.01。此时，在回归模型 $RT \sim DT + BT + NT + T + S$ 中，DT 的显著性 p 值小于 2.2×10^{-16}，BT 的显著性 p 值小于 2.2×10^{-16}，NT 的显著性 p 值小于 2.2×10^{-16}，T 的显著性 p 值为 0.39，S 的显著性 p 值小于 2.2×10^{-16}，其中，T 的显著性 p 值大于 0.01，因此将模型中 T 变量剔除。

综上分析，在压缩列车区间运行时间的恢复数据中，最终确定影响晚点恢复的变量特征为 $RT \sim DT + BT + NT + S$。

8.3.3 基于梯度提升回归树的列车运行调整策略晚点恢复效果模型

8.3.3.1 梯度提升回归树算法概述

梯度提升回归树算法 (GBRT) 是基于 Gradient Boosting (梯度提升) 方法的一种机器学习回归算法。该算法是基于梯度下降算法得到提升树的集成模型，目标是最小化均方误差。在 GBRT 算法中，下一决策树是通过学习由上一决策树的结论和残差形成的，通过调整弱学习器的权重，逐步提高回归预测的准确性。GBRT 适用于全部的回归问题，且具有模型精度高、并行计算速度快、对异常值的稳健性高等优势，因此对于列车运行实绩这样数据量大且精度要求高的回归预测问题满足要求。

GBRT 算法的具体流程如下：

(a) 初始化弱学习器：$f_0(x) = \arg\min_{\Theta} \sum_{i=1}^{n} L(y_i; \Theta)$。

(b) 对于迭代次数 $t = 1, 2, \cdots, T$，有

对样本 $i = 1, 2, \cdots, n$，计算负梯度 $\gamma_{ti} = -\left[\dfrac{\partial L\left(y_i, f\left(x_i\right)\right)}{\partial f\left(x_i\right)}\right]_{f(x) = f_{t-1}(x)}$。

(c) 更新强学习器：$f_t\left(x\right) = f_{t-1}\left(x\right) + \sum\limits_{j=1}^{J} c_{tj} I\left(x \in R_{tj}\right)$ 对 γ_{ti} 拟合一棵回归树，得到第七棵树的叶节点区域 $R_{tj}, j = 1, 2, \cdots, J$)，最终得到强学习器 $f\left(x\right)$ 的表达式：$f\left(x\right) = f_T\left(x\right) = f_0\left(x\right) + \sum\limits_{t=1}^{T}\sum\limits_{j=1}^{J} c_{tj} I\left(x \in R_{tj}\right)$，其中，$f_0\left(x\right)$ 代表初始弱学习器，$I\left(x\right)$ 为基于所有残差训练所得的回归树，c_{tj} 为该回归树对应权重。

(d) 输出最终结果。

在以上的梯度算法过程中，为了有效地避免过拟合，通常引入学习速率 Shrinkage 参数，它的作用是：在每次叠加时，并不完全信任所有残差树，而是认为每棵树只学习了整体的一部分特征，累加的时候并不完全累加，而是通过学习更多的残差数来弥补不足。假设用 λ 来表示 Shrinkage 参数，则回归树更新公式变为

$$f_t\left(x\right) = f_{t-1}\left(x\right) + \lambda \cdot \sum_{j=1}^{J} c_{tj} I \quad \left(x \in R_{tj}\right) \tag{8-12}$$

在进行梯度提升回归算法的过程中，损失函数、迭代次数、学习速率、再抽样比例和决策树的深度是比较重要的模型参数。依据经验，学习速率 Shrinkage 的取值一般在 (0.001，0.01) 之间，再抽样比例以 50% 为佳。本章建立回归模型的过程中，所有模型的损失函数都选择平方误差：$L\left(y, f\left(x\right)\right) = \left(y - f\left(x\right)\right)^2$。

模型假设：

(a) 高速列车运行实绩能较好地反映运输组织过程；

(b) 在高速铁路系统中，将复杂的移动设备、固定设备和外界因素等组成的运行环境作为灰箱问题考虑；

(c) 高速铁路在经过一段时间的运行后已经形成了比较稳定的运行模式，后期不会有大的模式改变。

模型输入数据为与晚点恢复时间有相关关系的变量：晚点时长持续量 (DT)、计划冗余时间 (BT)、相邻列车行车间隔值 (NT) 和晚点发生的车站或区间 (S) 四个变量；输出为晚点恢复预测量 (RT)。

8.3.3.2 压缩列车停站时间的晚点恢复效果模型

将压缩列车停站时间下的晚点恢复数据根据时间排序，前 75% 的数据作为训练集，剩余 25% 的数据作为测试集。根据上一小节选择的特征变量，利用梯度提升回归树算法建立 DT、BT、NT、S 对 RT 的回归模型。

(1) 参数值确定

在模型建立之前，需要确定参数取值。首先，使用十折交叉验证方法，计算当残差平方和趋于稳定时的迭代次数，即为回归模型的最佳迭代次数。由图 8-20，竖直虚线表示使用交叉验证法得到的压缩列车停站时间的最佳迭代数，确定为 2622 次。

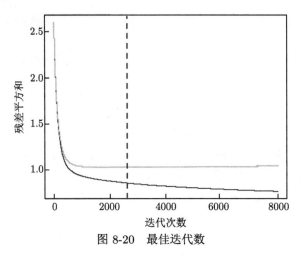

图 8-20　最佳迭代数

接着，确定决策树的深度，比较不同的决策树深度下交叉验证的均方根误差。发现当 interaction.depth = 5 时，均方根误差最小，如图 8-21 所示。

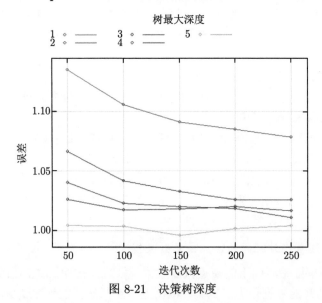

图 8-21　决策树深度

(2) 模型建立

模型参数确定后,对训练集数据进行训练并建模。在压缩列车停站时间的晚点恢复模型中,学习速率 Shrinkage 取值定为 0.01。计算训练模型的残差平方和,结果为 0.92562。计算回归模型中变量的重要度,结果如图 8-22 所示。

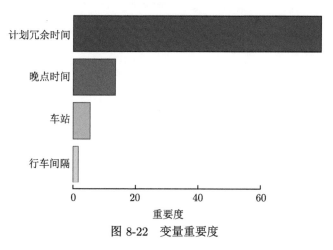

图 8-22 变量重要度

最后,用训练模型去预测测试集数据,部分结果如图 8-23 所示。

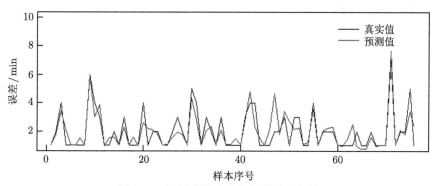

图 8-23 测试集真实值与预测值对比图

图 8-23 中真实数据与预测值的曲线重合度高,偏离较小,因此认为预测模型表现良好。

(3) 模型分析

为进一步探究 GBRT 是否晚点恢复的最优回归模型,此处引入随机森林模型对压缩列车停站时间的晚点恢复数据进行建模预测,并与 GBRT 的预测结果进行对比。随机森林模型有很多优点:可处理高维度数据、训练速度快、有很强的抗干扰能力等等,因此是被普遍采用且表现良好的数据预测的集成模型。

采用真实值与预测值的残差分布来分析预测效果，如图 8-24 所示，从图中可以得到：第一，GBRT 对测试集的预测效果很好；第二，GBRT 模型比随机森林模型的预测效果更好。

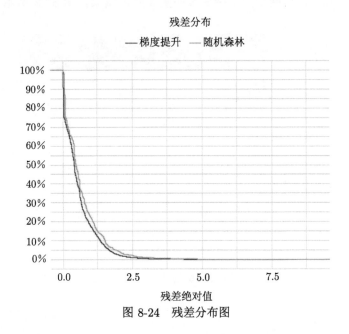

图 8-24　残差分布图

综上分析，压缩列车停站时间的晚点恢复机理可以很好地由 GBRT 回归模型解释，且在四个解释变量中，计划冗余时间的重要度最高，晚点时长的重要度次之，行车间隔的重要程度最低。

8.3.3.3　压缩列车运行时间的晚点恢复效果模型

与前一小节类似，将压缩列车区间运行时间下的晚点恢复数据根据时间排序，前 80% 的数据作为训练集，剩余 20% 的数据作为测试集。根据上一小节选择的特征变量，利用梯度提升回归树算法建立 DT、BT、NT、S 对 RT 的回归模型。

(1) 参数取值确定

在模型建立之前，需要确定参数取值。首先，使用十折交叉验证方法，计算当残差平方和趋于稳定时的迭代次数，即为回归模型的最佳迭代次数。由图 8-25，竖直虚线表示采用十折交叉验证法得到的压缩列车运行时间恢复模型的最佳迭代数，确定为 7398 次。

接着，确定决策树的深度，比较不同的决策树深度下交叉验证的均方根误差，如图 8-26。发现当 interaction.depth = 5 时，均方根误差最小。

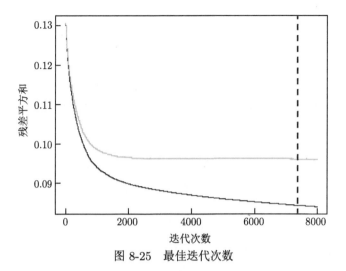

图 8-25 最佳迭代次数

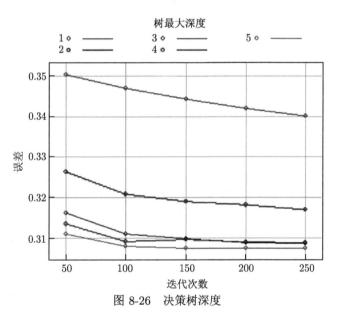

图 8-26 决策树深度

(2) 模型建立

模型参数确定后，对训练集数据进行训练并建模。由于压缩列车区间运行时间的晚点恢复数据量较大，在保证模型精度的前提下，为压缩模型运行速度，将学习速率 Shrinkage 取值定为 0.05。

计算训练模型的残差平方和，结果为 0.2904576。

对回归模型中变量的重要度进行计算，结果如图 8-27 所示。与压缩列车停站时间的晚点恢复模型相同的是，四个变量的重要度顺序一致，均为 BT > DT >

$S >$ NT；但不同的是，在压缩列车停站时间的晚点恢复模型中，BT 重要度所占比重为 80% 左右，DT、S 和 NT 三个变量重要度之和都没有 BT 大，也就是说 BT 对模型的影响非常大；而在压缩列车区间运行时间的晚点恢复模型中，DT、S 和 NT 三个变量的重要度均在 15% 以上，三者之和也大于 BT 一个变量的重要度，这说明在压缩列车区间运行时间的晚点恢复模型中，四个变量对模型的影响程度相差较小。

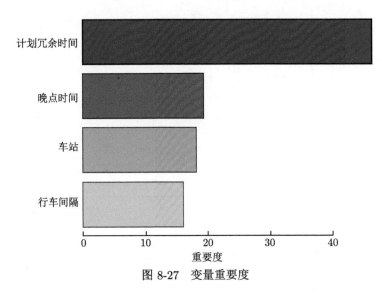

图 8-27   变量重要度

最后，用训练模型去预测测试集数据，部分结果如图 8-28 所示。图中真实数据与预测值的曲线重合度高，偏离较小，因此认为预测模型表现良好。

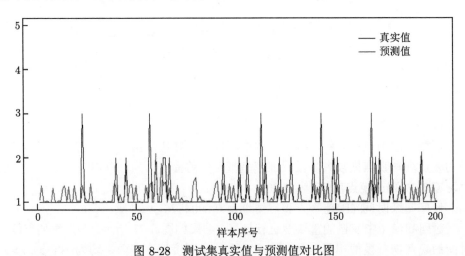

图 8-28   测试集真实值与预测值对比图

(3) 模型分析

为进一步探究 GBRT 是否为压缩列车区间运行时间的晚点恢复的最优回归模型，此处引入随机森林模型对压缩列车区间运行时间的晚点恢复数据进行建模预测，并与 GBRT 的预测结果进行对比，两种模型的残差分布如图 8-29 所示。

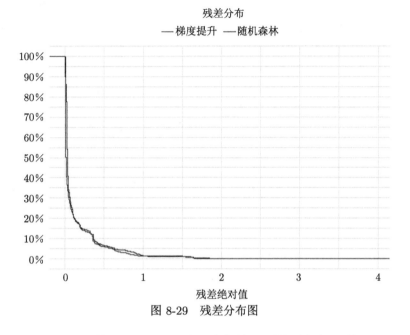

图 8-29 残差分布图

由图 8-29 可知：第一，GBRT 对测试集的预测效果很好；第二，GBRT 模型比随机森林模型的预测效果更好。

综上分析，压缩列车区间运行时间的晚点恢复机理可以很好地由 GBRT 回归模型解释，且在四个解释变量中，计划冗余时间的重要度最高，晚点时长的重要度次之，行车间隔的重要程度最低。

8.4 本 章 小 结

基于武广高铁列车运行实绩数据研究了列车晚点恢复过程，建立了晚点恢复时间预测的随机森林模型。首先提取了晚点列车运行数据 (晚点时间大于 4min)，并对晚点列车晚点恢复时间以及晚点恢复时间的影响因素进行分析，确定了晚点时间 (PD)、列车晚点后经停各站的总停站冗余时间 (TD) 和列车晚点后经各区间的总区间冗余时间 (RB) 以及标识列车是否晚点通过株洲西—长沙南区间的 0-1 变量为自变量 (ZC) 等 4 个晚点恢复时间的影响因素。根据各变量的分布情况以及变量之间的关系情况确定建立了列车晚点恢复时间预测的随机森林模型。该模型对高速列车初始晚点恢复时间具有很高预测精度，当允许误差在 2 min 以内时，模型的预测精度超过了 90%。

在对晚点分布、冗余时间分布和晚点恢复分布的规律进行研究之后，本章首先将列车运行数据中可能对不同调度策略下的晚点恢复有影响的变量整理出来，得到 RT、DT、BT、NT、T、S 六个变量，接着计算六个变量计算皮尔逊相关系数。采用逐步回归方法对除 RT 外的 DT、BT、NT、T、S 五个变量进行多元变量特征选择，选出真正对晚点恢复有影响的不重复的简化特征组合：DT、BT、NT、S。以 75%: 25% 为比例将不同调度策略下的晚点恢复数据分为训练集和测试集，采用梯度提升回归数 (GBRT) 的算法建立 DT、BT、NT、S 对 RT 的回归预测模型。使用训练集数据将晚点恢复模型建立好之后，再用测试集数据进行预测，为表明 GBRT 算法的优越性，在预测时选择随机森林模型进行对比，结果发现残差分布图中，GBRT 回归预测模型的精度要高于随机森林预测模型。

因此得出结论：

(a) 不同调度策略下的晚点恢复模型中，BT、DT、S 和 NT 四个解释变量的重要度顺序一致，均为 BT > DT > S > NT，但不同调度策略下，四个解释变量的重要度不同；

(b) GBRT 回归预测模型的均方根误差 (RMSE) 较小，说明模型的预测性能好，即 GBRT 回归预测模型可以很好地解释晚点恢复机理；

(c) 通过 GBRT 回归模型与随机森林模型的预测结果对比，说明 GBRT 回归模型预测精度更高。

模型较好地学习了调度员在根据不同的列车晚点情况、运行图结构参数、冗余时间布局情况下各调度策略的晚点恢复效果，模型能够根据上述参数阐述采用不同运行调整策略的晚点恢复能力，可以给调度员提供决策辅助，即调度员可根据相关实时参数预估才采取的运行调整策略可能产生的效果，从而实现调度决策的辅助决策。

第 9 章　基于晚点恢复能力提升的冗余时间布局

列车运行图中冗余时间是调度员可以用来恢复列车晚点的资源，合理地布局和配置冗余时间将有利于提升晚点恢复能力，增强列车运行图的鲁棒性。冗余时间是编图人员根据需要预留在运行图中的，在列车发生晚点后才可能被利用。冗余时间具有不可存储、不可转移性，预设在某车站或某区间的冗余时间只能在该车站或区间使用，没有利用的冗余时间不可累加，也不可以转移给其他车站或区间使用。因此，冗余时间的布局要力求发挥最大的晚点恢复效能，增强冗余时间对"习惯性晚点"恢复的针对性，提高冗余时间的利用效率。本章提出两种基于晚点恢复能力提升的冗余时间布局优化方法，一是根据列车晚点期望的布局冗余时间，二是基于各区间、车站的冗余时间利用效率建立冗余时间重构模型，实现运行图中冗余时间布局方案的优化。晚点期望计算和冗余时间历史利用效率都是从列车运行实绩数据中挖掘的，目的是提取冗余时间利用的历史规律，以指导运行图冗余时间的重新布局和配置。数据驱动的冗余时间布局的依据是运行图历史执行效果和规则，本质是基于冗余时间运用效率的运行图反馈优化。

9.1　基于晚点期望的冗余时间布局优化方法

从上一章的研究发现，车站和区间的冗余时间对晚点恢复作用明显，冗余时间布局与分配方案的不同直接影响晚点恢复能力。现有冗余时间分配主要考虑区间长度与行车密度，未能考虑晚点产生的实际影响，故会造成冗余时间分配不合理。因此，将晚点实际影响综合到冗余时间分配中是高速铁路运输组织优化亟待解决的问题之一。本节将研究基于晚点期望的冗余时间布局优化方法，根据晚点期望值，布置合理的冗余时间以最大限度应对晚点。

9.1.1　高速列车晚点期望分析

由于我国铁路一般只记录列车在车站的到发时刻，列车在区间发生的晚点通过其车站表现计算出来。如列车在区间运行时晚点 2 min，若不考虑区间冗余时间，则该列车的晚点会表现为列车在晚点区间的下一个车站的到达晚点，其晚点时间也为 2 min。因此，可将区间的晚点通过车站来进行分析，把区间的冗余时间归纳为车站冗余时间，即假定列车在所有区间内的运行时间为最小运行时间，并假定列车在始发站准点出发。

图 9-1 为一列车在 N 个车站上运行的示意图。将列车到达的车站、车站上的晚点时间分布以及车站上的冗余时间等记为集合 T，则 $T_i = \{S_i, b_i, \theta_i, d_i | i = 1, 2, \cdots, N\}$，其中 S_i 表示第 i 个车站，b_i 表示车站 i 分配到的冗余时间，θ_i 表示车站 i 上晚点时间分布，d_i 表示列车在车站 i 的晚点时间 $(d_i \geqslant 0)$。

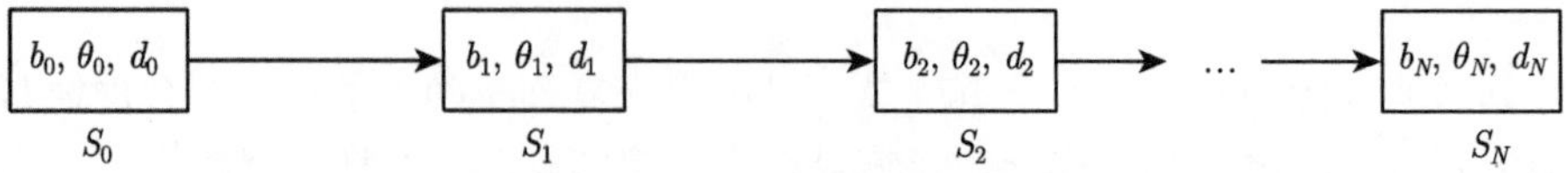

图 9-1　列车运行示意图

在冗余时间分配模型中将区间晚点一般化为车站晚点，从而简化了冗余时间分配模型。将区间和车站的冗余时间分配问题转化成一个整体来进行研究和分析，对冗余时间分配结果不存在影响。

假定冗余时间的总量一定，则有

$$\sum_{i=1}^{N} b_i = b \text{ 且 } b_i \geqslant 0 \tag{9-1}$$

其中，b 表示总的冗余时间。

令 $f_i(\theta)$ 表示车站 i 的晚点分布密度函数，则列车从 S_0 准点出发到达 S_1 的晚点时间 d_1 小于等于 x 的概率为

$$P\{d_1 \leqslant x\} = \int_0^{x+b_1} f_1(\theta)\mathrm{d}\theta \tag{9-2}$$

则列车在 S_1 的晚点数学期望为

$$E(d_1) = \int_0^{+\infty} \theta f_1(\theta + b_1)\mathrm{d}\theta \tag{9-3}$$

列车在运行过程中，若在 S_{i-1} 产生晚点时间 d_{i-1}，当 $d_{i-1} > b_{i-1}$，该晚点会传播到 S_i，故列车在 S_i 的晚点时间 d_i 小于等于 x 的概率为

$$P\{d_i \leqslant x\} = \int_0^{x+b_i} \int_0^{b_{i-1}+x+b_i-\theta} f_i(\theta)f_{i-1}(\eta)\mathrm{d}\theta\mathrm{d}\eta \tag{9-4}$$

则列车在 S_i 的晚点期望为

$$E(d_i) = \int_0^{+\infty} \int_0^{+\infty} \theta f_i(\theta + b_i)\eta f_{i-1}(\eta + b_{i-1})\mathrm{d}\eta\mathrm{d}\theta \tag{9-5}$$

因此, 可计算出列车在整个运行过程中的平均晚点期望为

$$E(d) = \frac{1}{N}\sum_{i=1}^{N}E(d_i) \tag{9-6}$$

由于晚点强度可用来评估晚点发生频率与晚点严重程度, 故根据车站晚点强度对各车站的晚点数学期望赋予不同的权重系数, 则式 (9-6) 可修正为

$$\begin{cases} E(\overline{d}) = \sum_{i=1}^{N}w_i E(d_i) \\ \sum_{i=1}^{N}w_i = 1 \\ w_i > 0 \end{cases} \tag{9-7}$$

式 (9-7) 中, w_i 为依据晚点强度确定出的列车在 S_i 晚点期望权重系数。因此, 若使得式 (9-7) 中的 $E(\overline{d})$ 最小, 则可得到冗余时间分配函数为

$$\min E(\overline{d}) \tag{9-8}$$

综上, 式 (9-8) 为冗余时间分配函数, 式 (9-1) 至式 (9-7) 为其约束条件。各个公式具体的约束意义如下: 式 (9-2) 为冗余时间总量约束, 即假设冗余时间总量是一定的; 式 (9-2) 和 (9-3) 为计算单个车站晚点数学期望时间的约束条件; 式 (9-4) 和式 (9-5) 计算相邻车站晚点传播时的晚点数学期望时间的约束条件; 式 (9-6) 为列车在整个运行过程中各车站总的晚点数学期望时间约束条件; 式 (9-7) 为考虑晚点产生实际影响下的车站总晚点数学期望时间约束条件。

9.1.2 基于最小晚点期望的高速列车冗余时间布局优化

9.1.2.1 冗余时间分配模型

在构建冗余时间分配模型时, 关键是解决晚点时间分布问题。晚点时间分布模型构建的研究思路为: 基于晚点时间数据, 选择常见的数据分布模型对晚点时间进行拟合, 以分布模型中各参数的标准误差作为模型比选准则, 以此来选择出最优的晚点时间分布模型。然后再基于晚点时间分布模型, 构建考虑冗余时间优化的晚点期望模型。对模型进行求解即可得出重新分配后的冗余时间。具体研究路线如图 9-2 所示。

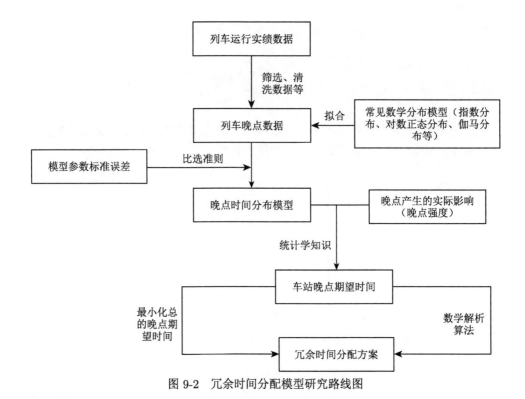

图 9-2　冗余时间分配模型研究路线图

为了下文表述方便,假设车站 S_1 和 S_2 分别服从参数为 λ_1 和 λ_2 的指数分布模型。用 b_1 和 b_2 分别表示 S_1 和 S_2 分配到的冗余时间,由式 (9-1) 则有 $b = b_1 + b_2$, $b_1 \geqslant 0$ 且 $b_2 \geqslant 0$。

列车在 S_1 的晚点时间 $d_1 \leqslant x \ (x \geqslant 0)$ 的概率为

$$P\{d_1 \leqslant x\} = \int_0^{x+b_1} \lambda_1 \mathrm{e}^{-\lambda_1 \theta} \mathrm{d}\theta = 1 - \mathrm{e}^{-\lambda_1(b_1+x)} \tag{9-9}$$

则在增加冗余时间 b_1 后 S_1 的晚点概率密度函数为

$$g_1(x) = \frac{\mathrm{d}P\{d_1 \leqslant x\}}{\mathrm{d}x} = \lambda_1 \mathrm{e}^{-\lambda_1(b_1+x)} \tag{9-10}$$

由式 (9-10) 计算出列车在 S_1 的晚点期望时间为

$$E(d_1) = \int_0^{+\infty} x g_1(x) \mathrm{d}x = \int_0^{+\infty} x \lambda_1 \mathrm{e}^{-\lambda_1(b_1+x)} \mathrm{d}x$$
$$= \frac{1}{\lambda_1} \mathrm{e}^{-\lambda_1 b_1} \tag{9-11}$$

对于 S_2 需要考虑 S_1 上产生的晚点。S_1 上产生的晚点可通过 S_1 与 S_2 的冗余时间进行吸收，但 S_2 上的晚点则只能通过 S_2 的冗余时间吸收。因此，列车在 S_2 的晚点时间 $d_2 \leqslant x (x \geqslant 0)$ 的概率为

$$
\begin{aligned}
P\{d_2 \leqslant x\} &= \int_0^{x+b_2} \int_0^{b_1+x+b_2-\theta} f_2(\theta) f_1(\eta) \mathrm{d}\eta \mathrm{d}\theta \\
&= \int_0^{x+b_2} \int_0^{b_1+x+b_2-\theta} \lambda_2 \mathrm{e}^{-\lambda_2\theta} \lambda_1 \mathrm{e}^{-\lambda_1\eta} \mathrm{d}\eta \mathrm{d}\theta \\
&= 1 - \mathrm{e}^{-\lambda_2(b-b_1+x)} - \frac{\lambda_2}{\lambda_1-\lambda_2} \mathrm{e}^{-\lambda_1(b+x)} [\mathrm{e}^{(\lambda_1-\lambda_2)(b-b_1+x)} - 1]
\end{aligned} \quad (9\text{-}12)
$$

可得 S_2 的晚点概率密度函数为

$$
\begin{aligned}
g_2(x) &= \frac{\mathrm{d}P\{d_2 \leqslant x\}}{\mathrm{d}x} \\
&= \lambda_2 \mathrm{e}^{-\lambda_2(b-b_1)} \mathrm{e}^{-\lambda_2 x} + \frac{\lambda_2^2}{\lambda_1-\lambda_2} \mathrm{e}^{-\lambda_1 b_1 - \lambda_2(b-b_1)} \mathrm{e}^{-\lambda_2 x} - \frac{\lambda_1\lambda_2}{\lambda_1-\lambda_2} \mathrm{e}^{-\lambda_1(b+x)}
\end{aligned}
$$
$$(9\text{-}13)$$

由式 (9-13) 可求出列车在 S_2 的晚点期望时间为

$$
\begin{aligned}
E(d_2) &= \int_0^{+\infty} x g_2(x) \mathrm{d}x \\
&= \frac{1}{\lambda_2} \mathrm{e}^{-\lambda_2 b} \mathrm{e}^{\lambda_2 b_1} + \frac{1}{\lambda_1-\lambda_2} \mathrm{e}^{-\lambda_2 b} \mathrm{e}^{(\lambda_1-\lambda_2)b_1} - \frac{\lambda_2 \mathrm{e}^{-\lambda_1 b}}{\lambda_1(\lambda_1-\lambda_2)}
\end{aligned} \quad (9\text{-}14)
$$

在求出 $E(d_1)$ 与 $E(d_2)$ 后，再根据车站晚点强度来确定出各车站晚点期望时间的权重系数。车站晚点强度的计算公式如式 (9-15) 所示。

$$
q = \frac{mk}{clz} \quad (9\text{-}15)
$$

式中，q 为晚点强度，是表征晚点影响列车数的指标；m 表示晚点影响列车数；c 表示行车量；l 表示区间长度；z 表示有效工作日；k 为常量，其作用是将 q 的取值标准化为 $(0,1)$ 区间。基于晚点强度确定出 S_1 和 S_2 晚点期望的权重系数为 w_1 与 w_2。

综上，列车在该干线区段内的加权晚点期望时间为

$$
E(\overline{d}) = w_1 E(d_1) + w_2 E(d_2) \quad (9\text{-}16)
$$

将式 (9-11) 与式 (9-14) 代入式 (9-16) 中即得

$$E(\bar{d}) = w_1 \frac{1}{\lambda_1} \mathrm{e}^{-\lambda_1 b_1} + w_2 \left[\frac{1}{\lambda_2} \mathrm{e}^{-\lambda_2 b} \mathrm{e}^{\lambda_2 b_1} + \frac{1}{\lambda_1 - \lambda_2} \mathrm{e}^{-\lambda_2 b} \mathrm{e}^{(\lambda_1 - \lambda_2) b_1} - \frac{\lambda_2 \mathrm{e}^{-\lambda_1 b}}{\lambda_1 (\lambda_1 - \lambda_2)} \right]$$

$$(9\text{-}17)$$

求解出使式 (9-17) 取得最小值时的 b_1^*，即为 S_1 上的最优冗余时间，S_2 上的最优冗余时间为 $b - b_1^*$。对式 (9-17) 中的 b_1 进行求导，并令求导后的结果等于 0 得

$$w_2(\mathrm{e}^{\lambda_1 b_1} - 1) = w_1 \mathrm{e}^{\lambda_2 (b - b_1)} \tag{9-18}$$

从式 (9-18) 可以看出，方程左边的函数随着 b_1 的增加而递增，方程右边的函数随着 b_1 的增加而递减，则在 $0 \leqslant b_1 \leqslant b$ 内，存在最优解 b_1^*，即式 (9-18) 是可解的，但直接解式是不容易的，对此将采用近似估计法来进行求解。

a) 当 $0 \leqslant b < 1$ 时，有 $0 \leqslant b_1 < 1$，利用泰勒公式将指数函数进行展开并化简后可得

$$\lambda_1 \lambda_2 w_2 b_1^2 + \lambda_1 w_2 b_1 - w_1 \mathrm{e}^{\lambda_2 b} = 0 \tag{9-19}$$

对式 (9-19) 进行求解可得

$$\begin{cases} b_1^* = \dfrac{-\lambda_1 w_2 + \sqrt{(\lambda_1 w_2)^2 + 4\lambda_1 \lambda_2 w_2 w_1 \mathrm{e}^{\lambda_2 b}}}{2\lambda_1 \lambda_2 w_2} \\ b_2^* = b - b_1^* \end{cases} \tag{9-20}$$

b) 当 $b \geqslant 1$ 时，对式 (9-20) 用近似估计得

$$\begin{cases} w_1 = \mathrm{e}^{\lambda_1 b_1} - 1 \\ \mathrm{e}^{\lambda_2 (b - b_1)} = w_2 \end{cases} \tag{9-21}$$

对式 (9-21) 进行求解后可得

$$\begin{cases} b_1^* = \dfrac{\lambda_2 \ln w_1 + \lambda_1 (b\lambda_2 - \ln w_2)}{2\lambda_1 \lambda_2} \\ b_2^* = b - b_1^* \end{cases} \tag{9-22}$$

9.1.2.2　案例分析

基于中国沪昆高铁线路的列车运行实绩，对建立的冗余时间分配模型进行验证。通过对该条线路列车晚点记录的统计分析，首先选取了干线区段醴陵东至邵阳北，该区段包括六个车站：醴陵东、长沙南、湘潭北、韶山南、娄底南和邵阳北。然后对区段内各车站的冗余时间进行研究。该区段包括六个车站：醴陵东、长沙南、湘潭北、韶山南、娄底南和邵阳北。列车运行实绩数据的时间跨度为 9 个月，即 2015 年 3 月 24 日至 2015 年 12 月 24 日，晚点记录 23527 条。对晚点数据进行筛选降噪后，在此基础上建立了车站晚点时间分布模型。娄底南站和邵阳北

站的晚点时间分布模型如图 9-3 所示。选取对数正态分布模型、指数分布模型和韦伯分布模型来对晚点时间分布进行研究。基于车站晚点数据，利用上述模型对车站晚点数据进行拟合。

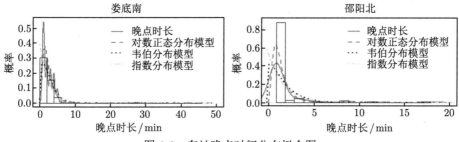

图 9-3　车站晚点时间分布拟合图

通过对各模型参数标准误差的比较来确定最优的晚点分布模型。对各模型参数标准误差进行计算，其结果如表 9-1 所示。

表 9-1　模型参数的标准误差

车站	分布模型	参数	标准误差
	指数分布	rate	0.007
	对数正态分布	meanlog	0.013
娄底南		sdlog	0.009
	韦伯分布	shape	0.016
		scale	0.046
	指数分布	rate	0.052
	对数正态分布	meanlog	0.053
邵阳北		sdlog	0.047
	韦伯分布	shape	0.066
		scale	0.155

由表 9-1 的结果可得，指数分布模型与其他模型相比，其模型参数的标准误差最小，故选择指数分布模型作为车站晚点分布模型。确定车站晚点分布模型之后，利用极大似然算法求解指数分布模型中的参数，得出车站的晚点分布模型，如下所示。

$$f_1(\theta) = \begin{cases} \lambda_1 e^{-\lambda_1\theta}, & \theta \geqslant 0 \\ 0, & \theta < 0 \end{cases}$$

$$= \begin{cases} 0.396e^{-0.396\theta}, & \theta \geqslant 0 \\ 0, & \theta < 0 \end{cases} \tag{9-23}$$

$$f_2(\theta) = \begin{cases} \lambda_2 e^{-\lambda_2\theta}, & \theta \geqslant 0 \\ 0, & \theta < 0 \end{cases}$$

$$= \begin{cases} 0.596\mathrm{e}^{-0.596\theta}, & \theta \geqslant 0 \\ 0, & \theta < 0 \end{cases} \tag{9-24}$$

其中，$f_1(\theta)$ 与 $f_2(\theta)$ 分别表示娄底南站与邵阳北站的晚点时长分布密度函数。$\lambda_1 = 0.396$ 与 $\lambda_2 = 0.596$ 分别为晚点分布密度函数的参数。综上，基于车站晚点分布模型，结合冗余时间分配模型能对娄底南站与邵阳北站的冗余时间进行重新分配。

　　干线区段醴陵东—邵阳北内剩下各车站的冗余时间也能基于冗余时间分配模型进行重新分配。首先，统计出各车站分配到的冗余时间，其结果如表 9-2 所示。然后，按照上述建模思路，利用式 (9-9) 计算出各车站晚点概率，即得出各车站的晚点期望权重系数。最后，结合冗余时间分配模型计算出各车站重新分配的冗余时间以及晚点期望时间，其结果如表 9-3 所示。

表 9-2　各车站平均冗余时间

车站	冗余时间 /min
醴陵东	1.2
长沙南	8.5
湘潭北	5.3
韶山南	4.9
娄底南	4.2
邵阳北	5.6

表 9-3　冗余时间重新分配结果

车站	重新分配后的冗余时间/min	重新分配后的晚点期望时间/min
醴陵东	4.07	
长沙南	5.63	
湘潭北	5.394	$E(\overline{d^*}) = \sum\limits_{i=1}^{6} w_i E(d_i) = 4.923$
韶山南	4.806	
娄底南	4.832	
邵阳北	4.968	

　　从图 9-4 可以看出，经过冗余时间分配模型后的晚点期望 $E(\overline{d^*})$ 比没有经过该模型的晚点期望 $E(\overline{d})$ 减少了 1.613min，即降低了 24.67%。因此，建立的冗余时间分配模型是有效的。此外，冗余时间侧重于在车站醴陵东、湘潭北以及娄底南上的分配。通过此措施能有效降低区段内的晚点期望时间，为调度决策提供了相关依据，并利于提高车站和区段内的工作组织效率。

　　综上，本节建立的冗余时间分配模型能综合考虑晚点产生的实际影响，为基于运行实绩数据研究冗余时间分配问题提供了相关的研究思路。虽然模型只分析了几个车站的冗余时间分配情况，对多个车站的适用情况还有待研究。但是，从案例分析的结果来看，所建立的模型是合理的，可用于干线区段内主要站点间冗余时间的分配。

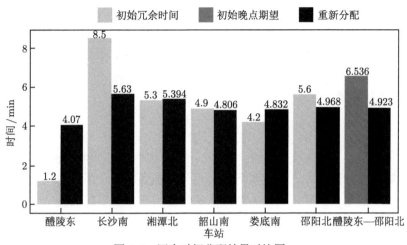

图 9-4　冗余时间分配结果对比图

9.2　基于冗余时间利用效率提升的冗余时间布局

本节研究了高速铁路列车在运行过程中的冗余时间分配问题，并确定冗余时间如何以及在多大程度上影响晚点恢复。此外，本节还研究了在不同的区间和车站之间如何进行冗余时间分配，使得晚点得到有效恢复。基于此，建立了冗余时间分配 (TSA) 模型，该模型结合了晚点恢复因素以及从高速铁路的列车运行记录中获得的列车运行特征。首先建立了晚点恢复的岭回归模型 (RRM)，用以解释晚点恢复与其影响因素 (晚点强度、区间、车站冗余时间等) 之间的关系。然后，基于回归模型的结果，提出了整数线性规划 (ILP) 模型，该模型根据每个车站或区间的冗余时间历史利用情况重新分配冗余时间，考虑了区间/车站晚点的优先级和每列车总旅行时间的限制。研究结果表明，所提出的模型可以实现更好的冗余时间分配，从而改进晚点恢复措施。

9.2.1　高速列车冗余时间利用效率提取的机器学习模型

9.2.1.1　问题描述

图 9-5 为一个高速铁路列车运行过程示意图。列车从始发站 1 出发，到达终

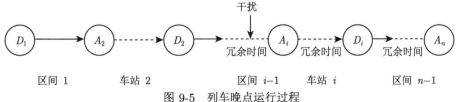

图 9-5　列车晚点运行过程

点站 (n)。其中，A_i 和 D_i 分别为列车在车站 i 的到达时间和出发时间。列车在运行过程中可能会受到外界环境或内部系统的干扰，从而导致列车晚点。列车晚点运行后，调度员通常利用运行图中预留的冗余时间来使列车从晚点中恢复。因此，列车晚点恢复时间 RT 可以定义为列车晚点时间 (T_0) 与列车到达终到站的晚点时间 (T_f) 之差，其结果为

$$\text{RT} = T_0 - T_f \tag{9-25}$$

图 9-5 中，一列车在区间 $i-1$ $(i \geqslant 2)$ 受到干扰后产生晚点时间 T_0。然后，在列车后续运行过程中，调度员可以利用分配在各区间、车站的冗余时间对该列晚点列车进行晚点恢复。因此，晚点恢复时间 RT 也可以定义为

$$
\begin{aligned}
&\text{RT} = \sum_{q=i-1}^{n-1} r_q + \sum_{s=i}^{n} r_s \\
&0 \leqslant r_s \leqslant R_s, \quad s = 1, 2, \cdots, n \\
&0 \leqslant r_q \leqslant R_q, \quad q = 1, 2, \cdots, n-1
\end{aligned}
\tag{9-26}
$$

式 (9-26) 中，r_q 和 r_s 是各区间、车站被利用的冗余时间，其值介于 0 与各区间、车站预先分配的冗余时间值 R_q 和 R_s 之间。若各区间、车站预留冗余时间值之和 $\left(\sum\limits_{q=i-1}^{n-1} R_q + \sum\limits_{s=i}^{n} R_s \right)$ 大于 T_0，则列车可能在后续过程中恢复正点运行；若 $\sum\limits_{q=i-1}^{n-1} R_q + \sum\limits_{s=i}^{n} R_s$ 小于 T_0，则列车在后续过程中不能完全恢复正点运行。由于列车每次晚点时间和情况不同，对于一张计划运行图，很难找到各区间、车站的 R_q 和 R_s 值使得各次晚点列车均有较好恢复的方案。然而，若拥有列车历史运营数据，将可以从其冗余时间运用历史规律出发，找到适合各区间、车站的 R_q 和 R_s。基于此，本节基于武广高铁的列车运行实绩数据，提出了一种基于列车运行实绩数据驱动的冗余时间布局方法来优化冗余时间。通过对车站和区间冗余时间的重新布局使晚点恢复水平得到了有效提升。

9.2.1.2 岭回归模型建立

本节基于 9.1 节提取的晚点恢复预测模型输入输出数据，定量研究各影响因素对列车晚点恢复时间的影响。通过建立岭回归模型得到回归模型中各影响因素与晚点恢复时间的回归系数，利用回归系数建立冗余时间优化模型。

岭回归模型 (Ridge Regression Model) 是专门用于处理自变量间具有共线性的机器学习方法。传统多元线性模型是根据最小二乘算法估计其回归系数 $\beta =$

$(X^{\mathrm{T}}X)^{-1}X^{\mathrm{T}}Y$。该方法中，自变量之间存在多元共线性将会导致 $|X^{\mathrm{T}}X| \approx 0$，其使得估计的参数往往不符合实际。为了处理这一问题，本研究采用岭回归模型来估计 RT 与各自变量的回归系数。岭回归的主要原理是在传统回归模型的损失函数上加入一个惩罚项来限制参数的变动范围，岭回归的损失函数可表示为

$$J(\beta) = \min \left\{ \sum_{i=1}^{N} \left(y_i - \beta_0 - \sum_{j=1}^{p} x_{ij}\beta_j \right)^2 + \alpha \sum_{j=1}^{p} \beta_j^2 \right\} \tag{9-27}$$

其中，$\sum\limits_{i=1}^{N} \left(y_i - \beta_0 - \sum\limits_{j=1}^{p} x_{ij}\beta_j \right)^2$ 是传统回归模型利用最小二乘法估计回归系数的损失函数；$\sum\limits_{j=1}^{p} \beta_j^2$ 是加入的惩罚项；α 是惩罚项的权重。

岭回归模型中，不同的自变量共线性程度对 α 的需求不同。因此，建立岭回归模型最重要的工作就是确定其惩罚项的权重。为了找到合适的 α，基于交叉验证利用本章第一节建立晚点恢复模型的数据 (3074 个晚点恢复样本) 对岭回归模型进行了不同 α 的训练，其结果如图 9-6 所示。根据图 9-6 的结果，最终选择 $\alpha = 2.7 \times 10^3$ 为惩罚项的权重，由岭回归得出的回归系数如表 9-4 所示。

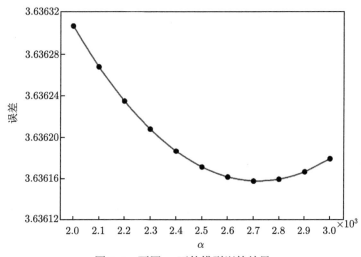

图 9-6 不同 α 下的模型训练结果

表 9-4 各变量岭回归系数

变量	RB	TD	PD
系数	0.082	0.288	0.257

岭回归系数表明，每预留 1min 车站冗余时间，0.082 会被利用；每预留 1min 区间冗余时间，0.288min 会被利用。由此可见，分配在区间和车站的冗余时间具有不同的利用效率。

9.2.2　高速列车运行图冗余时间布局优化

在本节中，首先建立了基于岭回归模型的冗余时间布局 (TSA) 模型，并根据列车运行实绩数据中的恢复记录来优化冗余时间的分配。在建立 TSA 模型时，只研究了与时刻表相关的因素 (即 TD 和 RB)。然后，考虑 PD 因素，根据各站、区间的晚点发生情况，分别分配总的车站冗余时间和区间运行冗余时间。最后，以 24 列在高峰小时期间运营的列车为例，比较了冗余时间重新布局后的晚点恢复情况。

9.2.2.1　冗余时间分配优化模型

本研究建立冗余时间优化模型基于如下假设：

- 预留最小停站时间均能满足各车站旅客上车时间需求。
- 所有晚点列车均可以最大速度运行。

模型所用变量定义如下：

R：列车运行顺序，$m \in \{1, 2, \cdots, |R|\}$，序号小的列车在前，大的在后；

S：车站顺序，$i, j \in \{1, 2, \cdots, |S|\}$，$S_{ij}$ 表示区间；

t_{start}：列车起动附加时分 (对于各类型车体为固定值)；

t_{stop}：列车停车附加时分 (对于各类型车体为固定值)；

T^m：列车 m 从始发站到终到站的总旅行时间；

$t_{\min}^k$：k 站最小停站时间标准；

$t_{\max}^k$：k 站最大停站时间标准；

$t_{\min}^{k,k+1}$：区间 $[k, k+1]$ 最小运行时间标准；

$t_{\max}^{k,k+1}$：区间 $[k, k+1]$ 最大运行时间标准；

$x^{m,k}$：二元变量，若列车 m 在车站 k 停车，$x^{m,k} = 1$；否则，$x^{m,k} = 0$；

$t_A^{m,k}$：列车 m 在车站 k 的到达时刻；

$t_D^{m,k}$：列车 m 在车站 k 的出发时刻；

I_1：最小区间追踪间隔时间；

I_2：最小车站不同时到发间隔时间；

RB^m：列车 m 的总区间冗余时间 (决策变量)；

TD^m：列车 m 的总车站冗余时间 (决策变量)。

建立 TSA 优化模型的目的是得到每列车较好的冗余时间布局方案。因此，该模型的目标函数为最大化晚点恢复时间。对于任一列车 m，优化模型的目标函数为

$$\max(\text{RT}^m) = \max(0.082\text{TD}^m + 0.288\text{RB}^m) \tag{9-28}$$

模型中考虑的所有运行列车在从 i 站运行到 j 站的过程中都应满足以下约束条件。每列列车的总停留时间应满足最低要求和最大允许停留时间限制：

$$\begin{aligned}
\text{TD}^m + \sum_{i \leqslant k \leqslant j} t_{\min}^k &\geqslant \sum_{i \leqslant k \leqslant j} t_{\min}^k \\
\text{TD}^m + \sum_{i \leqslant k \leqslant j} t_{\min}^k &\leqslant \sum_{i \leqslant k \leqslant j} t_{\max}^k
\end{aligned} \tag{9-29}$$

当列车晚点后，调度员可以使列车加速运行来恢复晚点时间。列车不能超过最大限制速度以及低于最低速度运行，否则会影响后续其他列车运行：

$$\begin{aligned}
\text{RB}^m + \sum_{i \leqslant k \leqslant j-1} t_{\min}^{k,k+1} &\geqslant \sum_{i \leqslant k \leqslant j-1} t_{\min}^{k,k+1} \\
\text{RB}^m + \sum_{i \leqslant k \leqslant j-1} t_{\min}^{k,k+1} &\leqslant \sum_{i \leqslant k \leqslant j-1} t_{\max}^{k,k+1}
\end{aligned} \tag{9-30}$$

列车从始发站到终到站的总旅行时间不改变：

$$\begin{aligned}
\text{TD}^m + \sum_{i \leqslant k \leqslant j} t_{\min}^k + \text{RB}^m + \sum_{i \leqslant k \leqslant j-1} t_{\min}^{k,k+1} + (t_{\text{start}} + t_{\text{stop}}) \cdot \\
\sum_{i+1 \leqslant k \leqslant j-1} x_k^m + t_{\text{start}} \cdot x_i^m + t_{\text{stop}} \cdot x_j^m = T^m
\end{aligned} \tag{9-31}$$

根据以上目标函数及约束条件可以得到各列车的区间和车站总冗余时间分布方案。当优化冗余时间布局时需要考虑列车间的最小追踪间隔时间以及车站的不同时到发时间间隔。因此，同时应考虑其追踪间隔约束和车站不同时发车间隔约束：

$$\begin{aligned}
t_A^{m,k} - t_A^{m-1,k} &\geqslant I_1, \quad k \in S, \quad m \in \mathbf{R} \\
\left(t_D^{m,k} - t_D^{m-1,k}\right) \cdot x^{m,k} \cdot x^{m-1,k} &\geqslant I_2 \cdot x^{m,k} \cdot x^{m-1,k}, \quad k \in S, \quad m \in \mathbf{R}
\end{aligned} \tag{9-32}$$

该优化模型旨在根据各区间、车站冗余时间历史利用情况优化冗余时间布局，因此，优化前后开行列车数、列车越行情况及列车运行秩序等均不变。该模型的最大优点是能够在不损失线路通过能力的情况下优化冗余时间布局，提高晚点恢复质量。这在我国高速铁路线路能力趋于饱和情况下作用尤为显著。

9.2.2.2　参数设置及模型求解方案

部分模型参数可以从武广高铁技术文件中查阅，如 T^m 可以从图定运行图获得；$t_{\min}^k$，$t_{\max}^k$，$t_{\min}^{k,k+1}$，$t_{\max}^{k,k+1}$ 及 $x^{m,k}$ 可以从实绩运行图中获得。对于 CRH3 动车组，t_{start}^m 和 t_{stop}^m 分别为 2min 和 3min。列车间隔技术标准为 I_1，I_2 分别为 3min，5min。然后，分别统计武广高铁干线区段广州南至长沙南 (该干线区段内包括 11 个有停站作业车站，分别为广州南 (GZS)、广州北 (GZN)、清远 (QY)、英德西 (YDW)、韶关 (SG)、郴州西 (CZW)、耒阳西 (LYW)、衡阳东 (HYE)、衡山西 (HSW)、株洲西 (ZZW) 以及长沙南 (CSS)) 内车站及区间最大/最小停站时间和运行时间，其结果如表 9-5 和表 9-6 所示。

表 9-5　各站停站时间标准

车站	GZS	GZN	QY	YDW	SG	CZW	LYW	HYE	HSW	ZZW	CSS
最大停留	14	8	8	2	15	13	8	21	9	7	14
最小停留	2	1	1	1	1	1	1	1	1	1	2

表 9-6　各区间运行时间标准 (t_{start}，t_{stop} 未包括)

区间	GZS — GZN	GZN — QY	QY — YDW	YDW — SG	SG — LCE	LCE — CZW	CZW — LYW	LYE — HYE	HYE — HSW	HSW — ZZW	ZZW — CSS
最大运行时间	14	9	13	17	11	20	18	14	9	16	36
最小运行时间	9	7	11	14	9	16	15	10	8	13	8

本模型求解分为三个步骤。① 确定列车越行车站，将越行车站视作到发时间点不变的车站。② 输入各列车参数得到各列车的区间、车站冗余时间分配总和。③ 第三步包含如下步骤：(a) 在旅行时间不超过最大运行时间条件下将区间总冗余时间按照其前一车站的出发晚点频率分配至各区间；(b) 将 (a) 步余下的冗余时间按照同样的方法分配至未达到最大运行时间的区间；(c) 若 (b) 步之后冗余时间仍有剩余，将其按各站的到达晚点频率分配至各车站。

9.2.2.3　案例分析

选择武广高铁 GZS—CSS 区段为研究对象，其中包含 12 个车站与 11 个区间。该区段日行列车 112 列，所有列车均为 CRH3 型动车组。选择计划运行图中早高峰 24 列车作为优化对象，其运行信息如表 9-7 所示。

表 9-7　列车运行信息

列车	始站	终站	出发	到达	旅行时间/min	停站次数	停留时间/min
G1102	GZS	CSS	7:00	9:42	162	4	9
G6102	GZS	CSS	7:06	9:48	162	3	6

续表

列车	始站	终站	出发	到达	旅行时间/min	停站次数	停留时间/min
G832	GZS	CSS	7:11	9:53	162	4	9
G6132	GZS	CSS	7:23	9:59	156	3	8
G1002	GZS	CSS	7:33	10:09	156	4	11
G94	GZS	CSS	7:40	10:15	155	3	10
G1104	GZS	CSS	7:46	10:26	160	3	13
G6012	GZS	CSS	7:53	10:35	162	3	13
G86	GZS	CSS	8:01	10:21	140	1	3
G682	GZS	CSS	8:05	10:41	156	3	8
G280	GZS	CSS	8:11	10:59	168	5	20
G72	GZS	CSS	8:28	11:09	161	5	17
G1106	GZS	CSS	8:34	11:22	168	4	20
G6014	GZS	CSS	8:42	11:28	166	4	13
G96	GZS	CSS	8:55	11:17	142	1	3
G6142	GZS	CSS	9:01	11:38	157	4	26
G1004	GZS	CSS	9:07	11:43	156	4	14
G636	GZS	CSS	9:17	11:55	158	5	14
G1108	GZS	CSS	9:22	12:00	158	5	16
G6104	GZS	CSS	9:27	12:05	158	4	11
G74	GZS	CSS	9:32	12:10	158	5	13
G552	GZS	CSS	9:35	12:28	173	6	18
G542	GZS	CSS	9:46	12:34	168	4	16
G6106	GZS	CSS	9:53	12:41	168	3	11

　　通过 R 语言 "Rglpk" 求解可得各列车 RB 与 TD。为了考虑晚点频率的影响，对各车站和区间内的晚点频率进行统计，其结果如图 9-7 所示。然后再将得到的 RB 和 TD 按照模型求解中描述的步骤根据列车晚点频率分配至各区间与车站。

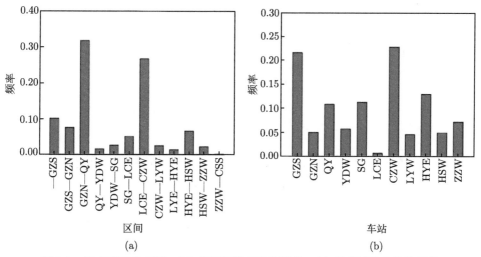

图 9-7　晚点频率分布图：(a) 各区间晚点发生频率；(b) 各车站晚点发生频率

图 9-8 展示了 24 列车的原有计划图 (红色) 以及优化后运行图 (蓝色)。此外，优化后列车晚点恢复提升值如图 9-9 所示，计算结果显示优化后 24 列车平均晚点恢复提升 12.9%。

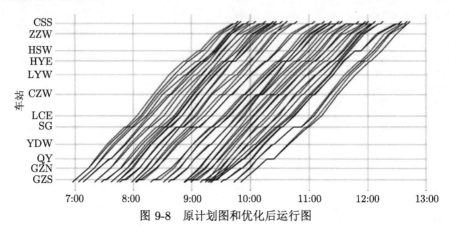

图 9-8　原计划图和优化后运行图

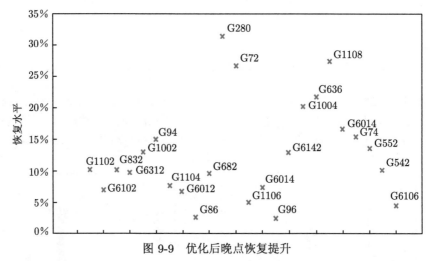

图 9-9　优化后晚点恢复提升

9.3　本 章 小 结

基于晚点分布建立了以车站晚点期望时间为目标函数的冗余时间分配模型，对车站冗余时间实现了重新分配，并通过中国高速铁路沪昆线路的干线区段醴陵东—邵阳北对冗余时间分配模型进行了验证，基于晚点分布建立的冗余时间分配模型对冗余时间的重新分配有较好的效果，通过对车站冗余时间的重新分配，干线区段内总的晚点期望时间下降了 24.67%。

　　以武广高铁 20 个月的列车运行数据为基础，并基于岭回归晚点恢复模型回归系数，提出了一种数据驱动下冗余时间分配方法，在给定晚点发生概率的情况下，提出了一种基于晚点恢复变量定量效应的局部优化冗余时间分配模型。案例分析表明该模型可实现平均 12.9% 的晚点恢复。

参 考 文 献

[1] GOVERDE R M P. A delay propagation algorithm for large-scale railway traffic net-
     works [J]. Transportation Research Part C: Emerging Technologies, 2010, 18(3): 269-
     287.

[2] BUKER T, SEYBOLD B. Stochastic modelling of delay propagation in large net-
     works [J]. Journal of Rail Transport Planning & Management, 2012, 2(1/2): 34-50.

[3] MEESTER L E, MUNS S. Stochastic delay propagation in railway networks and phase-
     type distributions [J]. Transportation Research Part B: Methodological, 2007, 41(2):
     218-230.

[4] CAREY M, CARVILLE S. Testing schedule performance and reliability for train sta-
     tions [J]. Journal of the Operational Research Society, 2000, 51(6): 666-682.

[5] CAREY M, KWIECIŃSKI A. Stochastic approximation to the effects of headways on
     knock-on delays of trains [J]. Transportation Research Part B: Methodological, 1994,
     28(4): 251-267.

[6] 胡思继, 孙全欣. 区段内列车晚点传播理论的研究 [J]. 中国铁道科学, 1994, 15(2): 41-54.

[7] 杨肇夏, 胡安洲, 李菊, 等. 列车运行图动态性能及其指标体系的研究 [J]. 铁道学报, 1993,
     15(4): 46-56.

[8] 杨肇夏, 董中英. 列车晚点传播模拟系统 [J]. 铁道学报, 1995, 17(2): 17-24.

[9] 周华亮, 高自友, 李克平. 准移动闭塞系统的元胞自动机模型及列车延迟传播规律的研究
     [J]. 物理学报, 2006, 55(4): 1706-1710.

[10] 周华亮. 3 种移动闭塞模式下列车延迟传播规律的研究 [J]. 铁道运输与经济, 2005, 27(12):
     90-91.

[11] 王昕, 聂磊, 李文俊. 基于动车运用的高速铁路列车运行图鲁棒性研究 [J]. 铁道运输与经
     济, 2014, 36(11): 50-55.

[12] 殷勇, 刘杰, 刘庆. 基于 SIR 模型车站晚点传播仿真研究 [J]. 综合运输, 2017, 39(7): 60-65.

[13] 刘宇, 黄凯. 基于极大代数的城际高速列车晚点传播研究 [J]. 综合运输, 2017, 39(9): 68-
     73.

[14] 袁志明. 复杂线路列车晚点控制优化策略及方法 [D]. 北京: 中国铁道科学研究院, 2016.

[15] 文超, 彭其渊, 陈芋宏. 高速铁路列车运行冲突机理 [J]. 交通运输工程学报, 2012, 12(2):
     119-126.

[16] ADJETEY-BAHUN K, BIRREGAH B, CH TELET E, et al. A model to quantify the
     resilience of mass railway transportation systems [J]. Reliability Engineering & System
     Safety, 2016, 153: 1-14.

[17] MATTSSON L-G. Railway Capacity and Train Delay Relationships [M]. Critical In-
     frastructure, Springer，2007: 129-150.

[18] CACCHIANI V, HUISMAN D, KIDD M, et al. An overview of recovery models and algorithms for real-time railway rescheduling [J]. Transportation Research Part B: Methodological, 2014, 63:15-37.

[19] CORMAN F, MENG L. A review of online dynamic models and algorithms for railway traffic management [J]. IEEE Transactions on Intelligent Transportation Systems, 2015, 16(3): 1274-1284.

[20] CADARSO L, MAR N Á. Recovery of disruptions in rapid transit networks with origin-destination demand [J]. Procedia-Social and Behavioral Sciences, 2014, 111: 528-537.

[21] KEIJI K, NAOHIKO H, SHIGERU M. Simulation analysis of train operation to recover knock-on delay under high-frequency intervals [J]. Case Studies on Transport Policy, 2015, 3(1): 92-98.

[22] KARIYAZAKI K, HIBINO N, MORICHI S. Simulation model for estimating train operation to recover knock-on delay earlier [J]. Asian Transport Studies, 2013, 2(3): 284-294.

[23] 彭其渊. 列车运行图可调整度评价系统研究 [J]. 西南交通大学学报, 1998, 33(4): 367-371.

[24] 刘敏, 韩宝明. 列车运行图可恢复鲁棒性优化模型 [J]. 铁道学报, 2013, 35(10): 1-8.

[25] FUMEO E, ONETO L, CLERICO G, et al. Big data analytics for train delay prediction: a case study in the Italian railway network [M]. Innovative Applications of Big Data in the Railway Industry. IGI Global, 2018: 320-348.

[26] ROBERTS C, EASTON J M, KUMAR A V S, et al. Innovative applications of big data in the railway industry [M]. IGI Global, 2017.

[27] DE FABRIS S, LONGO G, MEDEOSSI G. Automated analysis of train event recorder data to improve micro-simulation models [J]. Timetable Planning and Information Quality, 2010, 125-134.

[28] BENDFELDT J, MOHR U, MULLER L. RailSys, a system to plan future railway needs [J]. WIT Transactions on the built environment, 2008, 103: 573-583.

[29] 代明睿, 朱克非, 郑平标. 我国铁路应用大数据技术的思考 [J]. 铁道运输与经济, 2014, 36(3): 23-26.

[30] ONETO L, FUMEO E, CLERICO G, et al. Train delay prediction systems: a big data analytics perspective [J]. Big Data Research, 2018, 11:54-64.

[31] D'ARIANO A, PRANZO M. An advanced real-time train dispatching system for minimizing the propagation of delays in a dispatching area under severe disturbances [J]. Netw Spat Econ, 2009, 9(1): 63-84.

[32] NASH A, ULLIUS M. Optimizing railway timetables with OpenTimeTable [J]. WIT Transactions on The Built Environment, 2004, 74: 637-646.

[33] CERRETO F, NIELSEN O A, HARROD S, et al. Causal analysis of railway running delays [C]//11th World Congress on Railway Research (WCRR 2016). Milan, Italy; World Congress on Railway Research, 2016.

[34] JAROSZWESKI D, HOOPER E, BAKER C, et al. The impacts of the 28 June 2012 storms on UK road and rail transport [J]. Meteorological Applications, 2015, 22(3):

470-476.

[35] KOMORI M, TOMII N. Visualization of train traffic records to realize more robust timetable [C]// The 1st Asian Conference on Railway Infrastructure and Transportation. Phoenix Island, Jeju, Korea; The Korean Society for Railway. 2016: 235-238.

[36] KHADILKAR H. Data-enabled stochastic modeling for evaluating schedule robustness of railway networks [J]. Transportation Science, 2016, 51(4): 1161-1176.

[37] SAHIN İ. Markov chain model for delay distribution in train schedules: assessing the effectiveness of time allowances [J]. Journal of Rail Transport Planning & Management, 2017, 7(3): 101-113.

[38] WEN C, LI Z, LESSAN J, et al. Statistical investigation on train primary delay based on real records: evidence from Wuhan–Guangzhou HSR [J]. International Journal of Rail Transportation, 2017, 5(3): 170-189.

[39] OLSSON N O E, HAUGLAND H. Influencing factors on train punctuality–results from some Norwegian studies [J]. Transport Policy, 2004, 11(4): 387-397.

[40] PALMQVIST C-W, OLSSON N, HISELIUS L. Some influencing factors for passenger train punctuality in Sweden [J]. International Journal of Prognostics and Health Management, 2017, (20): 1-13.

[41] BRAZIL W, WHITE A, NOGAL M, et al. Weather and rail delays: analysis of metropolitan rail in Dublin [J]. Journal of Transport Geography, 2017, 59:69-76.

[42] VEISETH M, OLSSON N, SAETERMO I. Infrastructure's influence on rail punctuality [J]. WIT Transactions on the Built Environment, 2007, (96): 481-490.

[43] GORMAN M F. Statistical estimation of railroad congestion delay [J]. Transportation Research Part E: Logistics and Transportation Review, 2009, 45(3): 446-456.

[44] GIBSON S, COOPER G, BALL B. Developments in transport policy: The evolution of capacity charges on the UK rail network [J]. Journal of Transport Economics and Policy (JTEP), 2002, 36(2): 341-354.

[45] XU P, CORMAN F, PENG Q. Analyzing railway disruptions and their impact on delayed traffic in Chinese High-Speed Railway [J]. IFAC-PapersOnLine, 2016, 49(3): 84-89.

[46] GRAFFAGNINO T. Ensuring timetable stability with train traffic data [J]. Computers in Railways XIII: Computer System Design and Operation in the Railway and Other Transit Systems, 2013, 427-438.

[47] USHIDA K, MAKINO S, TOMII N. Increasing robustness of dense timetables by visualization of train traffic record data and Monte Carlo simulation [C]//World Congress on Railway Research. Lille, France. 2011.

[48] PORTER K, RAMER K. Estimating earthquake-induced failure probability and downtime of critical facilities [J]. Journal of Business Continuity & Emergency Planning, 2012, 5(4): 352-364.

[49] LIU P, YANG L, GAO Z, et al. Fault tree analysis combined with quantitative analysis for high-speed railway accidents [J]. Safety Science, 2015, 79:344-357.

[50] MA J, BAI Y, SHEN J, et al. Examining the impact of adverse weather on urban rail transit facilities on the basis of fault tree analysis and fuzzy synthetic evaluation [J]. Journal of Transportation Engineering, 2013, 140(3): 04013011.

[51] LI H, PARIKH D, HE Q, et al. Improving rail network velocity: a machine learning approach to predictive maintenance [J]. Transportation Research Part C: Emerging Technologies, 2014, 45:17-26.

[52] ONETO L, FUMEO E, CLERICO G, et al. Advanced analytics for train delay prediction systems by including exogenous weather data[C]// 2016 IEEE International Conference on Data Science and Advanced Analytics (DSAA). Montreal,Canada, October 17-19, 2016: 458-467.

[53] LEE W-H, YEN L-H, CHOU C-M. A delay root cause discovery and timetable adjustment model for enhancing the punctuality of railway services [J]. Transportation Research Part C: Emerging Technologies, 2016, 73: 49-64.

[54] YAMAMURA A, KORESAWA M, ADACHI S, et al. Taking effective delay reduction measures and using delay elements as indices for Tokyo's metropolitan railways [J]. 2014, 1:3-15.

[55] CERRETO F, NIELSEN B F, NIELSEN O A, et al. Application of data clustering to railway delay pattern recognition [J]. Journal of Advanced Transportation, 2018.

[56] RICHTER T. Systematic analyses of train run deviations from the timetable [J]. 2010, 1: 651-662.

[57] RICHTER T. Data aggregation for detailed analysis of train delays [J]. Computers in Railways XIII: Computer System Design and Operation in the Railway and Other Transit Systems, 2013, 127: 239-250.

[58] GOVERDE R M, HANSEN I, HOOGHIEMSTRA G, et al. Delay distributions in railway stations [C]//9th World Conference on Transport Research, Seoul, Korea, July 22-27, 2001. WCTRS, 2001.

[59] YUAN J. Statistical analyses of train delays at The Hague HS [C]//Proceeding of Train Delays Stations Netw. Stability (Workshop). Delft, The Netherlands, 2001: 975-984.

[60] HUISMAN T, BOUCHERIE R J, VAN DIJK N M. A solvable queueing network model for railway networks and its validation and applications for the Netherlands [J]. European Journal of Operational Research, 2002, 142(1): 30-51.

[61] BRIGGS K, BECK C. Modelling train delays with q-exponential functions [J]. Physica A: Statistical Mechanics and its Applications, 2007, 378(2): 498-504.

[62] YUAN J, GOVERDE R, HANSEN I. Propagation of train delays in stations [J]. WIT Transactions on The Built Environment, 2002, 61: 975-984.

[63] YUAN J. Stochastic modelling of train delays and delay propagation in stations [D]. TU Delft; Delft University of Technology, 2006.

[64] LESSAN J, FU L, WEN C, et al. Stochastic model of train running time and arrival delay: a case study of Wuhan–Guangzhou High-Speed Rail [J]. Transportation Research Record, 2018, 2672(10): 215-223.

[65] WEN C, LI Z, HUANG P, et al. Cause-specific investigation of primary delays of Wuhan–Guangzhou HSR [J]. Transportation Letters, 2019, 1-14.

[66] 袁强, 武旭, 胡思继, 等. 基于超统计理论的高速铁路跨线列车晚点分布模型研究 [J]. 铁道学报, 2019, 41(6): 24-31.

[67] VAN DER MEER D J, GOVERDE R M, HANSEN I A. Prediction of train running times using historical track occupation data [C]// The 12th World Conference on Transportation Research July 11-15, 2010, Instituto Superior Técnico, Lisboa, Portugal.

[68] ZILKO A, HANEA A, KUROWICKA D, et al. Non-Parametric Bayesian network to forecast railway disruption lengths [C]//Proceeding of 2nd International Conference on Railway Technology: Research, Development and Maintenance, Railways 2014, Ajaccio, France, April, 2014.

[69] CUI Y, MARTIN U, ZHAO W. Calibration of disturbance parameters in railway operational simulation based on reinforcement learning [J]. Journal of Rail Transport Planning & Management, 2016, 6(1): 1-12.

[70] MENG-CHENG N, KWOK-LEUNG T, YANG Z. A data driven method for delay duration estimation of high speed train [C]// 97th Transportation Research Board Annual Meeting. Washington D.C., Transportation Research Board, 2018.

[71] 汤铁雄, 徐传玲, 文超, 等. 高铁故障晚点时间预测的支持向量回归模型 [J]. 中国安全科学学报, 2019, 29(S2): 18-23.

[72] YUAN J, HANSEN I A. Optimizing capacity utilization of stations by estimating knock-on train delays [J]. Transportation Research Part B: Methodological, 2007, 41(2): 202-217.

[73] GUO J, MENG L, KECMAN P, et al. Modeling delay relations based on mining historical train monitoring data: a Chinese railway case [C]//6th International Conference on Railway Operations Modelling and Analysis (RailTokyo2015). Chiba Institute of Technology, 2015.

[74] KECMAN P, GOVERDE R M. Predictive modelling of running and dwell times in railway traffic [J]. Public Transport, 2015, 7(3): 295-319.

[75] KECMAN P, GOVERDE R M P. Online data-driven adaptive prediction of train event times [J]. IEEE Transactions on Intelligent Transportation Systems, 2015, 16(1): 465-474.

[76] MILINKOVIĆ S, MARKOVIĆ M, VESKOVIĆ S, et al. A fuzzy Petri net model to estimate train delays [J]. Simulation Modelling Practice and Theory, 2013, 33:144-157.

[77] MARTIN L J, ROMANOVSKY A. A formal approach to designing reliable advisory systems [C]//International Workshop on Software Engineering for Resilient Systems. Springer, Cham, 2016: 28-42.

[78] PETERS J, EMIG B, JUNG M, et al. Prediction of delays in public transportation using neural networks [C]//International Conference on Computational Intelligence for Modelling, Control and Automation and International Conference on Intelligent Agents, Web Technologies and Internet Commerce (CIMCA-IAWTIC'06). IEEE, 2005, 2: 92-

97.

[79] LULLI A, ONETO L, CANEPA R, et al. Large-scale railway networks train movements: a dynamic, interpretable, and robust hybrid data analytics system [C]//2018 IEEE 5th International Conference on Data Science and Advanced Analytics (DSAA)，IEEE, 2018: 371-380.

[80] MARKOVIĆ N, MILINKOVIĆ S, TIKHONOV K S, et al. Analyzing passenger train arrival delays with support vector regression [J]. Transportation Research Part C: Emerging Technologies, 2015, 56: 251-262.

[81] BARBOUR W, MORI J C M, KUPPA S, et al. Prediction of arrival times of freight traffic on US railroads using support vector regression [J]. Transportation Research Part C: Emerging Technologies, 2018, 93: 211-227.

[82] CHEN D, WANG L, LI L. Position computation models for high-speed train based on support vector machine approach [J]. Applied Soft Computing, 2015, 30: 758-766.

[83] NAOHIKO H, OSAMU N, SHIGERU M, et al. Recovery measure of disruption in train operation in Tokyo Metropolitan Area [J]. Transportation Research Procedia, 2017, 25: 4370-4380.

[84] LIEBCHEN C, L BBECKE M, M HRING R, et al. The concept of recoverable robustness, linear programming recovery, and railway applications [M]. Robust and Online Large-scale Optimization.Berlin, Heidelberg: Springer, 2009.

[85] 孟令云, M.P.GOVERDE R. 基于实际数据分析的列车晚点传播过程构建方法与实例 [J]. 北京交通大学学报, 2012, 36(6): 15-20.

[86] 刘岩，郭竞文，罗常津，等. 列车运行实绩大数据分析及应用前景展望 [J]. 中国铁路，2015(6):70-73.

[87] WEN C, LESSAN J, FU L, et al. Data-driven models for predicting delay recovery in high-speed rail [C]//2017 4th International Conference on Transportation Information and Safety (ICTIS). IEEE, 2017: 144-151.

[88] BOTTOU L. Large-scale machine learning with stochastic gradient descent [C] //Proceedings of COMPSTAT' 2010. Physica-Verlag HD, 2010: 177-186.

[89] HUANG G-B, ZHU Q-Y, SIEW C-K. Extreme learning machine: a new learning scheme of feedforward neural networks [C]//2004 IEEE internatinal joint conference on neural networks (IEEE Cat. No. 04CH37541). IEEE, 2004, 2: 985-990.

[90] YUAN J, HANSEN I A. Closed form expressions of optimal buffer times between scheduled trains at railway bottlenecks [C]//2008 11th International IEEE Conference on Intelligent Transportation Systems. IEEE, 2008: 675-680.

[91] VROMANS M. Reliability of Railway Systems [D]. Erasmus University Rotterdam, 2005.

[92] KROON L G, DEKKER R, VROMANS M J. Cyclic railway timetabling: a stochastic optimization approach [M]. Algorithmic Methods for Railway Optimization. Berlin, Heidelberg: Springer, 2007: 41-66.

[93] PALMQVIST C-W, OLSSON N O, HISELIUS L. An empirical study of timetable

strategies and their effects on punctuality [C]//Proceedings of the the 7th International Conference on Railway Operations Modelling and Analysis (Rail Lille 2017), 2017.

[94] INTERNATIONAL-UNION-OF-RAILWAYS. UIC Code 451-1 Timetable recovery margins to guarantee timekeeping - Recovery margins [M]. Paris; International Union of Railways. 5th Edition 2009.

[95] JESPERSEN-GROTH J, POTTHOFF D, CLAUSEN J, et al. Disruption management in passenger railway transportation [M]. Robust and online large-scale optimization. Berlin, Heidelberg: Springer, 2009: 399-421.

[96] HANSEN I A. Station capacity and stability of train operations [J]. WIT Transactions on the Built Environment, 2000, 50:809-816.

[97] GOVERDE R M P, HANSEN I A. Performance indicators for railway timetables [C]//2013 IEEE International Conference on Intelligent Rail Transportation Proceedings, Beijing, China, August 30 -September 1, IEEE, 2013: 301-306.

[98] RUDOLPH R. Allowances and margins in railway scheduling [C]// Proceedings of the 2003 World Congress on Railway Research (WCRR) , September 28- October 1, 2003, Edinburgh, Scotland (UK), 2003: 230-238.

[99] JOVANOVIĆ P, KECMAN P, BOJOVIĆ N, et al. Optimal allocation of buffer times to increase train schedule robustness [J]. European Journal of Operational Research, 2017, 256(1): 44-54.

[100] VANSTEENWEGEN P, VAN OUDHEUSDEN D. Developing railway timetables which guarantee a better service [J]. European Journal of Operational Research, 2006, 173(1): 337-350.

[101] HUANG P, WEN C, PENG Q, et al. A data-driven time supplements allocation model for train operations on high-speed railways [J]. International Journal of Rail Transportation, 2019, 7(2): 140-157.

[102] QUAGLIETTA E, PELLEGRINI P, GOVERDE R M, et al. The ON-TIME real-time railway traffic management framework: A proof-of-concept using a scalable standardised data communication architecture [J]. Transportation Research Part C: Emerging Technologies, 2016, 63: 23-50.

[103] LANGE J, WERNER F. Approaches to modeling train scheduling problems as job-shop problems with blocking constraints [J]. Journal of Scheduling, 2018, 21(2): 191-207.

[104] PRIORE P, DE LA FUENTE D, GOMEZ A, et al. A review of machine learning in dynamic scheduling of flexible manufacturing systems [J]. Ai Edam, 2001, 15(3): 251-263.

[105] PRIORE P, G MEZ A, PINO R, et al. Dynamic scheduling of manufacturing systems using machine learning: An updated review [J]. Ai Edam, 2014, 28(1): 83-97.

[106] INGIMUNDARDOTTIR H, RUNARSSON T P. Discovering dispatching rules from data using imitation learning: A case study for the job-shop problem [J]. Journal of Scheduling, 2018, 21(4): 413-428.

[107] RAUT R D, GOYAL V K. Public transport bus arrival time prediction with seasonal

and special emphasis on weather compensation changes using RNN [J]. International Journal of Advanced Research in Computer and Communication Engineering, 2012, 1(6): 378-382.

[108]　GOPALAKRISHNAN K, BALAKRISHNAN H. A comparative analysis of models for predicting delays in air traffic networks[C]// Proceedings of the USA/Europe Air Traffic Management Seminar, Seattle, Washington, June 27-30, 2017.

[109]　LECUN Y, BENGIO Y, HINTON G. Deep learning [J]. Nature, 2015, 521(7553): 436-444.

[110]　LIN K, ZHAO R, XU Z, et al. Efficient Large-Scale Fleet Management via Multi-Agent Deep Reinforcement Learning [C]//Proceedings of the 24th ACM SIGKDD International Conference on Knowledge Discovery & Data Mining. 2018: 1774-1783.

[111]　CHEN W, XU Y, WU X. Deep reinforcement learning for multi-Resource multi-Machine job scheduling [J]. arXiv preprint arXiv:171107440, 2017,

[112]　张晓栋, 马小宁, 李平, 等. 人工智能在我国铁路的应用与发展研究 [J]. 中国铁路, 2019, (11): 32-38.

[113]　蒋丽丽, 刘国梁, 王英杰, 等. 基于多源信息融合的高铁智能安全保障技术研究 [J]. 中国铁路, 2019, (11): 24-31.

[114]　黄欣, 张志强, 单杏花, 等. 基于电子客票的铁路旅客智能出行研究 [J]. 中国铁路, 2019, (11): 1-6.

[115]　王明哲, 张研, 杨栋, 等. 基于深度学习的车站旅客密度检测研究 [J]. 中国铁路, 2019, (11): 13-17.

[116]　LI Z, HUANG P, WEN C, et al. Predictive models for influence of primary delays using high-speed train operation records [J]. Journal of Forecasting, 2020, 39(8): 1198-1212.

[117]　HUANG P, WEN C, FU L, et al. A hybrid model to improve the train running time prediction ability during high-speed railway disruptions [J]. Safety Science, 2020, 122(104510).

[118]　HUANG P, WEN C, FU L, et al. A deep learning approach for multi-attribute data: A study of train delay prediction in railway systems [J]. Information Sciences, 2020, 516:234-253.

[119]　WEN C, MOU W, HUANG P, et al. A predictive model of train delays on a railway line [J]. Journal of Forecasting, 2020, 39(3): 470-488.

[120]　BRIOLA D, CACCIA R, BOZZANO M, et al. Ontologica: Exploiting ontologies and natural language for railway management. Design, implementation and usage examples [J]. International Journal of Knowledge-based and Intelligent Engineering Systems, 2013, 17(1): 3-15.

[121]　THORLEUCHTER D, VAN DEN POEL D. Web mining based extraction of problem solution ideas [J]. Expert Systems with Applications, 2013, 40(10): 3961-3969.

[122]　CAMBRIA E, SCHULLER B, XIA Y, et al. New avenues in opinion mining and sentiment analysis [J]. IEEE Intelligent Systems, 2013, 28(2): 15-21.

[123]　李兰波. 关于提高旅客列车正点率的思考与分析 [J]. 铁道运输与经济, 2002, 24(3): 24-25.

[124] WANG Y, WEIDMANN U A, WANG H. Using catastrophe theory to describe railway system safety and discuss system risk concept [J]. Safety Science, 2017, 91:269-285.

[125] 胡思继. 列车运行组织及通过能力理论 [M]. 北京: 中国铁道出版社, 1993.

[126] 张星臣, 胡安洲. 运行线上撒点储备能力分配模式的计算机模拟研究 [J]. 北方交通大学学报, 1997, 21(6): 603-608.

[127] SOLOMATINE D, SEE L M, ABRAHART R. Data-driven modelling: concepts, approaches and experiences [M]. Practical Hydroinformatics. Berlin, Heidelberg: Springer, 2009: 17-30.

[128] GOVERDE R M, MENG L. Advanced monitoring and management information of railway operations [J]. Journal of Rail Transport Planning & Management, 2011, 1(2): 69-79.

[129] BARTA J, RIZZOLI A E, SALANI M, et al. Statistical modelling of delays in a rail freight transportation network [C]//Proceedings of the 2012 Winter Simulation Conference (WSC). IEEE, Berlin, Germany, December 9-12, 2012: 1-12.

[130] HOCHREITER S, SCHMIDHUBER J. Long short-term memory [J]. Neural Computation, 1997, 9(8): 1735-1780.

[131] RUMELHART D E, HINTON G E, WILLIAMS R J. Learning representations by back-propagating errors [J]. Nature, 1986, 323(6088): 533-536.

[132] ABADI M, BARHAM P, CHEN J, et al. Tensorflow: a system for large-scale machine learning [C]//12th {USENIX} symposium on operating systems design and implementation ({OSDI} 16). Savannah,USA, November 2-4, 2016: 265-283.

[133] CHOLLET F. Keras: Deep learning library for theano and tensorflow [OL]. URL: https://keras io/k, 2015, 7(8): T1.

[134] SVOZIL D, KVASNICKA V, POSPICHAL J. Introduction to multi-layer feed-forward neural networks [J]. Chemometrics and Intelligent Laboratory Systems, 1997, 39(1): 43-62.

[135] GROSSBERG S. Recurrent neural networks [J]. Scholarpedia, 2013, 8(2): 1888.

[136] KINGMA D, BA J. Adam: A method for stochastic optimization [J]. arXiv preprint arXiv:14126980, 2014,

[137] YAGHINI M, KHOSHRAFTAR M M, SEYEDABADI M. Railway passenger train delay prediction via neural network model [J]. Journal of Advanced Transportation, 2013, 47(3): 355-368.

[138] PEDREGOSA F, VAROQUAUX G, GRAMFORT A, et al. Scikit-learn: Machine learning in Python [J]. Journal of Machine Learning Research, 2011, 12:2825-2830.

[139] SMOLA A J, SCH LKOPF B. A tutorial on support vector regression [J]. Statistics and Computing, 2004, 14(3): 199-222.

[140] HUANG G-B, ZHU Q-Y, SIEW C-K. Extreme learning machine: theory and applications [J]. Neurocomputing, 2006, 70(1-3): 489-501.

[141] KECMAN P, GOVERDE R M. Online data-driven adaptive prediction of train event times [J]. IEEE Transactions on Intelligent Transportation Systems, 2015, 16(1): 465-

474.

[142] AKUSOK A, BJ RK K-M, MICHE Y, et al. High-performance extreme learning machines: a complete toolbox for big data applications [J]. IEEE Access, 2015, 3: 1011-1025.

[143] BREIMAN L. Bagging predictors [J]. Machine Learning, 1996, 24(2): 123-140.

《交通与数据科学丛书》书目